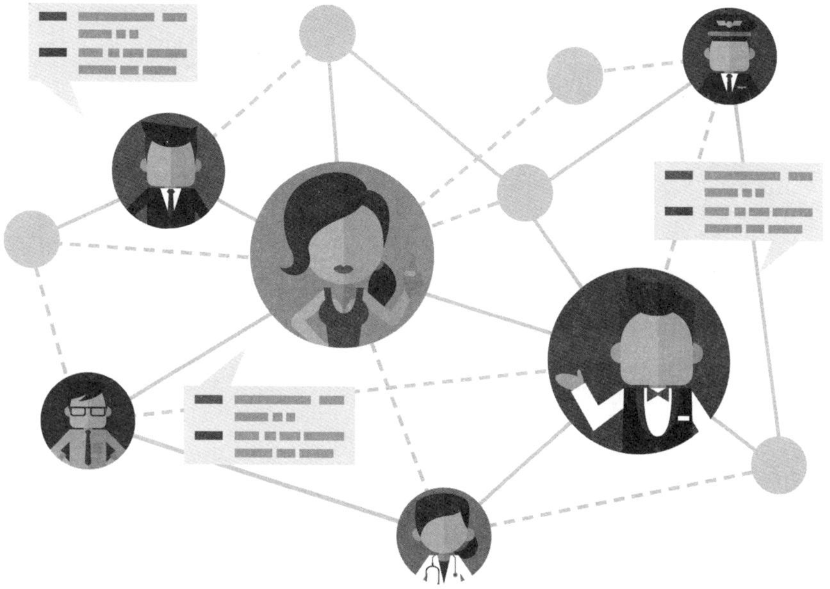

고객관계관리

채명수·조준서

HU:iNE

고객관계관리

초판 1쇄 발행　2011년 9월 20일
초판 2쇄 발행　2015년 9월 1일

저　자 ▪ 채명수 · 조준서

펴낸이 ▪ 김인철
펴낸곳 ▪ 한국외국어대학교 지식출판원
02450 서울특별시 동대문구 이문로 107
전화 02)2173-2493~7
FAX 02)2173-3363
홈페이지 http://press.hufs.ac.kr
전자우편 press@hufs.ac.kr
출판등록 제6-6호(1969. 4. 30)
편집 · 디자인 ▪ (주)이환디앤비 02)2254-4301
인쇄 · 제본 ▪ SM C&P 02)468-6100

ISBN 978-89-7464-689-9 93320　정가 13,000원

* 잘못된 책은 교환하여 드립니다.

머리말

기업경쟁의 심화와 정보기술의 발달과 함께 고객관리는 기업혁신에 있어서 매우 중요한 요소가 되어 왔다. 특히 고객관계관리(Customer Relationship Management)는 고객에 대한 광범위하고 심층적인 지식을 바탕으로 개개인에 적합한 차별적 제품이나 서비스를 제공함으로써 고객과의 관계를 지속적으로 강화하여 기업의 수익을 극대화하는 활동을 말하고 있다.

이러한 활동은 관계의 시대라 불리는 현대사회에서 기업들이 경쟁력을 유지하고 제고하는데 있어 결정적인 역할을 하고 있다. 그러나 현실적으로는 고객관계관리에 대한 이해와 실행에 있어 아직까지 갭이 있는 것 또한 사실이다. 본서는 이러한 갭을 조금이라도 해소해보고자 기획된 것이라 할 수 있다. 이를 위해 본서에서는 고객관계관리의 기본적인 개념 및 사례 등을 통해서 고객관계관리를 처음 배우는 독자들에게 이해를 높이고 앞으로 이를 활용할 수 있도록 가이드라인을 제시하고자 노력하였다.

본서의 구성을 살펴보면 먼저, 고객관계관리가 필요하게 된 배경을 관계의 시대 관점에서 자세히 살펴보고, 고객관계관리의 실질적 이해와 실행방안을 논하기 앞서 전반적인 마케팅 전략 프로세스를 먼저 설명하고자 하였다. 이는 고객관계관리가 제대로 실행되기 위해서는 보다 근본적인 이론이라고 할 수 있는 마케팅 이론과 관계마케팅관점에서의 이해가 선행되어야 한다고 판단했기 때문이다.

이러한 기본적인 배경과 이론에 대한 이해를 바탕으로 실질적인 고객관계관리 활동이라 할 수 있는 CRM 분석활동을 살펴보고자 하였다. 아울러 다양한 고객관계관리 활동을 CRM 분류를 통하여 설명하고자 하였으며, 끝으로 최근의 고객관계관리의 트렌드라 할 수 있는 e-CRM을 다루고자 하였다.

2011년 8월

지은이 채명수, 조준서

목 차

그림 목차

표 목차

제1장

시대의 변화와 CRM의 등장

제1절 관계의 시대

1. 산업혁명기와 정보화 시대

현대를 어떤 시대라고 정의할 수 있을까? 적어도 산업혁명기에는 수요에 비해 공급이 부족하여 어떡하면 생산을 극대화할 수 있는 지에 고민하던 시대라고 할 수 있다. 그에 비해 기술이 발전하면서 자연발생적으로 정보화 시대가 도래하였다. 이 시기에는 여러 기술 중에서도 ICT에 대한 투자를 무기로 누가 고객 내지는 시장에 대한 좋은 정보를 갖느냐가 기업의 생존과 발전에 큰 영향을 미친 시기라 할 수 있다. 물론 IT 기술뿐만이 아니라 흔히 얘기들 하는 6T[1]산업 역시 현재까지도 그 중요성이 높아지고 있고, 한 국가와 산업경쟁력을 좌우하는 것이 사실이다.

---

1 6T 산업이란 IT(information technology), BT(bio technology), NT(nano technology), CT(culture technology), ET(environment technology), ST(space technology)를 일컫는다.

그러나 기업경영과 관련하여 생각하여보면 다른 기술에 비해 IT기술이 가장 큰 영향을 미친 기술이라 할 수 있다. 예를 들어 유통의 혁명이라 일컫는 POS시스템의 도입만 보더라도 유통기업의 경우 소매점 계산대에서 제품의 바코드를 스캔 받음으로써 우선 가격의 계산과 재고관리가 편해졌다. 뿐만 아니라 스캔을 통해 판매자료가 손쉽고 정확하게 수집될 수 있게 되어, 마케팅 의사결정에 필요한 정보 즉, 상품, 가격, 판매촉진, 유통 등의 정보를 정확하게 실시간으로 얻음으로써 유통기업 마케팅의 효율성과 효과성을 결정적으로 높일 수 있게 되었다. 즉, 상품관리뿐만 아니라 재고관리, 주문발주관리, 매장관리, 회계 등 유통업계 경영의 전반적인 관리를 효율적이고도 효과적으로 수행할 수 있도록 해주었다. 이런 결과 소매 유통기업의 파워가 날이 갈수록 높아지고 있는 실정이다.

이처럼 IT기술의 활용은 서비스 품질 향상을 통한 고객만족을 높이는 한편, 업무혁신과 종업원의 능력증진을 통해 생산성 향상을 도모할 수 있다. 이러한 일들은 해당 기업의 경쟁력을 강화시켜주며, 궁극적

〈그림 1.1〉 IT기술의 활용과 결과

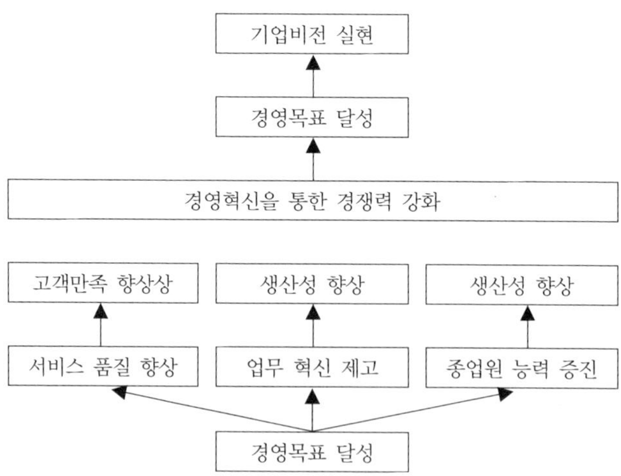

으로 경영목표의 달성을 가능하게 해줌으로써 기업의 비전을 실현시켜줄 수 있다. 이런 일련의 과정을 도식적으로 표시하면 앞의 〈그림 1.1〉과 같다.

2. 관계의 시대

이상에서 간략히 살펴본 산업혁명기와 정보화 시대를 거친 현대를 과연 어떤 시대라고 정의할 수 있을까?[2] Sawhey & Zabin(2002)에 의하면 무형자산(intangible assets)이 가장 중요한 관계의 시대라 정의할 수 있다.(〈그림 1.2〉 참조) 즉, 과거와는 달리 협력과 신뢰가 경쟁의 본질인 현대에는 무형자산인 관계 자산이 많은 기업일수록 경쟁력이 높고 시장에서의 평가 또한 높을 수 밖에 없다.

〈그림 1.2〉 시대별 분류

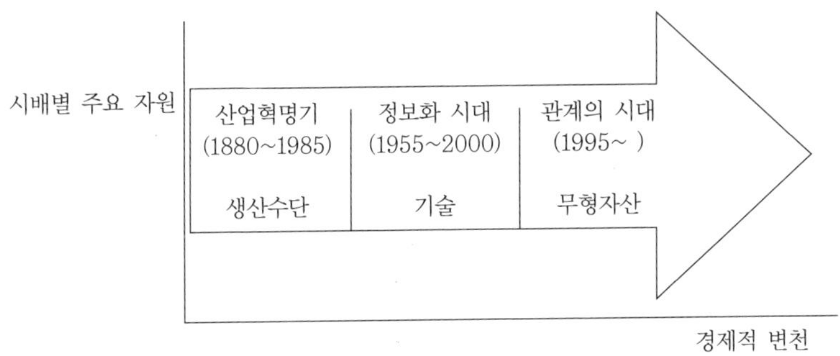

이와 같은 현상의 배경을 살펴보면 첫째, IT기술의 발달로 인해 소비자들이 각종 정보를 손쉽게 얻음으로써 소비자의 힘(empowerment)이 날이 갈수록 높아지고 있는 현상을 들 수 있다. 둘째, 글로벌화의 진전으로 인해 기업간의 경쟁이 치열해짐으로써 비슷한 수준

2 Sawhney & Zabin(2002)이 Journal of the Academy of Marketing Science(Vol. 30 No. 4, pp. 313-332)에 게재한 논문을 참고하여 작성함.

의 제품과 서비스가 넘쳐나게 공급되고 있는 것 또한 사실이다. 셋째, 이로 인해 소비자의 욕구가 고급화·다양화·개별화되는 계기가 되고 있다. 따라서 이와 같은 환경하에서 기업이 생존 내지는 발전하기 위해서는 기업 혼자 모든 것을 해결할 수 있고, 우리 기업만이 할 수 있다고 생각하는 것은 시대착오적 발상이다. 즉, 고객에게 최상의 솔루션을 제공하기 위해 기업의 주요 이해관계자들과 협력과 신뢰에 바탕을 둔 지속적인 노력이 무엇보다 중요한 시대가 되었다.

3. 시대별 특징

1) 산업혁명기

이를 시대별로 좀 더 자세히 살펴보면 다음과 같다. 먼저, 산업혁명기에는 수요보다 공급이 부족하던 시기였기 때문에 유형자산 즉, 기계, 땅, 원자재 등이 많을수록 많은 제품을 대량으로 생산할 수 있었고 이러한 것 자체가 경쟁력의 원천이 될 수 있었다. 경쟁자를 믿을 수 없었으며, 대개는 진입장벽을 설치하여 새로운 경쟁자가 시장에 뛰어드는 것을 막으려고 하였다. 이러한 시기에는 기업의 시장가치 평가가 주로 유형자산의 장부가격에 의해 결정되는 것이 일반적이었다.

2) 정보화 시대

정보화 시대는 산업혁명기에서처럼 좋은 제품을 대량으로 생산하면 기업이 성장 발전할 수 있다는 사고가 더 이상 통용되기 어려운 시기였다. 왜냐하면 산업의 발전과 동시에 새로운 많은 경쟁자가 출현하였고, 좋은 품질의 제품 제공은 어느 한 기업의 전유물이 될 수 없었기 때문이다. 따라서 이 시대에는 ICT에 대한 투자를 통해 기업들은 시장과 고객에 대한 보다 나은 정보를 얻고자 노력하였으며, 보편적인 제품보다는 보다 전문화되고 여기에 서비스를 어떻게 접목할 것인가를 고민하게 되었다. 이와 같은 해법(solution)을 제공하기 위해 경쟁기업이나 고객과의 협력이나 어느 정도의 제휴에 대한 필요성을 느끼게 되었다. 그러나 여전히 신뢰에 근거한 협력이라기보다는 소극적인 협력의 정도를 벗어나지 못하였다. 기업의 시장가치 평가는 주로 매출이나 이익수준 등을 가지고 평가하게 되었다.

3) 관계의 시대

관계의 시대에는 보다 치열해진 경쟁 속에서 기업들이 살아남기 위해서는 단순한 시장이나 고객에 대한 정보 이상의 지식이 필요하게 되었다고 볼 수 있다. 즉, 정보들 속에 숨어 있는 의미나 정보들 간의 연결고리에 대한 해석을 통해 보다 나은 해법을 찾을 필요가 있게 된 것이다. 목표 고객을 위해서도 보다 고객화되고 개인화된 해법을 제공하기 위해 내부인력과 지식 시스템에 대한 투자가 필요하게 되었고, 주요 이해관계자들과의 협력과 신뢰에 바탕을 둔 솔루션 제공이 무엇보다 필요하게 되었다. 왜냐하면 과거와는 달리 개별기업의 능력만으로는 최고의 해법을 목표 고객에게 제공하지 못하기 때문이다.(〈표 1.1〉 참조)

〈표 1.1〉 시대별 특징

이슈	산업혁명기	정보화 시대	관계의 시대
가치 창조의 원천	보다 좋은 제품	보다 좋은 정보	보다 나은 지식
전략적 계획기간	5년	3년	영구적
경영구조	중앙집중식 구조	권한 위양식 구조	가상적 구조
주요 투자	토지와 기계	IT와 IT 네트워크	사람과 지식
전략적 자원	원자재	정보	도구(시스템)
생산의 본질	대량생산	전문화	관계 자산
경제적 결과물	제품	서비스	고객화&개인화
마케팅/판매/서비스	비차별화	시장세분화	경험
가격	고정적	유연적	윈투윈
경쟁의 본질	진입장벽, 불신	협동, 느슨한 동맹	역동적, 협력, 신뢰

제2절 관계의 시스템적 관점

1. 관계의 주요 주체

1) 고객

현재 기업이 속해 있는 환경이 무형자산인 관계자산이 많을수록 경쟁력이나 생존력이 높다고 가정할 때, 과연 기업이 관계를 맺고 있고 그 관계를 보다 돈독히 해야 하는 주요 주체들은 누구일까? 가장 먼저 쉽게 떠오르는 주체는 고객일 가능성이 높다. 왜냐하면 고객관계관리(CRM, customer relationship management)는 더 가장 널리 통용되는 개념이며, 실제로 기업들이 많은 노력을 기울이고 있는 영역이기 때문이다.

2) 유통업자

그럼 다른 주체들로는 누가 더 있을까? 아마도 유통기업들을 비교적 쉽게 떠올릴 수 있을 것으로 기대된다. 왜냐하면 한국도 1996년 유통시장 개방을 시작으로 각종 유통 신업태가 소개되고 그 규모가 현대화/거대화/복합화되고 있고, 또한 운영의 효율성이 날이 갈수록 높아지면서 강력한 힘을 발휘하고 있다. 이러한 힘의 생성은 자연발생적으로 유통업자상표인 PB(private brand)를 낳았고, 그러한 상표 부착율 또한 국내 주요 대형마트들의 경우 25%를 상회한지 오래다.

이런 맥락에서 제조기업이 유통기업과의 관계를 어떻게 맺고 그 관계를 유지 강화해 나갈 것인가를 의미하는 유통업자관계관리(PRM, partner relationship management) 역시 기업에서는 이미 일상적인 용어가 되었다.

제품이나 서비스의 차별화 못지 않게 기업에게 중요한 경쟁력으로 떠오르고 있는 분야가 유통업자와의 협력의 정도이다. 즉, 유통업자와 누가 보다 협력적 관계 내지는 동반자적 관계를 유지 강화해 나가느냐가 제조기업의 매출과 이익에 미치는 영향이 너무 크기 때문이다.

3) 공급업자

또 다른 관계의 주체로는 공급업자를 들 수 있다. 이 역시 SCM (supply chain management)이라는 용어가 이미 일반화된 것에서 짐작할 수 있듯이, 공급업자와의 장기적 관계를 맺는 것이 안정적 생산의 원천이며, 원가 절감뿐만 아니라 생산성 향상에도 도움이 된다는 인식은 보편화되어 있다. 이러한 관계를 맺고 유지 강화하는 것을 공급업자관계관리(SRM, supplier relationship management)라 부른다.

4) 종업원

종업원 역시 이러한 관계를 맺고 관계를 발전 강화시켜나가야 하는 주체이기 때문에 종업원관계관리(ERM, employee relationship management) 역시 빼놓을 수 없는 주체이다. 특히 종업원들이 시장지향적 사고와 실행철학을 갖게 만드는 것은 매우 중요한 일이라 할 수 있는데, 이는 우연히 이루어지는 것이 아니라 기업 스스로 기업의 비전과 목표에 맞는 우수한 종업원을 선발하고, 선발된 종업원들을 어떤 방식으로 동기부여시킬 것인지 그리고 종업원들의 역량을 어떻게 높여 나갈 것인지에 대한 계획과 실행이 면밀하게 진행되어야 한다. 이런 점에서 ERM의 중요성이 매우 크다고 할 수 있다.

종업원들의 시장지향성 정도는 그들이 관계를 맺고 있는 주요 주체들과 업무를 진행할 때 얼마나 관계지향적으로 업무를 수행하느냐와 직결되어 있다. 왜냐하면 시장지향성이라는 개념은 본질적으로 세 가지의 하위 개념을 포함하고 있기 때문이다. 즉, 고객지향성, 경쟁지향성, 기능간 통합으로 이루어진 시장지향성은 종업원들이 어떠한 일을 하더라도 항상 경쟁자가 제공하는 것보다 고객이 원하는 진정한 가치를 전달하기 위해서 부서간 필요한 협력이나 커뮤니케이션이 원활하게 진행되는 원동력이 되기 때문이다.

5) 기타 주체

이 외에도 중요한 주체들은 더 있을 수 있다. 재무관련 회사들 예를 들어 증권회사만 보더라도 평소 어떤 관계를 맺고 있느냐는 주가와 상당한 관련이 있을 수 있다. 또한 정부기관이나 소비자 단체 등도 역시 중요한 주체가 될 수 있다. 그러나 논의의 필요상 이상에서 살펴본 네 주체만을 중요한 대상으로 제한하여 좀 더 생각해 보기로 하자.

2. 관계관리의 시스템적 관점

고객의 수가 소수인 경우는 관계 유지나 강화가 그렇게 힘들지 않을지 몰라도 수많은 고객을 가지고 있는 기업들은 도대체 어떻게 관계를 맺고 유지 강화할 수 있을까? 또한 유통기업을 예로 생각해 보더라도 한 두 기업이 아니며 향후 새로운 유통경로가 끊임없이 생겨나고 사라져가는데 도대체 어떻게 관계 관리를 할 수 있을까?

이에 대한 해답은 정보화 시대에서 찾을 수 있을 지 모른다. 즉, 현대를 관계의 시대라 부를 수 있게 된 원인은 무엇보다도 정보화 시대가 가져다 준 정보기술의 힘이 크다고 할 수 있다. 수많은 관리대상들을 보다 체계적으로 그리고 과학적으로 관리할 수 있는 정보기술이 등장함으로써 이러한 관계관리가 현실적으로 가능할 수 있게 된 것이다. 정보기술 중에서도 인터넷의 등장은 이러한 생각들을 현실로 옮길 수 있게 만들어 주었다.

이러한 인터넷의 활용에 앞서 근본적으로 생각해 보아야 하는 것은 주요한 관리대상인 주체들을 과연 누가 어떤 방법론을 통하여 어떤 과정을 거쳐 관리할 것인지에 대한 전반적인 방향 설정이라고 할 수 있다. 결국 관리의 구체적 수단 못지않게 중요한 것은 결국 운영철학과 실천이라 할 수 있다. 이상과 같은 논의를 그림으로 표시하면 다음의 〈그림 1.3〉과 같다.

〈그림 1.3〉 관계의 시스템적 관점

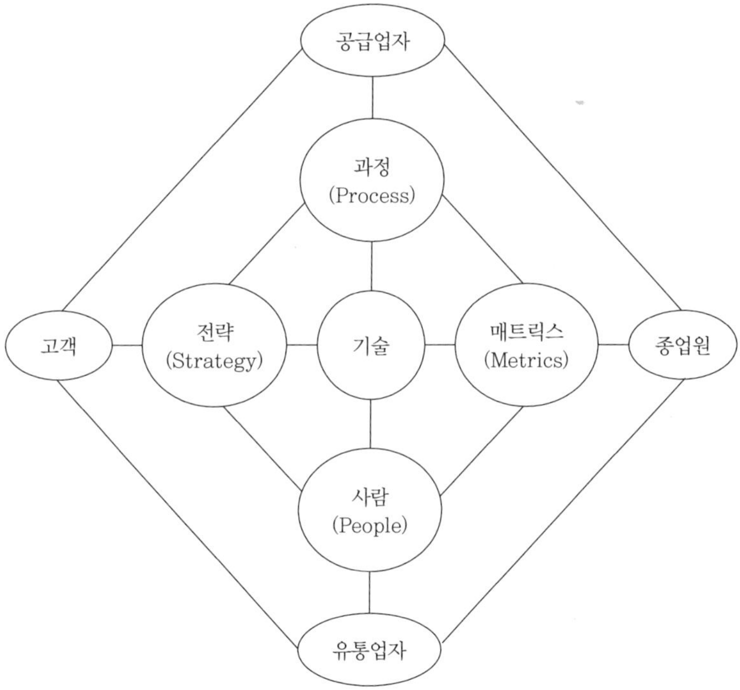

출처: Sawhney & Zabn(2002), "Managing and measuring relational equity in the network economy," JAMS, Vol. 30 No. 4. p.316.

제3절 관계수명주기 관리 전략

1. 관계수명주기

관계는 제품수명주기처럼 관계시작부터 관계가 성숙될 때까지 그 관계가 지속되는 동안 일정한 단계를 거치면서 진행된다. 이러한 단계는 관계가 맺어지는 범위를 넓히는 것에 초점을 맞추는 관계 유치단계, 시작된 관계의 깊이를 더하는 것에 초점을 맞추는 관계 유지단계, 관계의 폭을 넓히는 것에 초점을 맞추는 관계 확대단계 및 관계 포트폴리오의 수익성을 증가시키는 것에 초점을 맞추는 관계 레버리지 단계로 구성되어 있다. 이처럼 여러 단계는 기업으로 하여금 다른 전략을 요구하므로, 기업들은 그들의 전략, 전술 그리고 자원의 할당을 적절히 적용할 필요가 있다.

1) 관계 유치단계

관계수명주기는 유치단계로 시작되는 이 단계에서는 기업들은 그들의 가치 네트워크에 가장 많은 그리고 가장 뛰어난 이해관계자들을 확인하고 유인하는 것이 목표가 되어야 한다. 이를 위해 기업들은 관계획득 즉 고객 획득, 유통업자 개발, 공급업자 개발 그리고 종업원 채용 등에 자원을 투자할 필요가 있다. 이때 잠재 이해관계자가의 수를 최대화할 필요가 있으며, 이러한 잠재 이해관계자들을 가려낼 효과적인 방법론을 가지고 있어야 한다.

2) 관계 유지단계

관계 유지단계에서는 고객, 유통업자, 종업원 및 공급업자와의 유지 프로그램에 투자함으로써 관계를 심화시킬 필요가 있다. 고객유지는 향상된 서비스 수준과 로열티 마케팅 프로그램과 적절한 보상 정도에 영향을 받을 수 있다. 유통업자와 관계 유지는 유통업자 비즈니스 개발 자금지원, 영업사원 훈련 및 마케팅 비용 지원 등을 통해 강화될 수 있다. 종업원과의 관계 유지는 훈련과 교육, 인센티브와 승진 기회 제공 등을 통해 강화될 수 있다. 공급업자와의 관계 유지는 공급 장기 계약, 위험 공동부담 및 관계특유의 자산투자 등을 통해 향상될 수 있다. 이 단계에서는 기업들은 협력 활동의 범위와 깊이를 증가시키는 것에 노력하여야 하며, 신뢰를 구축하는 것에 신경써야 한다.

3) 관계 확대단계

관계 유지단계에서는 관계의 깊이를 더했다면, 관계 확대단계에서는 관계의 폭을 넓이는 것에 초점을 맞출 필요가 있다. 예를 들어 고객을 위해 보완적 제품이나 서비스를 제공하거나, 다른 제품라인을 소개하는 것 등이 필요하다. 유통업자와 공급업자와의 관계에서는 생산, 연구, 디자인, 운영 등에서 그들의 전문성을 활용하는 것이 필요한데 이는 관계 유지단계에서의 신뢰 구축이 어느 정도 되었느냐에 따라 성공여부가 달려있다. 종업원을 위해서는 그들의 스킬이나 경험의 폭을 넓혀주는데 초점을 맞추어야 한다.

4) 관계 레버리지단계

끝으로 관계 레버리지단계는 관계로부터 얻을 수 있는 혜택을 누리는 것에 초점을 맞추어야 한다. 예를 들어 공급업자의 관계에서는 공급업자의 2차 벤더들 역시 활용하여 공급업자의 공급체인 전체를 활용하여 수익성을 높이는데 도움이 되도록 한다. 보다 넓게 보면 관계를 맺고 있는 주요 이해관계자들의 고객들과 우리의 고객들 전체를 대상으로 우리의 파트너들에게 적절한 보상을 대가로 접근하게 해주거나 하는 등의 일들을 할 수 있다.

이상과 같은 단계별 전략을 표로 요약하면 다음의 〈표 1.2〉와 같다.

〈표 1.2〉 관계수명주기 관리전략

	유치	유지	확대	레버리지
고객	적절한 고객획득 비용 고려해야 함; 촉진과 아웃바운드 다이렉트 마케팅에 초점을 둠; 인바운드 추천을 만들어냄.	품질, 선택의 폭, 편의성을 강조함; 고객 서비스를 향상시킴; 로열티 마케팅 프로그램을 실시함.	신제품 범주로 확대함; 보완적 서비스를 제공함; 신 유통채널을 개설하고 접점을 늘림.	파트너를 위한 아웃바운드 추천을 만들어냄; 현재의 고객에게 제3자의 제공물을 재판매함; 수익성 개선을 위해 가격을 올림.
공급업자	우리 기업의 필요와 능력에 가장 잘 맞는 공급업자를 물색함; 공급업자 개발과 훈련 프로그램에 초점을 맞춤.	협력 계획을 통해 공급업자의 수익성을 개선함; 위험분담과 보상 공유 계약을 맺음.	공급업자와 관계를 더욱 공고히 함; 공급업자와의 관계의 범주를 넓힘.	가상 생산시스템 창조를 위해 공급업자 생산활동을 활용함; 공급업자의 공급업자와의 연결고리를 확대함.
유통업자	판매 인센티브를 제공함; 채널 마케팅과 협동 광고에 투자함.	협력 마케팅을 통해 유통업자의 수익성을 향상시킴; 훈련과 지원을 제공함.	유통업자 재고 및 비즈니스 프로세스를 관리해줌; 유통업자의 고객확대 노력을 지원함.	파트너를 위해 유통업자의 네트워크에 접근시켜줌; 제3자기업에게 유통업자의 파트너에 접근을 허용함.
종업원	종업원 채용과 추천에 투자함; 채용을 위해 인센티브와 보너스를 제시함.	훈련과 교육을 강조함; 스톡옵션과 같은 인센티브를 제공함; 승진기회를 제공함.	스킬과 경험의 기반을 넓혀줌; 접점의 역할을 강조함.	신입사원의 훈련/멘토링을 통해 도와줌; 조직학습 극대화를 위해 암묵적 지식을 활용함.

출처: Sawhney & Zabn(2002), "Managing and measuring relational equity in the network economy," JAMS, Vol. 30 No. 4. p.320.

제4절 관계자산 관리 및 측정

1. 관계성숙의 정도

기업에 따라 관계자산의 중요성을 인지하지 못하거나 설령 인지하더라도 개념적으로만 인지할 뿐, 주요 이해관계자들과 어느 정도의 관계를 맺고 있는지 잘하고 있는 부분과 잘못 하고 있는 부분을 무엇인지 측정하지 않고서는 알 수가 없다. 이러한 면에서 관계성숙의 정도를 단계별로 살펴보면 다음과 같다.

1) 1단계

이 단계는 관계의 중요성을 어렴풋이 이해하고 있으나 관계 증진을 위해 노력하는 내부구성원은 찾아보기 쉽지 않다. 그런 결과 전반적으로 서비스 수준이 낮으며 만족도 역시 낮은 편이다. 비용 효율화가 최선의 목표이며 기업의 인프라스트럭처도 약한 편이다. 프로젝트가 개별적으로 진행되는 것이 일반적이며 내부적으로 통합이 거의 이루어지지 않고 있는 단계이다. 또한 관계 측정은 전혀 하지 않는 초보적 단계이다.

2) 2단계

관계의 중요성을 인식하기 시작하였으나 여전히 관계 증진을 위한 리더십을 찾아보기는 힘든 단계이다. 그러나 한정된 분야에서는 관계관리 인프라스트럭처가 만들어지기 시작하며 기능간 조정도 일부 시작되는 단계라 할 수 있다. 그러나 여전히 전반적인 기능간 조정 내지는 통합을 찾아보기 힘들며 관계 측정 역시 매우 한정적으로 진행되는 단계이다.

3) 3단계

관계의 중요성을 충분히 인식하기 시작하는 단계로써 리더십이 발휘되기 시작하나 모든 면에서 적극적으로 보여지는 것은 아닌 단계이다. 어느 정도 진행된 관계관리 인프라스트럭처를 갖고 있으며, 관계관리 프로젝트들이 잘 조정되는 단계로써 일정부분의 관계 측정이 자리를 잡는 단계이기도 하다.

4) 4단계

조직 전반적으로 관계의 중요성을 충분히 인식하고 있으며, 리더십이 관계관리 활동과 관련된 모든 면에서 보여지며 또한 충분한 지원이 이루어지는 단계이다. 관계관리 인프라스트럭처가 잘 발달되어 있으며, 관계 증진 프로그램들이 매우 우수한 수준으로 조정되는 단계이다. 관계 관리 효과성과 비용 효율성이 좋은 균형을 보여주는 단계이기도 하다. 관계 측정이 상당한 수준으로 진행되고 있으며, 관계관리로부터 조직적으로 배우는 일들이 많아지는 단계이기도 하다.

5) 5단계

이 단계는 산업 내 리더 내지는 벤치마킹 대상이 되는 단계로써 조직 전반적으로 관계중심적인 조직으로서의 모든 면모를 갖춘 단계이다. 리더십이 관계 중심으로 모든 면에서 충분히 발휘되고 있으며, 모든 관계에서 만족도 역시 상당히 높은 수준이다. 관계관리 인프라스트럭처가 최상의 상태로 만들어진 단계이며, 모든 관계관련 활동들이 매우 우수한 수준으로 통합되고 조정되는 단계이다. 그리고 모든 것이 강력하게 측정되며 추적되는 단계이기도 하다.

2. 관계 정도의 측정

그럼 관계의 정도를 무엇으로 측정하는 것이 가장 바람직할까? 아래의 〈그림 1.4〉가 하나의 방향을 제시해 줄 수 있을 것으로 기대된다. 〈그림 1.4〉는 주요 관리대상 주체 별로 측정항목들을 예시적으로 보여주고 있으며, 가운데의 방사형의 그림은 우리 기업과 경쟁사를 상정하여 측정항목별로 어느 정도의 관계를 맺고 있는지를 예시적으로 숫자로 보여주고 있다.

〈그림 1.4〉 관계자산 측정지표

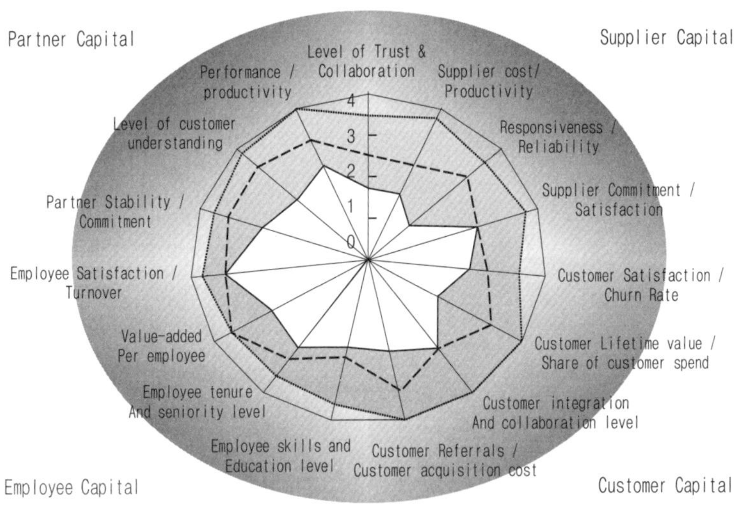

출처: Sawhney & Zabn(2002), "Managing and measuring relational equity in the network economy," JAMS, Vol. 30 No. 4. p.328.

1) 고객자산의 측정

먼저 고객자산(Customer Capital)을 측정할 수 있는 측정항목으로 가장 먼저 생각해 볼 수 있는 것은 고객만족도이다. 그러나 이것만으로는 충분하지 않다. 왜냐하면 최근의 경쟁상황은 만족한 고객들이라 하더라도 더 이상 우리의 제품이나 서비스를 반드시 반복구매하지 않는 현상을 보여주고 있다. 또한 만족도가 향상되는 상황에서조차 반복구매하지 않는 경우를 자주 볼 수 있다. 따라서 만족도와 동시에 고객이탈율을 측정하여야 고객자산의 진면목을 살펴볼 수 있다. 즉, 고객유지율이 측정되어야 고객생애가치와 고객당 지출액을 기준으로 적절한 마케팅전략을 수립하고 실행할 수 있다. 고객의 통합 정도와 협력수준 역시 중요한 측정항목이 될 수 있다. 아울러 고객의 추천 정도와 합리적인 고객획득비용 등도 측정항목으로 고려할 수 있다.

2) 종업원자산의 측정

종업원자산(Employee Capital)의 측정항목은 고객자산의 경우와 같이 종업원 만족도를 먼저 생각해볼 수 있다. 종업원만족도와 더불어 이직율 역시 중요한 항목인데, 종업원이 자산으로서의 가치가 있다면 이직율이 높은 조직은 심각한 자산 유출의 문제가 있는 조직인 셈이기 때문이다. 다른 측정항목으로는 종업원 1인당 부가가치, 종업원 근무년수와 종업원 스킬과 교육 수준 등을 고려해 볼 수 있다.

3) 유통업자자산과 공급업자자산의 측정

유통업자자산(Partner Capital)의 적절한 측정항목으로는 신뢰와 협력 수준, 생산성 또는 성과, 고객이해 수준, 관계의 안정성과 몰입 정도 등을 생각해 볼 수 있다. 한편 공급업자자산(Supplier Capital)의 측정항목들 역시 유통업자자산의 측정항목들과 유사한 항목들을 생각해볼 수 있는데, 예를 들면 생산성, 신뢰성 내지는 협력요구에 대한 신속한 대응 정도, 공급업자 만족도와 몰입 수준 등을 고려해 볼 수 있다.

제5절 CRM의 정의와 특징

1. CRM의 정의

현재와 같은 글로벌 경쟁환경 하에서는 CRM은 단순한 고객의 만족을 넘어서는 고객과의 관계를 유지, 확대, 개선시켜주며, 이를 통해 고객만족도를 개선하고 고객충성도를 높일 수 있는 매우 중요한 도구라 할 수 있다. 이러한 일들을 하기 위해 CRM은 마케팅 분야의 이론과 IT분야의 기술을 자연스럽게 접목하여 탄생되었다고 볼 수 있다. 즉, 고객정보를 이용하여 고객과의 관계를 최대한 효율적이고도 효과적으로 관리하고자 IT분야의 기술과 마케팅 분야의 이론을 활용하고 있다.

이처럼 고객중심적으로 시야를 돌릴 수밖에 없는 이유는 과거와 달리 판매자 시장에서 구매자 시장으로 힘이 기업에서 고객으로 옮겨갔기 때문이다. 이런 결과 기업은 한정된 자원을 가지고 보다 치열한 시장경쟁 속에서 살아남기 위해 매스마케팅하던 시각에서 벗어나 누가 보다 수익성과 충성도가 높은 고객들인지 효과적으로 선별하고 이들을 지속적으로 유지 관리하는 것이 훨씬 더 비용효율적이며 효과적이라는 사실을 인식하게 되었다. 즉, CRM은 고객과의 관계를 어떻게 맺고 맺어진 관계를 어떻게 유지 관리할 것인지에 대해 고민하는 경영기법이라·할 수 있다.

이런 맥락에서 '고객을 어떻게 선정할 것인가', '선정된 고객과의 관계를 어떻게 유지할 것인가', 등의 질문에 대해 CRM은 고객의 데이터를 이용하여 답을 효율적으로 찾는 것이 좁은 의미의 CRM의 궁극적인 목표라고 할 수 있다. 결국 CRM은 고객정보를 이용해서 고객과의 관계를 유치, 유지, 개선시킴으로써 고객의 만족과 충성도를 제고하고, 기업이나 조직의 지속적인 발전을 추구하는 고객관련 제반 프로세스와 활동을 의미한다.

CRM의 개념을 정확하게 정립하기 위해서는 과거의 정의를 한 번 살펴볼 필요가 있다. 이를 위해 실무적 관점에서의 정의와 학문적 관점에서의 정의로 구분하여 살펴보면 다음과 같다.

1) 실무적 관점의 정의

먼저 실무적 관점에서의 정의로 Gartner Group은 CRM을 신규고객 획득, 기존고객 유지, 고객수익성 증대 등을 위하여 지속적인 커뮤니케이션을 통해 고객행동을 이해하고 영향력을 주기 위한 광범위한 접근으로써 고객에 대해 학습하고 학습된 내용을 바탕으로 고객에 대응하는 계속적인 반복과정이라고 정의하고 있다.

Pricewaterhouse Coopers는 CRM을 기업들이 고객행동을 통해 경영성과를 높이고자 전략, 프로세스, 조직, 기술 등을 변화시켜 나가는 과정으로서 이를 위해 고객에 대한 지식을 획득하고 이러한 지식을 다양한 경로를 통하여 이용하며, 이를 통하여 수익을 늘리고 운영상의 효율성을 도모하는 활동으로 정의하고 있다.

한편, 국내의 경우 한국SW산업협회는 CRM을 기업이 보유하고 있는 고객 데이터를 수집, 통합, 가공, 분석하여 고객 개개인의 특성에 맞게 마케팅 활동을 계획, 수행, 평가, 수정하는 일련의 과정이라고 정의하고 있다. 또한 삼성경제연구소 역시 유사하게 CRM을 고객과 관련된 자료를 분석하여 고객 특성에 기초한 마케팅 활동을 계획, 지원, 평가하는 관리체계로 정의하고 있다.

2) 학문적 관점의 정의

이에 비해 학문적 관점에서의 CRM에 대한 정의는 다소 광범위하게 범위를 정하고 있음을 알 수 있는데, 예를 들어 Imhoff & Gentry (2000)에 의하면 CRM은 모든 고객과의 상호작용에서 각 고객과 기업 사이에 이로운 관계를 촉진시키기 위하여 기업전략, 기업문화와 조직 그리고 정보기술 지원 등을 결합하는 것이라고 정의하고 있다.

한편, Robinson(1999)은 CRM을 전사적인 관점에서 통합된 마케팅, 판매 및 고객 서비스 전략을 통해서 개별고객의 평생가치를 극대화하는 것이라고 정의하고 있으며, Swift(2000)은 CRM을 고객획득, 고객유지, 고객 충성도, 고객 수익성을 향상시키기 위해 의미 있는 커뮤니케이션을 통해 고객행동을 이해하고 영향을 주는 전사적인 접근방법이라고 정의하고 있다.

두 관점에서의 정의가 큰 차이는 없으나 실무적 관점의 정의는 CRM의 본질에 초점을 맞추어 보다 명확하게 정의를 내리고 있는 반면, 학문적 관점의 정의는 보다 넓게 CRM을 정의하고 있다고 볼 수 있다. 따라서 본 서에서는 두 관점의 정의를 포함하여 먼저 포괄적인 개념으로 CRM을 정의하고자 한다. 즉, CRM은 고객에 대한 지식과 고객과의 장기적인 관계 구축을 통해 기업의 경영성과를 개선하기 위한 전사적 경영방식으로써, 이를 위해 모든 인프라와 경영기능이 고객과의 관계중심적으로 개선되는데 기여하는 활동을 의미한다.

2. CRM의 특징

위에서 내린 정의에서도 알 수 있는 바와 같이 CRM은 고객과의 관계 구축과 강화를 통해 고객의 수익성을 극대화하려는 것이며, 이를 위해 기업의 모든 기능이 통합되어 운영되는 것을 추구하는 것이다. CRM의 특징을 좀 더 살펴보면 다음과 같다.

첫째, CRM은 고객지향적이며 관계지향적이다. CRM은 고객과의 지속적인 관계를 위해 모든 마케팅 제공물을 고객중심적으로 맞추어

주는 경영활동이다. 그 결과 단기적인 이윤추구가 아닌 장기적인 이윤을 추구하는 동적인 경영방식이다.

둘째, CMR은 시장점유율보다는 고객점유율에 그리고 고객획득보다는 고객유지에 초점을 둔다. CRM은 우수한 고객을 통해 기업의 수익성을 높이며 이러한 우수한 고객을 유지하는 것에 초점을 둔다. 또한 기존고객을 분류하고 분류된 고객별로 차별적인 마케팅 전략을 집행하고 고객의 반응결과의 피드백을 통해 보다 향상된 고객관계관리를 하고자 하는 활동이다.

셋째, CRM은 고객과의 직접적인 접촉을 통해 쌍방향 커뮤니케이션을 지속한다. 즉, 통합적이고 일관성 있는 메시지와 커뮤니케이션을 구사함으로써 고객과의 관계를 강화시켜 나간다. 이러한 상호작용적 고객접촉을 활용하여 기업은 고객의 욕구를 자세히 파악할 수 있어 더욱 능동적으로 대처할 수 있다.

넷째, CRM은 단순히 마케팅에만 역점을 두는 것이 아니라 기업의 모든 내부 프로세스의 통합과 메뉴얼화를 요구한다. 고객관계관리에 필요한 모든 부분, 즉 표준화된 업무 프로세스, 조직의 역량이나 훈련, 기술적 하부구조, 영업 요건을 충족할 수 있는 시스템의 기능, 영업전략, 영업정보 등의 부분에서도 효율적이고 균형 잡힌 향상을 꾀하는 고객관계관리 기법이다.

지금까지 왜 현대를 관계의 시대라 칭하며 이런 관계의 시대에서 기업들이 생존 및 번영하기 위해 주의 내지는 노력하여야 하는 것은 무엇인지 살펴보았다. 또한 CRM을 어떻게 정의할 수 있는 지와 CRM의 특징에 대해 간략히 살펴보았다. 관계중심적 관리는 더 이상 기업의 선택사항이 아닌 필수 덕목이 되었다. 그중에서도 고객관계관리(CRM, customer relationship management)는 많은 기업들이 노력을 경주하고 있는 분야라 할 수 있다.

따라서 본 서에서는 여러 주체들간의 관계관리 중에서도 고객관계관리 즉, CRM에 한정하여 중점적으로 살펴보고자 한다. 이를 위해 먼저 CRM활동을 본격적으로 살펴보기 전에 마케팅의 기본 이론을 간략히 살펴본 후, 본격적인 CRM 분석활동을 단계별로 살펴보고자 한다. 아울러 여러 가지 CRM 분류방법에 따라 다양한 CRM을 살펴보고자 하며, 또한 기존CRM에 웹 기능을 추가하여 인터넷 채널을 중심으로 발전하고 있는 e-CRM에 대해 살펴보고자 한다.

더불어, 소셜네트워크서비스(Social Network Service)의 발전과 함께 이슈가 되고 있는 소셜 CRM(Social CRM)에 대해서도 논의하고자 한다.

제2장

CRM 전략

글로벌 시장 경쟁의 가속화와 함께 경제 환경이 변화하고 시장이 포화상태에 이름에 따라 기업은 이윤추구를 위해 시장을 더욱 세분화해서 수익성을 개선하는 방향으로 발전하게 되었다. 즉, 단순한 시장크기의 변화보다는 마케팅 활동의 변화가 두드러지게 변하게 되었다. 이는 단순한 상품 판매와 시장점유율 증대를 목적으로 하는 광고를 통한 대중마케팅(Mass Marketing)으로 부터 장기적으로 고객과의 관계를 구축하고 더 나아가서는 고객과 기업이 관계를 형성하는 마케팅(Relationship Marketing) 단계로 나아가게 되는 고객관계관리(Customer Relationship Management, CRM)를 통한 차별화 마케팅으로 변화하게 되었다.

즉, 급변하는 경제 환경, 경쟁사의 출현, 고객의 지식수준 향상, 기존 대중 마케팅의 한계, 정보통신과 연계한 신기술의 등장 등으로 인해 고객의 요구사항을 적절히 파악하고, 원하는 제품과 서비스를 지속적으로 제공함으로써 고객 이탈을 방지하고 수익성을 최대화하기 위한 전략이 발전하게 되었고 이것이 바로 CRM인 것이다.

따라서 본 장에서는 먼저 CRM에 대한 기본적인 사항, 전략적 의미 및 성공적인 CRM 전략을 위한 선행조건을 살펴보고자 한다. 또한 마케팅의 STP, 4P, 고객 로열티 상승 전략을 통해 CRM 전략의 과정을 살펴보고 이를 통한 방법론적인 절차 및 CRM의 효과를 확인해 보고자 한다. 또한 이러한 CRM 전략의 과정을 가상기업에 적용시켜 이해를 돕고자 한다.

제1절 CRM의 이해

1. CRM의 개념

앞 장에서는 CRM을 포괄적인 개념으로 정의한 것에 비해 이 장에서는 실제적이고 구체적인 CRM을 중심으로 살펴보고자 한다. 이런 맥락에서 살펴보면 CRM은 고객과 관련된 기업의 내, 외부 자료를 분석, 통합하여 고객특성에 기초한 마케팅활동을 계획하고, 지원하며, 평가하는 과정을 의미한다. 즉, 다양한 고객접점을 활용하여 여기서 발생되는 수많은 데이터를 세분화하여 신규고객 획득 – 우수고객유치 – 고객가치 증진 – 잠재고객 활성화 – 평생고객화의 순환을 통해 고객의 니즈에 초점을 둔 차별화된 마케팅 전략이다.

기존 마케팅이 단발적인 마케팅 전술이라면 CRM은 우리 회사의 고객이 누구인지, 고객인 무엇을 원하는지를 파악하여 고객이 원하는 제품과 서비스를 지속적으로 제공함으로써 고객을 유지시키고 이를 통해 고객의 평생가치를 극대화하여 수익성을 높이는 통합된 고객관계관리 프로세스, 즉 고객데이터와 정보를 분석, 통합하여 개별 고객의 특성에 기초한 마케팅활동을 계획, 지원, 평가하는 과정이다.

그렇다면 이러한 관점에서의 CRM은 무엇을 의미하는가? CRM은 일치된 정의가 없이 CRM이 사용되는 상황이나 관점에 따라 그 의미가 다양할 수 있다. 예를 들면, 영업을 담당하는 사람들은 CRM을 하나의 영업전략으로 정의하고 있고, 캠페인을 관리하는 사람은 CRM을 좀 더 개인화되고 체계화된 테이터베이스 마케팅으로 간주하기도 한다. 또한 정보기술과 시스템 분야에 종사하는 사람은 CRM을 기술을 기반으로 영업, 마케팅, 고객서비스 영역의 프로세스를 자동화하고 개선시키는 통합된 프로세스라고 주장하기도 한다. 이외에도 DB분야에 종사하는 사람은 다양한 접점을 통해 고객데이터를 지속적으로 수집하고 이를 바탕으로 고객의 행동을 분석, 예측하여 효과적으로 고객관리에 활용하는 과정이라고 정의하고 있다.

이처럼 CRM의 다양한 정의에도 불구하고 이들 개념이 지향하는 바는 기본적으로 한 가지이다. 즉, 고객과의 관계관리 및 발전을 통해 고객이 기업에 가져다주는 가치를 극대화하자는 것이다. 이는 전통적인 기업의 경영이나 마케팅 활동과는 커다란 대조를 이루는 것이다. 전통적으로 기업들이 자신의 제품이나 서비스를 팔기 위해 고객을 찾아 다녔다고 한다면, 이제는 자신의 고객을 위해 제품이나 서비스를 찾아다니는 시각의 전환을 의미한다. 또한 전통적인 기업들은 상품 판매실적을 운영의 잣대로 삼았지만, CRM 중심의 기업은 고객으로부터 시간이 지나면서 기대되는 가치의 증대를 성공의 척도로 판단한다. 결론적으로 CRM은 예외적이고 차별화된 경험을 고객에게 첫 만남에서부터 평생 동안 지속적으로 제공함으로써 고객자산(Customer Equity)을 증대하는 것으로 규정할 수 있다. 이런 맥락에서 다시 생각해보면 CRM의 협의 내지는 실무적 측면에서의 정의 역시 본질적으로는 앞 장에서 내린 포괄적 정의와 일맥상통하고 있음을 알 수 있다.

2. CRM의 목적

CRM을 통해 달성하려는 목적은 다양한 방향으로 설명될 수 있다. 기본적으로 CRM의 목적은 신규고객의 유치에서부터 시작하여 그 고객의 전 생애에 걸쳐 그러한 관계를 유지하고 강화해 나가면서, 장기적으로 고객의 수익성을 극대화하고자 하는 것이다. 다시 말해 새로운 고객과의 거래를 시작한 후, 다양한 마케팅 활동을 전개하여 그 고객과의 관계를 강화시켜 평생고객으로 만드는 것이 CRM의 목적이다.

이처럼 지속적인 고객과의 관계를 통해 얻을 수 있는 장기적인 이윤을 극대화하려는 것이 CRM이 추구하는 근본 목적이라고 할 수 있다. CRM은 개별고객의 생애에 따라 다음의 세 단계로 나누어 생각해볼 수 있다.

1) 고객관계 구축의 단계

첫 단계는 신규고객과의 처음 거래가 이루어지는 고객관계구축 단계이다. 이를 위해 고객이 될 만한 후보를 찾아 신규고객으로 확보하여야 한다. 이 단계에서는 아무 고객이나 무차별적으로 접근하기보다는 우량고객이 될 가능성이 큰 고객들을 선별하여 적절한 접근 방법과 유인을 통해 그들과 새로운 거래 관계를 형성함으로써 신규고객을 유치하는 것이 바람직하다.

2) 고객관계 유지의 단계

두 번째 단계는 일단 획득한 신규고객이 반복해서 거래하도록 고객과의 관계를 강화하면서 고객을 유지하는 단계이다. 물론 고객을 지속적으로 유지하는 것이 중요 목표이기는 하지만 기업 입장에서는 적절한 비용 한도 내에서의 고객 유지를 염두에 두어야 한다.

3) 평생고객의 단계

세 번째 단계는 거래 관계가 최대한으로 확장되면서 평생고객이 되도록 하는 평생고객 단계이다. 다시 말하면 평생고객 개념으로의 확장단계이다. 이 단계에서 기업은 추가적인 수익의 증진은 물론 가격 변동을 통해 고객의 총 거래 가치를 높일 수도 있다. 또한 고정 거래비용을 줄일 수 있으며 신규고객 획득에 드는 비용도 절감하여 고객 수익성을 극대화 할 수 있다.

제2절 CRM의 전략적 의미와 선행조건

1. CRM의 전략적 의미

과거의 마케팅은 기업이 상품을 만들어 특별한 고객 정보 분석 없이 상품에 대한 홍보 및 광고가 주류를 이루었다. 그러나 이러한 마케팅 활동이 기업의 수익을 향상시키는 데 한계가 있게 되었고, 이를 해소하기 위해 고객에 대한 이해를 바탕으로 한 마케팅 활동이 등장하게 되었다.

이러한 고객에 대한 이해를 바탕으로 영업, 마케팅, 고객서비스 프로세스를 재구성하는 일련의 활동을 전개하는 CRM은 전략적 측면에서 고객정보의 활용, 고객충성도 제고, 다양한 채널 사용, 조직 및 프로세스 재구축, 고객관계를 우호적으로 관리하기 위한 다양한 전략의 구사 등으로 나타나고 있다. 이를 종합해서 살펴보면 다음과 같다.

첫째, CRM의 전략적 의미는 고객에 대한 이해를 바탕으로 고객의 정보를 활용하여 관계를 유지, 확대, 개선시키는 고객 관련 제반 프로세스 및 활동을 하는데 있다.

둘째, 전략적 CRM은 고객관계관리를 통하여 고객만족과 충성도의 제고를 목적으로 한다. 이를 위해 CRM은 과거 데이터베이스 마케팅 기법처럼 단지 조직 내 실무자 중심의 관점이나 접근이 아니라 고객경영철학, 고객중심의 사고에서 시작하여 고객가치를 극대화하여야 한다.

셋째, CRM의 전략적 의미는 다양한 채널을 통한 고객과의 커뮤니케이션으로부터 수집된 정보를 기반으로 고객과의 관계를 유지, 발전하는 과정으로 이해할 수 있다.

넷째, 전략적 CRM은 고객관계전략을 실행하기 위하여 조직 및 프로세스를 고객 중심으로 재편하고 이를 통합적으로 관리하는 것이다.

다섯째, 전략적 CRM은 고객관계를 우호적으로 관리하기 위해 STP 전략, 고객관계단계별 전략, 고객로열티 향상 전략, CRM 믹스 전략을 적절히 수립해야 한다.

이를 종합하면, CRM의 전략적 의미는 고객을 기업가치의 중심으로 인식하고, 고객에 대한 이해와 지식을 바탕으로 다양한 고객욕구에 부합하는 차별화된 맞춤형 전략을 수립하고, 이를 실행하기 위한 모든 고객접점, 프로세스, 조직 등을 고객 중심으로 재편하고 통합적으로 관리하여 고객과의 지속적이고 우호적인 관계를 유지함으로써 고객의 로열티 형성을 통해 수익을 극대화하는 것이다.

2. CRM 전략의 선행조건

1) 고객중심의 비즈니스 모델

기업은 고객의 중요성을 인식하고 행동으로 옮겨야 하는데, 단지 그 중요성을 머릿속으로만 인식한다면 그것은 큰 문제가 될 수 있다. CRM 전략을 실행하기 위해서는 우선 기업 자신의 비즈니스 모델을 고객중심으로 변화시키는 것이 중요하다.

2) 전략적인 접근의 필요성

CRM은 조직의 큰 그림 속에서 명확한 방향성을 가지고 추진되어야 한다. 이를 위해 전략적인 접근이 반드시 필요하다. 고객은 동일한 하나의 주체가 아니라 저마다 다른 가치를 가진 존재이다. 기업은 이러한 개별화된 고객에게 저마다 다른 모습으로 다가갈 수 있어야 한다.

3) 고객정보의 신뢰성 확보

고객의 정보는 계속 변화고 있어 최신의 정보를 CRM 시스템에 반영하는 것은 쉬운 일이 아니다. 따라서 고객접점의 범위를 넓혀 다양한 유통경로를 통한 고객정보의 수집이 필요하며, 또한 수집된 고객 정보에 대한 보안도 책임질 수 있도록 신뢰성 확보가 이루어져야 한다.

4) 복잡한 시스템 및 고객자료의 통합

여러 곳으로 분산되어 있는 고객의 자료를 한곳으로 모으는 작업이 먼저 이루어져야 한다. 아무리 좋은 데이터도 통합되어 쉽게 사용할 수 없다면 아무런 효용가치가 없게 되기 때문이다.

5) 신중한 CRM 솔루션 및 전문 인력 선택

기업들은 나날이 늘어나는 방대한 양의 고객 거래 자료를 한곳으로 저장하기 위해서는 이를 자동적으로 내장하고 관리할 수 있어야 한다. 또한 소프트웨어뿐만 아니라 하드웨어의 성능도 향상되어야 한다. 따라서 철저한 타당성 검토를 통하여 솔루션을 구입하고, 구입 후 솔루션 제공업체와 지속적으로 커뮤니케이션 하는 것이 중요하다. 그리고 인력의 양적인 확보보다는 CRM 전략에 많은 노하우와 기술적인 응용 능력을 가지고 있는 전문인력의 질적인 확보가 보다 더 중요하다.

제3절 CRM 전략

일반적으로 마케팅에서는 시장을 세분화하고 표적시장을 선택한 다음에 포지셔닝 결정을 하고, 이와 일관되게 상품을 개발하고 가격, 촉진, 유통 등에 대한 결정을 한다. 이러한 마케팅적 접근 방법을 CRM 전략에서도 차용하고 있으며, 이들을 개별적으로 살펴보면 다음과 같다.

1. STP 전략

단일 제품으로 수많은 고객의 욕구를 충족시켰던 대중마케팅의 시대는 지나고 한정된 범위의 소비욕구만을 충족시키는 제품들은 다양한 소비욕구를 충족하고자 하는 고객들로 구성된 시장에서는 더 이상 경쟁력을 지닐 수 없게 되었다. 그렇기 때문에 고객들의 욕구를 정확히 파악하고 그 유형들을 분류하여 그들의 욕구에 따라 적절한 제품을 제공하는 기업만이 살아남는 새로운 마케팅 시대에 접어들게 되었다. 이에 시장세분화(Segmentation), 표적시장 선택(Targeting), 포지셔닝(Positioning)을 줄여서 STP 전략이라고 한다. 이러한 STP 전략은 시장의 변화에 따라 도입된 마케팅전략의 개념이라 할 수 있으며, 이를 하나하나씩 살펴보면 다음과 같다.

1) 시장세분화

시장세분화는 다양한 욕구를 가진 소비자들을 일정한 기준에 따라 몇 개의 동질적인 소비자 집단으로 나누는 것을 말한다.

(1) 시장세분화의 필요성

시장세분화는 표적시장의 선택과 포지셔닝을 수립하기 위한 전 단계의 성격을 가지고 있을 뿐만 아니라, 효과적이고 효율적인 마케팅 믹스전략의 실행을 위한 전제조건이다. 시장세분화가 필요한 이유는 다음과 같다.

- 고객욕구의 충족: 기업은 시장세분화를 통하여 각 세분시장의 환경 또는 상황에 적합한 마케팅믹스를 계획하고 실행할 수 있기 때문에 고객욕구를 더욱 잘 충족시킬 수 있다.

- 표적시장 선택과 포지셔닝 전략의 실행: 기업은 시장세분화를 함으로써 성공가능성이 높은 표적시장을 선정할 수 있을 뿐만 아니라, 그 시장에서 제품의 위치를 확고히 구축하게 하는 포지셔닝 전략을 실행할 수 있다.

- 효율적 마케팅 자원의 배분: 기업이 보유하고 있는 마케팅 자원은 한정되어 있기 때문에 모든 시장을 표적시장으로 선정하는 것은 거의 불가능하다. 그러므로 기업은 시장세분화를 통하여 각 세분시장

의 특성을 파악한 후 표적시장을 선정할 뿐만 아니라, 각 표적시장에 적합한 마케팅 믹스전략을 수립할 수 있다.

(2) 시장세분화의 전제조건

시장은 수많은 다양한 형태로 구성되어 있기 때문에 시장세분화를 하는 데 있어서 많은 비용이 발생할 수 있다. 무엇보다도 이러한 비용을 고려한다면 시장세분화는 다음과 같은 전제조건을 충족시켜야 한다.

- 측정가능성(Measurability): 세분시장은 정의하기가 쉽고, 측정이 가능해야 한다.

- 실질성(Substantiability): 세분시장은 수익을 발생시킬 수 있을 정도로 충분한 시장규모를 가지고 있어야 한다.

- 접근가능성(Accessibility): 세분시장에 대한 접근은 일반적으로 마케팅 믹스프로그램의 실행을 통하여 이루어진다.

- 안정성(Stability): 세분시장 내에서는 동질성을 유지하고, 세분시장 간에는 이질성을 유지해야만 세분시장의 안정성이 높아진다.

- 실행가능성(Actionability): 각 세분시장을 목표로 수립된 마케팅 믹스전략은 해당 시장에서 실행될 수 있어야 한다.

(3) 시장세분화 방법

① 지리적 시장세분화

지리적 세분화(Geographic Segmentation)는 시장을 지리적 기

준에 의해 나누는 것을 말하며, 가장 널리 사용되고 있는 시장세분화 방법 중의 하나이다. 지리적 세분화의 주요변수는 지역, 인구밀도 및 기후 등이 있으며, 이 중에서 지역을 기준으로 시장세분화를 한 예는 다음과 같다.

> 미국의 Maxwell house 커피는 제품을 전국적으로 판매하고 있으나 맛은 지역적으로 다르게 하고 있다. 즉, 강한 커피를 좋아하는 서부지역에는 진한 커피를 팔고, 동부지역에는 그보다 약한 커피를 판매한다.
>
> 또한 R.J. Reynolds 담배회사는 시카고 지역을 3개로 나누어 담배를 팔고 있다. 북쪽 지역은 높은 교육수준으로 건강에 많은 관심을 가지고 있기 때문에 타르가 적은 담배에 주력하고, 남동쪽 지역은 공장 근로자들이 많아 보수적이기 때문에 Winston을 집중적으로 판매한다. 한편 흑인이 많이 사는 남쪽지역은 흑인용 신문 등에 Salem을 광고하고 있다.

② 인구통계적 시장세분화

인구통계적 세분화(Demographic Segmentation)는 연령, 성별, 가족구성, 소득, 직업, 학력, 종교 및 인종 등과 같은 인구통계적 변수를 기초로 시장을 분류하는 것이다. 이 중에서 성별에 따른 시장세분화의 예는 다음과 같다.

> 성에 의하여 많이 좌우되는 상품은 의류, 화장품, 잡지 등이다. 미국에서 1, 2위를 서로 다투는 장난감회사는 '매텔사'와 '해즈브로사'이다.
>
> 매텔사의 주요제품은 배추인형, 바비인형이고 여자아이들이 좋아하는 인형인 반면, 해즈브로사는 '지 아이 조(G I Joe), 트랜스포머, 퍼

비인형' 등 남자아이들을 위한 인형을 주무기로 삼고 있다. 즉 목표고객을 각기 다르게 잡고 있다.

③ 심리적 시장세분화

심리적 세분화(Psychographic Segmentation)는 사회계층, 라이프스타일 및 개성 등과 같은 심리적 변수에 근거하여 시장을 분류하는 방법이다. 이 중에서 소비자의 라이프스타일의 변화에 따른 시장세분화의 예는 다음과 같다.

6년간 300여개의 제품을 개발한 Campbell 스프

과거 오랫동안 Campbell은 종류가 단순하고 값싼 스프만을 생산하였다. 이에 따라 Campbell은 스프시장의 대부분을 점유하면서도 값산 제품이 많기 때문에 높은 이익을 올리지는 못했다.

그러나 이 회사는 점차 생활양식의 변화를 깨달았고, 그 변화에 알맞은 여러 제품을 생산하여 크게 성공하였다. 과거에는 6시 정각에 모든 가족들이 모여 손을 씻고 식탁에 앉아 규칙적인 식사를 하였고 아버지는 일하고 어머니는 가정을 돌보며 아이들은 보통 두 명 정도 있었다.

그러나 지금은 생활양식이 크게 변하여 간식을 많이 먹으며 50% 이상의 가정이 식구가 2명 이하이고, 혼자 사는 경우도 많이 늘고 있다. 이에 따라 Campbell사는 스프시장을 세분화하여 6년 동안 이들에게 알맞은 334개의 신제품을 내놓아 큰 성공을 거두었다.

④ 행동적 시장세분화

행동적 세분화(Behavior Segmentation)는 구매, 사용시기, 추구하는 편익, 사용경험, 사용량, 브랜드 충성도 및 구매준비단계 등과 같은 제품 또는 제품속성에 대하여 소비자가 지니고 있는 행동적 변수에 기초하여 시장을 분류하는 것을 의미한다. 이 중에서 소비자가 추구하는 편익에 따른 시장세분화의 예는 다음과 같다.

시계업체가 비싼 시계를 금은방에서 팔고 있을 당시 Daniel Yankelovich라는 사람은 시계업체가 소비자들이 시계를 구입함으로써 얻게 되는 이익을 전혀 무시하고 있다는 것을 알게 되었다. Yankelovich의 조사에 따르면 시계를 구입하는 소비자의 1/3은 값싼 시계를 원하며 다른 46%의 소비자는 오래 사용하고 고급품인 시계를 원하고 있다. 이에 응하여 Timex시계는 값싼 제품을 만들어 값싼 상품을 취급하는 소매상에서 판매하였고 그 결과 세계 최대의 시계회사가 되었다.

Lever Brother회사는 옷에 자기 체취가 남아있는 것을 염려하는 소비자들을 겨냥하였다. 미국인들은 운동을 많이 하고 또 인조 합성 섬유로 된 옷을 많이 입기 때문에 옷에 체취가 오랫동안 남아있었다. 여기에 초점을 맞춘 Lever Brother회사는 이 체취를 제거하는 세제 Surf를 개발하여 미국에서 두 번째로 잘 팔리는 세제가 되었다.

2) 표적시장

마케팅 관리자는 시장세분화를 통하여 분류된 세분시장들을 비교, 평가한 후 진입할 만한 가치가 있거나 잠재성이 높은 시장과 그 범위를 결정하여 한다. 이러한 의사결정을 통하여 선정된 시장을 표적시장이라고 하며, 표적시장을 선정하는 행위를 타겟팅(Targeting)이라고 한다.

(1) 표적시장 선택기준

표적시장에 대한 선택기준은 네 가지로 요약될 수 있으며, 구체적으로 살펴보면 다음과 같다.

① 부정적 기준(Negative Criteria)

부정적 기준은 시장의 정치적, 법적, 자연적 및 사회문화적 환경요인 등에 의하여 어떤 세분시장으로의 진입이 불가능한 것을 판단하거나 또는 시장이 존재하지 않는 것을 확인시켜 주는 기준을 의미한다.

② 현재의 세분시장의 규모(Current Segment Size)와 성장잠재력(Growth Potential)

기업이 표적시장을 선택할 때 가장 먼저 평가하여야 할 요소는 현재의 세분시장의 규모와 성장잠재력이다. 이러한 기준에 대한 구체적인 평가항목들은 경제적 환경분석을 통해 선정될 수 있다.

③ 잠재적 경쟁(Potential Competition)

잠재적 경쟁은 기존의 경쟁구도에 잠재적 진출기업 또는 새로운 시장 진입자가 미래의 어느 시점에 나타나는 것을 말한다. 잠재적 경쟁에 대비하기 위해서는 무엇보다도 경쟁에서 결정적인 역할을 하는 경쟁우위 또는 차별화의 능력을 향상시킬 필요가 있다.

④ 기업목적과의 적합성(Compatibility)과 세분시장에서의 마케팅활동 실행가능성(Feasibility)

기업이 진출하고자 하는 어떤 세분시장에서 기업의 목적이 달성될 수 있는지 그리고 마케팅활동의 실행이 가능한지를 고려하여야 한다.

(2) 표적시장에서의 마케팅전략

마케팅관리자는 앞서 언급한 표적시장 선택기준에 의하여 각 세분시장들을 평가한 후 진입할 만한 가치가 있는 표적시장을 선정한다. 그리고 이러한 과정을 거쳐 표적시장이 선정되면, 그 다음 단계로 적절한 표적시장 마케팅전략이 수행되어야 한다.

① 비차별적 마케팅전략(Undifferentiated Marketing Strategy)

비차별적 마케팅전략은 기업이 각 세분시장 간의 차이를 무시하고 이들 시장에서 동일한 마케팅 믹스전략을 수행하는 것을 말한다.

② 차별적 마케팅전략(Differentiated Marketing Strategy)

차별적 마케팅전략은 기업이 차별화된 마케팅 믹스전략을 수립하여 복수의 세분시장을 표적으로 선정한 후 마케팅활동을 수행하는 것을 의미한다.

③ 집중적 마케팅전략(Concentrated Marketing Strategy)

집중적 마케팅전략은 기업이 마케팅 믹스를 개발한 후 단일의 세분시장에 초점을 맞추어 전략을 실행하는 것을 말한다.

④ 고객맞춤 마케팅전략(Customized Marketing Strategy)

고객맞춤 마케팅전략은 단일의 고객 또는 소비자를 대상으로 마케팅믹스를 구성하여 마케팅활동을 수행하는 것을 말한다.

3) 포지셔닝

표적시장을 선정한 후 기업이 그 다음으로 수행해야 할 과제는 그 시장에서 제품 또는 서비스의 위치를 선정하는 것이다. 포지셔닝은 고객 또는 소비자의 의식 속에 제품 또는 서비스에 대한 확고한 위치를 확립하는 것을 말한다. 즉, 포지셔닝은 기업이 경쟁기업과 다른 차별적인 특징 또는 이미지를 표적시장의 고객들에게 인식시키고, 그 기업의 전략적 위치를 선정하는 것을 의미한다. 이러한 포지셔닝은 효과적이고 효율적인 마케팅믹스 프로그램의 개발을 통하여 기업의 제품 또는 서비스에 대한 이미지를 고객들에게 지속적으로 전달하는 것이다.

(1) 포지셔닝 전략

표지셔닝 전략에서 가장 중요한 사항은 기업이 제품에 대해서 추구하고자 하는 포지셔닝과 소비자가 제품에 대해서 인식하는 포지셔닝이 연관성을 가져야 한다는 점이다. 기업이 추구하는 이념과 정책이 제품의 포지셔닝과 다를 때 소비자는 혼란을 느끼고 제품 포지셔닝의 효과는 떨어지게 된다. 또한 기업과 제품의 포지셔닝을 기본으로 서비스의 포지셔닝 또한 일치되어야 한다. 이러한 예로 이랜드를 살펴보면 다음과 같다.

> 이랜드 그룹 아울렛 BG의 강점으로는 CS경영을 위한 다양한 인프라와 고객 지향적 프로세스, CRM시스템 등이 잘 갖추어져 있다는 점이다. 마치 기초가 튼튼한 건물처럼 뛰어난 고객 서비스를 위한 좋은 기반을 갖고 있는 셈이다.
>
> 자체적으로 개발한 아울렛 정체성 지수(OID)를 통해 고객이 원하는 3가지 상품영역과 3가지 운영영역을 파악, 서비스 제공 영역에서 뿐만 아니라 서비스 생산영역에서도 측정지표를 만들어 정기적으로 평가, 개선활동을 하고 있다.
>
> 2008년부터는 CS경영의 '질적성장의 해'로 선포하여 전사적 방향성을 점검하는 '이유만들기워크숍' 등 관련 진단과 학습들을 시작했다. 또한 인적 서비스 부문에 편중되어 있던 CS혁신활동을 EIMS(통합고객정보관리 시스템), CRM 등 시스템 혁신과 PB 월별 기획, RTMS 서비스 등 프로세스 혁신, 그리고 VIP관리 7단계 프로그램을 개발하여 타깃 마케팅 영역까지 확대, 개선해 나가고 있다.
>
> CS경영을 주도할 탁월함과 성품을 겸비한 지식 자본가들로 직원들을 양성하기 위해 타깃 채용을 통해 채용 단계에서부터 직원들의 서비

스 품성을 고려하고 있으며, 역량 기반의 인재육성 체계를 구축하고, 지식 경영 시스템을 운영함으로써 채용된 인재들이 회사 내에서 지속적으로 성장, 발전할 수 있도록 든든한 뒷받침을 하고 있다. CS훈련을 위한 아울렛CS아카데미를 운영하는 등 직원들의 CS역량 향상에서 적극 나서고 있다.
(What Customer Wants 발췌)

포지셔닝 전략의 기본 방향에 따라 크게 소비자 포지셔닝 전략과 경쟁적 포지셔닝 전략의 두 가지로 구분할 수 있다.

① 소비자 포지셔닝 전략

소비자 포지셔닝 전략은 소비자의 니즈를 바탕으로 자사제품의 포지셔닝을 개발 하는 것을 말한다. 소비자의 니즈와 자사제품이 추구하는 편익의 연관성을 어느 범위에서 전달하느냐에 따라 포지셔닝하는 전략이다. 제품의 편익과 소비자의 욕구를 연관시킬 수 있는 포지셔닝 전략을 세우는 것이 중요하며, 소비자에게 정보를 제공하는 방법과 제품과 연관된 상징적인 심상을 전달함으로써 포지셔닝하기도 한다.

② 경쟁적 포지셔닝 전략

경쟁적 포지셔닝 전략은 경쟁사의 제품 포지셔닝을 바탕으로 포지셔닝을 하는 전략이다. 이 전략은 주로 경쟁제품과의 차별화를 목적으로 비교 광고를 통해서 많이 수행되며, 소비자 포지셔닝 전략보다 수월하게 포지셔닝을 할 수 있다는 장점이 있다. 그러나 이러한 방법을 통해 소비자들이 혼란을 갖게 되기도 하고, 경쟁제품의 인지도가 오히려 더 커질 수 있다는 단점도 있다.

이를 종합해서 살펴보면, 포지셔닝은 고객과의 적절한 커뮤니케이션을 바탕으로 이루어져야 하고 포지셔닝 전략을 실행 한 후에도 기업이 목표한대로 포지셔닝이 되었는지 확인하고 포지셔닝이 제대로 되지 않았거나 소비자 욕구가 경쟁 환경에서 변하였다면 이에 따라 리포지셔닝도 고려해 봐야 한다.

(2) 포지셔닝의 유형

구체적인 포지셔닝의 방법을 살펴보면 다음과 같다.

① 속성에 의한 포지셔닝

속성에 의한 포지셔닝은 자사제품을 경쟁기업의 제품과 다른 기능적, 감각적 편익이나 속성 같은 차별점이 있다는 것을 소비자에게 인식시키는 방법이다.

② 사용자에 의한 포지셔닝

사용자에 의한 포지셔닝은 자사제품이 특정 사용자 계층에 적합하다고 소비자에게 인식시키는 방법이다. 예를 들면 이를 닦기 싫어하는 어린이를 위한 젤 타입의 달콤한 냄새가 나는 어린이 전용 치약, 접대가 많은 비즈니스맨을 위한 숙취해소 음료, 아침 출근 준비에 바쁜 직장인을 위한 린스 겸 샴푸 등을 생각해볼 수 있다.

③ 사용상황에 의한 포지셔닝

사용상황에 의한 포지셔닝은 제품이 사용될 수 있는 상황을 제시하여 소비자들에게 인식시키는 방법이다. 예를 들면 생일파티를 벌이는 상황을 설정하여 가족들의 모임에 적합하다고 강조하는 패밀리 레스토랑 광고가 여기에 속한다.

④ 경쟁제품에 의한 포지셔닝

경쟁제품에 의한 포지셔닝은 자사제품과 경쟁제품을 비교해서 자사제품의 우위를 소비자들에게 인식시키는 방법이다. 우리나라는 법적으로 비교 광고가 금지되어 있기 때문에 직접적으로 표현해서는 안 되지만 충족되지 않는 소비자의 욕구를 간접적으로 파고드는 전략을 사용할 수 있다.(예: 중국에서는 삼성이 광고하는 곳에는 LG도 광고한다. 이를 통해 삼성하면 LG, LG하면 삼성이 떠오르게 된다. 따라서 한국의 2대 전자 기업으로 중국 사람들에게 포지셔닝 되는 것이다.)

⑤ 리포지셔닝

시간이 흘러 고객의 니즈와 경쟁 환경이 변화함에 따라 최초의 포지셔닝이 효과를 거두지 못할 때가 있다. 이럴 때는 시장 환경에 맞게 기존 제품을 새로운 표적시장에서 다시 리포지셔닝 해야 한다. 예를 들면 유아계층을 목표로 포지셔닝 되었던 존슨앤드존슨의 베이비로션의 경우 처음과는 달리 순한 화장품이라는 제품 콘셉으로 연약한 피부를 가진 청소년과 여성을 목표고객으로 리포지셔닝 했다.

2. 마케팅 믹스전략

마케팅 믹스전략(Marketing Mix Strategy)은 기업이 표적시장에서 마케팅목표를 달성하기 위하여 즉, 포지셔닝의 개념을 실행하는 도구로써 그들이 보유하고 있는 통제가능한 마케팅자원을 결합하여 전략적 대안을 개발하는 것을 의미한다. 이러한 통제가능한 마케팅자원은 제품(Product), 가격(Price), 유통(Place), 그리고 촉진(Promotion) 등이며, 이것들을 총칭하여 4P라고 한다. 이를 종합해서 살펴보면 다음의 〈그림 2.1〉과 같다.

〈그림 2.1〉 4P 전략

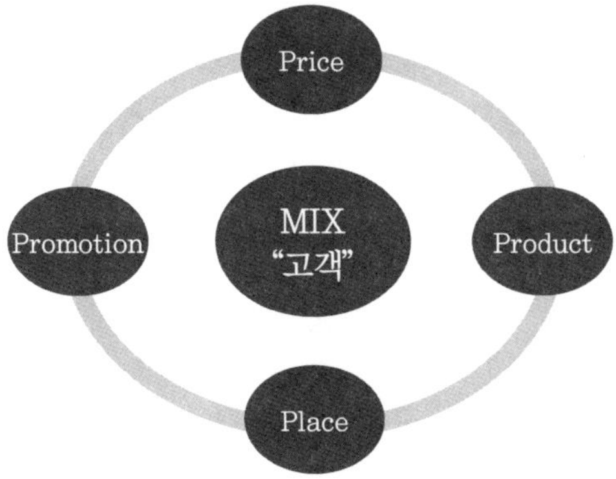

CRM 전략에서는 제품자체가 고객을 위하여 디자인 되는 것을 말하며, 고객의 니즈를 충족시킬 수 있는 효용성을 가지는 것이다. 그러한 제품에 소비자들의 구매의향에 맞는 가격을 결정해야 하며, 이를 유통시킬 수 있는 채널 및 장소들을 갖추어야 한다. 또한 소비자들에게 잘 알려지고 그들의 마음에 포지셔닝 될 수 있도록 광고 및 판촉활동을 하는 것이 촉진활동이 수반되어야 한다.

다음의 아이폰의 예를 통해 고객을 위한 4P 전략을 확인해 보도록 하자. 애플은 선도적인 IT 사용자들에게 매우 매력적일 수 있는 속성을 가진 기기를 만들었으며, $199라는 저렴한 가격을 책정하였다. 그리고 '전문 컴퓨터 사용자'들에 의한 구전 마케팅을 통해 프로모션 효과를 이루었다. 그리고 애플사의 안정적인 유통채널 및 타 유통기업과의 전략적 제휴를 통해 아이폰을 공급하였다. 이는 애플사가 소비자들을 이해하고 겨냥하여 만들어내고 파급시킨 것으로서, 4P의 개념에 소비자들을 반영한 성공적인 4P 전략의 사례라 할 수 있다. 그렇다면 이러한 4P 전략을 개별적으로 살펴보면 다음과 같다.

1) 제품관리

제품(Product)은 노동력, 기계 및 원재료 등과 같은 생산요소를 투입하여, 가공 또는 생산과정을 거쳐 만든 완성품을 말한다. 넓은 의미에서 볼 때 제품은 유형의 제품뿐만 아니라 무형의 서비스도 포함한다. 이러한 상품은 핵심제품, 유형제품, 그리고 확장제품 등과 같은 세 가지 차원으로 분류할 수 있다.

- 핵심제품(Core Product): 제품이 제공하는 핵심적인 편익 또는 서비스를 말한다.

- 유형제품(Tangible Product): 핵심제품을 실제의 제품으로 형상화한 제품을 의미한다. 브랜드, 디자인, 품질 및 포장 등과 같은 제품속성을 통하여 구체화된다.

- 확장제품(Augmented Product): 유형제품에 추가하여 제공되는 서비스 또는 기타의 혜택 등이 포함된 제품을 말한다. 제품보증, 판매 후 서비스 및 신용 등이 부가적으로 제공된다.

(1) 제품믹스와 제품라인

단 한 가지 제품만 내놓고 있는 기업은 우리 주변에서 찾기 힘들다. 대부분의 기업들은 두 가지 이상의 제품들을 내놓고 있다. 어떤 기업이 판매하는 모든 제품들의 집합을 제품믹스(Product Mix)라고 한다. 예를 들면 LG 생활건강은 샴푸/린스, 치약, 주방세제, 세탁세제, 화장비누의 다섯 개의 제품라인(Product Line)으로 구성되어 있다. 제품믹스 및 제품라인과 관련하여 다음과 같은 용어를 알고 있어야 한다.

- 제품믹스의 폭(Width)이란 제품믹스 내에 들어 있는 제품라인의 개수를 말한다.

- 제품라인의 길이(Length)는 제품라인 내에 들어 있는 브랜드의 개수를 가리킨다.

- 제품라인의 깊이(Depth)는 어떤 브랜드가 얼마나 많은 품목을 거느리고 있는가를 의미한다.

일반적으로 제품을 단 하나만 내놓기보다는 여러 개의 제품들로 제품라인을 구성하는 것이 바람직하다. 그러므로 제품관리를 한다는 것은 하나의 제품을 관리하는 것이 아니라 제품 라인의 길이와 깊이를 관리하는 것이다. 결국 제품관리의 핵심은 우리 기업의 제품들로 커버되는 시장은 최대화 하면서 동시에 우리 제품들 사이에 중첩되는 부분은 최소화되도록 제품라인을 관리하는 것이다.

(2) CRM 제품관리

기업이 개인고객의 정보를 가지게 되는 순간부터 매스마케팅이나 시장세분화에서 해오던 제품관리의 차원을 뛰어넘어 고객에게 최적의 제품 솔루션을 제공할 수 있는 일대일 마케팅이 가능하게 되었다. CRM의 최종 지향점이 일대일 마케팅이라는 점을 감안한다면 CRM에서의 제품관리는 일대일 개별화된 관리이어야 한다.

CRM의 궁극적 제품전략인 제품관리를 실행하기 위해서는 기업과 고객이 '학습관계'를 구축해야 한다. 고객들이 개인적으로 표출한 니즈를 충족시키기 위해 기업은 활동을 고객의 니즈에 적응시킬 필요가 있다. 이것은 제품의 생산 자체에 적용될 수도 있고, 제품 자체보다는 제품을 둘러싼 서비스를 맞춤화시키는 형태가 될 수 있다.

(3) CRM 제품관리의 4가지 유형

CRM 제품관리의 유형은 고객에게 주는 가치를 기본으로 다음과 같이 네 가지 유형으로 분류될 수 있다. 네 가지 제품관리 중 적응형 제품관리과 장식형 제품관리는 '표준화에서 창조된 다양성' 차원으로 또한 투명형 제품관리와 협력형 제품관리는 '고객선호의 학습차원'으로 다시 묶을 수 있다.

① 적응형 제품관리

적응형 제품관리는 하나의 표준을 제공하지만 개별적으로 맞춤형이 가능하도록 하는 것이다. 즉 고객이 제품을 스스로 변경할 수 있도록 설계하는 것을 말한다. 이에 대한 예는 다음과 같다.

리복의 펌프 운동화.

스포츠 브랜드 리복은 신발 안에 자동으로 공기를 주입. 착용자의 발에 완벽하게 맞도록 해주는 '펌프 2.0' 기능을 가진 펌프 시리즈를 출시. 미국항공우주국(NASA)과 메사추스츠 공과대학(MIT) 기술진이 함께 개발한 자동 공기주입 방식이 적용된 펌프 2.0. 걷거나 뛸 때 펌프를 다섯 걸음 안에 발 모양과 러닝 스타일에 맞춰 신발 내부의 공기실이 자동 팽창. 신발끈 없이도 뛰어난 착용감을 제공한다.
(출처: Naver News)

이 방식은 고객과의 직접적인 상호작용이 없어도 맞춤형이 가능하다는 것이 특징이다.

② 장식형 제품관리

장식형 제품관리는 제품의 사용방식은 동일하지만 고객에 따라 제공방식이 어떻게 적용되느냐에 따라 달라지는 방법이다. 포장이나 배달형태를 약간 변형하는 것으로 주문포장, 개인전용 라벨, 여타 규정 조건에 대한 개인 전용화, 개인 편의에 맞춘 배달 일정, 개인 취향에 맞춘 보너스 상품 등 맞춤양식으로 제품을 포장하는 것이다. 동일한 제품을 제공하지만 고객의 이름과 같은 아주 단순한 정보만을 포함해서 쉽게 맞춤화하는 방법을 들 수 있다.

③ 협력형 제품관리

협력형 제품관리는 개인 고객과의 대화를 통해 고객의 니즈를 정확하게 파악한 후 그 니즈를 충족시킬 수 있는 구체적인 제품을 식별하여 제공하는 것이다. 특히 가구, 뉴스제공, 의류 등과 같은 업종에서 많이 사용하고 있다. 제품의 디자인 단계부터 고객을 동참시켜 고객 자신이 기업과 함께 의사결정을 내릴 수 있게 함으로써 고객에 딱 맞는 안성맞춤의 제품을 제공 받을 수 있다. 이에 대한 예는 다음과 같다.

베타테스트(Betatest)란 회사가 제품을 런칭하기 이전, 고객의 만족도 및 사업의 안정성을 평가하기 위하여 미리 사용자들에게 제품을 평가받기 위하여 서비스를 공개하는 방법이다. 정식으로 서비스를 런칭했을 때에 비해 사업성이 없다고 판단될 때 곧바로 그에 대한 대처를 할 수 있다.

베타테스트는 크게 '오픈베타'와 '클로즈베타'로 나눠는데 오픈베타는 모두에게 공개하는 방법이며, 클로즈베타는 제한된 인원을 선정하여 하는 방법이다. 오픈베타는 회사에서 자체적으로 시행한 안정성평가가 좋을 경우 시행하는 것이다.

제한된 인원의 사용자가 행하는 클로즈베타테스트일 경우, 베타테스트를 하는 사용자들을 "베타테스터"라고 한다.
(위키페디아 오픈 백과 발췌)

④ 투명형 제품관리

투명형 제품관리는 기업이 고객의 행동을 오랜 시간 동안 관찰하여 예측 가능한 선호나 취향을 발견하여 고객이 알지 못하게 니즈를 제공하는 것이다. 고객들 몰래 고객들에게 제품을 제공하는 방법을 사용한다. 예를 들면 리츠 칼튼 호텔은 고객이 선택하는 것을 면밀히 관찰하고 기록해 두었다가 그 고객이 재방문 하였을 때 적용한다. 지난번 고객이 베개를 하나 더 요구했었다면 재방문시 처음부터 여분의 베개를 준비해두는 방식이다.

(4) CRM 고객 맞춤형 제품전략

CRM 고객맞춤형 제품관리전략은 기본적 전략과 부가적 전략으로 나눌 수 있다. 기본적 제품전략으로는 원가절약형, 옵션믹스형, 고객참여형, 맞춤생산형, 고객제안형 등이 있다. 그리고 부가적 제품전략은 묶음제품, 컨피규레이션, 포장, 부대 서비스 등이 있다.

① 기본적 제품전략

- 원가절약형 제품관리: 고객의 고유한 니즈를 충족시키려는 사명감과 원가라는 제약에 있어서 두 극점 사이에서 절충할 수 있는 방법을 찾아 원가절약적인 제품전략을 모색하는 것으로 즉, 싸게 많이 파는 것을 의미한다.

- 옵션믹스형 제품관리: 일관된 제품과 서비스로 고객에게 일관성을

유지하는 방식이다. 일관된 상품을 가지고 고객의 사용패턴을 분석하고 미래에 어떠한 요구를 할지 알기 때문에 맞춤형 서비스를 제공할 수 있다.

- 고객참여형 제품관리: 제품을 개발하기 위한 최적의 방안은 고객을 제품개발과정에 참여시키는 것이다. 이를 위해서는 먼저 고객이 자발적으로 제품 아이디어를 피드백해 줄 수 있도록 동기부여를 하는 것이고, 다음으로 기업이 고객의 의견을 성심성의껏 제품에 반영하는 것이 무엇보다 중요하다.

- 맞춤생산형 제품관리: 고객에게 주문을 받아 고객만을 위한 제품을 제작하여 판매하는 것을 말한다. 이러한 고객의 주문된 정보를 저장하여 향후 고객이 원하는 상품을 지속적으로 제공할 수 있다.

- 고객제안형 제품관리: 기업이 신제품을 개발할 때, 고객의 아이디어를 수용하는 것을 말한다. 신제품 개발 이외에도 제품의 성능 개선이나 서비스품질 향상에 필요한 조언을 해 주는 고객은 기업의 중요한 자산이 될 수 있다.

② 부가적 제품전략

- 묶음제품: 묶음제품 즉, 번들링(Bundling)은 두 개 이상의 제품들을 함께 묶어서 제공하는 것이다. 이것은 고객 니즈의 핵심을 충족시키는 제품과 그와 관련된 부속품, 악세사리 등을 묶어서 고객이 일일이 개별 쇼핑을 하지 않고도 한 번에 니즈를 쉽고 완벽하게 충족시킬 수 있도록 배려한 것이다.

- 컨피규레이션: 컨피규레이션(Congiguration; 맞춤형 형태)은 상품을 물리적으로 변경하지 않고서도 고객의 스펙에 따라 맞춤화가 가능한 산업에서 이용된다. 컴퓨터나 기타 사무기기 등이 좋은 예이다.

- 포장: 포장도 고객에 따라 원하는 방식이 다르므로 고객에게 맞는 포장을 제공하는 것 역시 제품전략의 한 유형이다.

- 부대서비스: 부대서비스는 핵심제품과 부가적인 서비스를 함께 제공하되 고객이 가장 선호하는 방식을 택하는 것이다.

2) 가격관리

가격(Price)은 제품 또는 서비스가 지니고 있는 가치를 화폐로 표시한 수치를 의미한다. 기업의 관점에서 볼 때 가격은 기업이 제품 또는 서비스를 생산 또는 창출하기 위하여 투입된 모든 비용을 회수하고, 기업의 성장에 필요한 이익을 확보하기 위한 마케팅 수단이다. 반면에 소비자의 관점에서 가격은 소비자가 욕구충족을 위하여 제품 또는 서비스를 구매하고 이에 대한 대가를 기업에게 지불한 금액을 말한다.

가격은 다른 마케팅 믹스 요소들과 달리 쉽게 변경할 수 있으나, 가격 이미지는 쉽게 바뀌지 않는다. 또한 가격변화는 기업의 매출액과 이익에 직접적이고 즉각적인 영향을 주기 때문에 기업의 수익성을 보전하기 위해서는 가격경쟁을 가능한 한 피하는 것이 바람직하다.

(1) 가격결정시 고려사항

기업의 제품에 대한 가격결정은 매우 중요하다. 가격수준이 수요에 영향을 미침은 물론 제품에 대한 소비자의 기대수준을 형성하기 때문이다. 기업이 제품의 가격결정에 있어 고려해야 하는 사항들은 다음과 같다.

- 표적고객은 누구인가?
- 고객이 바라는 편익은 무엇인가?
- 편익에 대한 고객의 부가가치는 어느 정도인가?

(2) CRM 가격관리의 과제

고객과의 관계를 제고하여 수익성 극대화하려는 CRM에 있어서 가격은 기업의 수익성에 직접적인 영향을 미친다. 이에 CRM을 위한 가격관리는 어떠해야 하며 어떤 과제가 있는가 생각해보면 다음과 같다.

- 가격인하의 과제: 명분없는 가격인하는 실시하지 말아야 한다.

- 공급자 결정형 가격의 과제: 이러한 가격관리는 정작 제품을 살 고객들의 수요정보를 충분히 반영하지 못하고 있다.

- 차별가격의 과제: 개별 고객이 가지고 있는 가격에 대한 민감성이나 필요의 정도에 따른 가격수준을 반영해야 한다.

- 고객의 변화를 무시한 가격의 과제: 신규고객과 우량고객 과의 고객별 가격차별화 전략에 대해서 고려해야 한다.

- 나홀로 가격의 과제: 계량적인 고객 구매의사결정 모델을 통한 가격책정이 이뤄지면 수익성이나 판매액 증가를 위해 훨씬 효과적일 것이다.

- 고객이 직접 가격을 정할 수 없다는 편견의 과제: 고객이 원하는 제품을 고객이 인식하는 가치에 맞는 가격으로 구매할 수 있는 가격관리가 CRM의 궁극적인 전략이다.

(3) 고객생애 단계에 따른 가격관리

고객생애 단계에 따라 고객의 가격민감성이 변하거나 신규고객과 장기고객 사이에서 발견되는 가격민감성의 차이는 CRM을 위한 가격관리에 중요한 단서를 제공해 줄 수 있다. 이를 기업과 고객의 관계단계에 접목시켜 보면 다음과 같다.

- 고객 확보: 관계를 맺는 것이 중요하기 때문에 가격할인이나 리베이트 등으로 고객 유인을 하는 것이 효과적이다. 즉, 기존의 우량고객의 인구통계적인 특성을 분석하여 닮은 신규고객들을 끌어들이는 여러 유인책을 통해 고객화하는 것을 생각할 수 있다.

- 고객 유지: 맺은 관계를 유지하고 제고 시키고자 상승판매와 교차판매를 한다. 대량구매를 하는 고객은 소량구매 고객보다 단위당 더 낮은 가격을 제시하여 적절한 가격차별화를 주는 것이다. 고객과의 거래 역사분석과 시장 분석을 통해 구매량과 가격차별화의 기준을 확보할 수 있다.

- 교차판매: 관련 상품을 묶어서 판매하는 전략이다. 관련 상품을 개별적으로 구입하는 것보다 가격을 낮게 제시함으로써 그만큼 판매 가능성이 높아진다. 교차판매를 하게 되면 고객과의 거래 횟수 또는 거래폭이 넓어져 거래관계가 더욱 강화 된다.

- 관계강화: 기업과 장기적인 거래관계를 유지하면서 고객에게 특별한 대우나 혜택을 줌으로써 기업에 대한 충성도가 점점 높아진다. 가격에 덜 민감해지며 고객이탈 위험도 거의 사라진다. 차별화된 고객대우와 더불어 프리미엄 가격을 적용하여 수익성을 극대화 할 수 있다.

3) 유통관리

제품이 개발되어 가격이 결정된 후에는 시장에 유통되어야 한다. 마케터들은 소비자들이 원하는 시간에, 원하는 장소에 제품을 옮겨주고 소유권을 이전하는 수단을 마련해 줌으로써 제품의 가치를 높인다. 유통관리는 실제로 유통경로의 구축과 관리로 이루어진다.

유통경로(Distribution Channel)란 일반적으로 제품과 서비스가 생산자로부터 소비자 및 최종 사용자에게로 옮겨가는 경로를 의미한다. 유통기능은 구매, 판매, 수송 및 보관, 창고 기능 등을 포함하고 있다. 최근의 시장 환경 하에서는 단순한 유통기구간의 경쟁보다 제조업자와 유통기구를 포함한 전체 유통 시스템, 즉 공급체인(Supply Chain)간의 경쟁이 보다 치열해지고 있다. 따라서 유통시스템의 총체적 이익을 높이기 위해서는 유통경로의 구성원들인 제조업체, 도매상, 소매상 또는 대리점간에 같은 배에 탄 공동운명체라는 의식으로 서로 긴밀한 협조가 있어야 한다. 고객에게 도달하기 위한 유통경로를 계획하고 관리 또는 재배치하는 일은 CRM에 있어 중요한 역할을 차지한다.

(1) 유통경로

유통경로는 중간상으로 인해 거래 횟수를 단축하고 고객과 연결하여 주는 중요한 채널의 역할을 하게 된다. 즉 중간에 통합점을 만들어 기업으로부터의 집중, 고객으로의 확산이 원할하게 이루어지는 역할을 한다. 최근 산업계에서는 수직적 마케팅 시스템을 광범위하게 사용하고 있으며 다음의 〈표 2.1〉과 같은 형태를 가진다.

〈표 2.1〉 유통경로의 형태

형태	개념	사례
관리형 시스템	경로지배자로 행동하는 하나의 강력한 경로구성원에 의해 지배되는 유통경로	가전 3사(예: LG전자)
기업형 시스템	하나의 조직에 의해 소유되고 운영되는 유통경로	현대자동차
계약형 시스템	경로구성원 사이의 계약에 의해 조정되는 유통경로	맥도날드 햄버거

(2) 유통경로 설계

유통경로의 설계는 시장의 기회와 제약요인을 고려하여 최선의 경로를 선택하는 것이다. 유통경로의 설계에는 많은 변수들이 고려되어야 하며, 이러한 유통경로의 설계는 서비스 요구 수준의 파악, 경로의 목적설정, 경로대안의 평가 및 선정 등의 네 가지 의사결정 단계로 이루어진다.

- 고객 서비스 요구 파악: 유통경로설계는 먼저 목표고객이 유통경로로부터 무엇을 원하는 지를 파악하는 것으로 시작한다.

- 유통경로 목표설정과 제약 요인: 유통경로의 목표는 목표고객이 원하는 서비스 수준의 관점에서 결정되어야 한다. 이 과정에서 기업은 경로 비용을 최소화하도록 노력하여야 한다. 또한 목표를 정하는 데 영향을 미치는 제약요인들을 고려하여야 한다. 이러한 제약 요인에

는 기업의 규모, 재무 특성, 제품의 특성(부패여부 등), 중간상의 특성, 경쟁업체, 환경적 요인들이 있다.

- 대안경로의 개발: 유통경로의 목표를 결정한 후에는 중간상의 형태, 중간상의 숫자, 그리고 각 경로구성원의 책임을 고려하여 유통경로 대안들을 개발해야 한다.

- 유통경로의 평가와 선정: 만약 이러한 과정에서 복수의 유통경로 대안 들이 나왔다면 이 중에서 장기적 목적을 달성할 최선의 경로를 선정하기 위해 각 경로대안의 평가가 필요하다. 유통경로를 평가하는 데 일반적으로 사용하는 세 가지 기준은 경제성, 통제성, 적응성 등이 있다.

(3) 고객중심 유통관리

유통경로의 갈등에는 유통경로상 동일한 차원에 있는 유통 기구들 사이의 갈등인 수평적 갈등과 유통경로상 다른 경로에 있는 구성원들의 갈등인 수직적 갈등이 있다(예: 제조업체와 대리점과의 갈등 등). 이러한 갈등의 근본원인은 유통경로 구성원들 사이의 이해관계가 서로 다르다는 것이다. 예를 들면 제조업체는 어떤 유통경로를 통하든 제품이 많이 판매되기를 원하나 대리점 및 유통상들은 그 제품이 자신들을 통해 자기들의 매출 및 이익증대에 도움이 되기를 원한다. 또한 소매상은 제조업자에게 제품과 서비스의 적시 공급, 영업지역의 보호, 충분한 마진 등을 기대하는 반면에 제조업자는 소매상에게 최종 소비자에게 적극적인 판촉을 해줄 것을 기대한다.

이처럼 각각의 구성원들 사이에는 목표의 상충이 일어나기 마련이며, 이를 해결하기 위해서는 모니터링을 통해 중간상의 불평, 불만 또는 욕구를 파악하여 이를 유통경로 정책에 반영해야만 한다. 즉, 관계 마케팅 개념을 도입하여 유통상과의 관계를 평생고객 개념으로 접근하여야 한다는 것이다. 이를 통해 파트너십 관리로 중간상들도 고객과 회사 시스템의 일원으로 보아 상생의 경영을 추구해야만 한다. 이를 위해 중간상과의 일관적인 커뮤니케이션과 지원 활동이 이루어져야 한다. 유통경로관리에서 중요한 것은 고객 접점 확대이다. 웹이나 모바일 등 가상공간에서의 접점확대, 오프라인 접점의 강화 등이 앞으로 CRM 전략의 중요한 이슈가 될 것이다.

4) 촉진관리

촉진(Promotion)은 마케팅 커뮤니케이션을 의미한다. 촉진은 제품의 존재를 소비자들에게 알리고, 구매하도록 설득하고, 유인하는 다각적인 과업을 수행해야 하므로 한 개의 수단으로는 불충분하기 때문에 다른 마케팅믹스와는 달리 광고, PR, 판매촉진, 인적판매의 네 가지 수단들을 거느리고 있다. 이 네 가지 수단을 통틀어 촉진믹스(Promotion Mix)라고 부른다. 그런데 글로벌화의 영향으로 경쟁제품의 개수가 늘어나고 다양한 매체들이 등장하면서 주요매체에의 광고효과가 감소하는 현상이 나타나게 되었다. 따라서 모든 촉진믹스 수단들을 활용하여 고객과의 커뮤니케이션 효과를 극대화하고자 등장한 개념이 바로 IMC(Integrated Marketing Communication)이다. 즉, IMC는 기업의 제한된 커뮤니케이션 예산을 가지고 다양한 촉진믹스 수단들을 골고루 활용하여 커뮤니케이션 목표를 달성하고자 하는 것이다.

일반적으로 촉진믹스 요소의 효용은 제품의 종류에 따라서 달라진다. 제품들을 소비재와 산업재로 나누면, 소비재의 경우 기업들은 대개 판매촉진에 가장 많은 촉진예산을 투입하고, 그 다음이 광고, 인적

판매, PR 순이다. 그러나 산업재의 경우 기업들은 대개 인적판매에 가장 많은 촉진예산을 투입하고, 그 다음이 판매촉진, 광고, PR 순이다. 이러한 촉진믹스를 하나하나씩 살펴보면 다음과 같다.

(1) 광고(Advertising)

광고는 기업 등의 스폰서가 비용을 지불하고 비인적 매체를 통하여, 기업이나 그 제품들을 널리 알리고 구매를 촉진하기 위하여 벌이는 모든 형태의 활동을 의미한다. 이러한 광고는 〈그림 2.2〉과 같은 의사결정과정을 거친다.

〈그림 2.2〉 광고 의사결정과정

광고목표설정 → 광고예산 결정 → 광고메시지, 광고매체 결정 → 광고효과평가

① 광고지침

효과적인 광고활동을 위한 지침으로는 다음 사항을 들 수 있다

- 명백하고 분명한 메시지를 사용한다.
- 편익을 강조한다.
- 제공 가능한 제품만 약속한다.
- 종업원에게 먼저 광고를 한다.
- 구전 커뮤니케이션을 활용한다.
- 소비자가 제품을 파악할 수 있는 단서를 제공한다.
- 광고를 지속적으로 한다.
- 구매후의 두려움을 제거한다.

② 광고의 유형

- 정보제공 광고: 새로운 신제품을 시장에 소개할 때 많이 쓰인다. 예

들 들어 스마트폰의 제조업체들은 시장진입 초기에는 소비자들에게 스마트폰의 편리함과 유용성 등 장점을 알려주는 정보제공 광고를 시도한다.

- 설득 광고: 제품 또는 기업의 경쟁적 지위를 개선하기 위한 것으로 경쟁이 심해질수록 점점 중요시 된다. 설득광고는 자사의 브랜드에 대한 선택적 수요를 높이기 위한 것으로 사용된다.

- 회상 광고: 회상광고는 소비자가 계속적으로 제품의 이름을 기억하게 하거나 제품의 중요성을 사람들에게 다시 회상하도록 하는 것이다.

(2) PR(Public Relations)

많은 사람들이 PR과 홍보를 동의어처럼 사용하지만 PR은 기업이 직간접적으로 관련이 있는 여러 집단들과 좋은 관계를 구축하고 유지함으로써, 기업 이미지를 높이고 구매를 촉진하기 위하여 벌이는 활동이다. 반면에 홍보는 기업이 비용을 지불하지 않고 기업의 활동이나 제품에 대한 정보를 언론의 기사나 뉴스 형태로 내보내는 것이다. PR을 관리하는 과정은 다음의 여섯 단계로 이루어진다.

- 상황분석
- PR 목표 설정
- PR 타깃 분석
- PR 메시지와 수단 선택
- PR 실행
- PR 성과평가

(3) 판매촉진(Sales Promotion)

판매촉진은 고객의 구매를 직접적으로 자극하기 위하여 단기적으로 주어지는 인센티브를 말한다. 예를 들어 할인쿠폰, 무료샘플 배포, 사은품 증정, 세일 등이 여기에 속한다. 판매촉진은 고객에게 직접 제공되는 소비자 판매촉진과 유통경로상의 중간상들에게 주어지는 유통상 판매촉진, 그리고 기업 판매촉진으로 구분된다.

① 소비자 판매촉진 수단.

샘플, 쿠폰, 현금 리베이트, 가격할인, 판매시점 전시물, 경품, 선물, 콘테스트 등이 있다. 여기서 현금 환불금(Refund) 또는 리베이트는 구매 이후 구매자가 구매 확인 징표를 제조업자에게 보내면 제조업체는 우편으로 구매액의 일정액인 리베이트를 다시 돌려주는 것이다. 가격할인은 소비자에게 제품의 정상 가격의 일정액을 깎아주는 판매촉진이다. 예를 들어 한 개의 가격으로 두 개의 동일제품을 판매하는 판매촉진(Two for the price of one)이나 관련된 두 개의 제품을 동시에 할인가격으로 판매하는 판매촉진이 여기에 해당된다.

프리미엄 또는 선물은 제품을 구매할 때 무료로 또는 아주 낮은 가격으로 구매할 수 있는 다른 제품을 끼워주는 것이다. 예를 들면 햄버거 구매시 끼워주는 장난감 같은 것들이다. 경품대회 또는 콘테스트(Contest)는 소비자들에게 노력과 운으로 현금 또는 상품 등의 선물을 탈 수 있는 기회를 제공하는 것이다.

② 유통상 판매촉진 수단

유통상 판매촉진은 유통업자로 하여금 자사의 제품을 취급하게 하고 광고에 포함되도록 하며, 소비자에게 제품을 적극적으로 판매하도록 제공되는 인센티브이다. 제조업체들이 유통상에게 제공하는 판매촉진에는 여러 형태가 있으며, 소비자 판매촉진의 많은 수단들도 사용된다. 많이 사용되는 유통상 판매촉진 수단 중의 하나가 할인이다. 이것은 제조업체가 유통업체에 대해서 일정기간 동안에 구매한 제품에 대해서 정상가격에서 일정금액을 할인하여 주거나, 대량으로 구매하는 경우에 수량할인을 해 주는 방법이다.

또 다른 유통상 판매촉진 수단은 유통업자가 광고를 하거나 특별한 전시물을 사용하였을 때 그 비용의 일부를 보상해 주는 방법이다. 또한 많은 양을 한번에 구매하거나 또는 제품의 특정 측면을 광고해주는 유통상에게 무료제품을 제공하는 경우도 있다. 제조업체들은 유통상에게 무료광고 판촉물을 제공하기도 한다. 이것은 기업의 이름, 판촉 메시지 등이 새겨진 펜, 수첩, 유리컵 등과 같은 물건을 소매상에게 선물로 제공하는 것이다.

③ 기업 판매촉진 수단

기업들은 매년 기업고객들에게 판매촉진하기 위하여 천문학적인 비용을 사용한다. 이러한 기업 판매촉진 수단에는 소비자 판매촉진과 유통상 판매촉진에 사용되는 수단들이 다수 포함된다.

(4) 인적판매

인적판매(Personal Selling)는 제품을 알리고, 질문에 답하며, 주문을 끌어내기 위하여 잠재고객들과 대면 접촉하는 활동이다. 이러한 인적판매는 외부판매(Outside Selling)와 내부판매(Inside Selling)로 나눌 수 있다. 외부판매는 판매사원이 잠재구매자를 방문하여 판매활동을 하는 것이고, 내부판매는 소매 또는 도매 점포에서 판매사원이 잠재구매자에게 판매활동을 하는 것이다.

① 인적판매과정

인적판매과정은 소비자의 파워가 커짐에 따라서 세 가지 형태로 변화되어 왔다. 즉, 과거의 거래지향적 판매방식에서 현재의 컨설턴트식 판매 내지는 관계지향적 판매방식으로 바뀌게 되었다.

- 거래지향적 판매(Transaction Selling): 고객의 욕구를 이해하기보다는 판매를 성사시키는 데에 초점을 맞추는 판매방식

- 컨설턴트식 판매(Consultative Selling): 판매사원이 단지 제품을 판매하는 역할만 하는 것이 아니라, 고객의 문제를 해결할 수 있는 아이디어와 지식을 제공해주는 컨설턴트의 역할을 하게 되는 판매방식

- 관계지향적 판매(Relationship Selling): 판매사원과 고객의 관계가 한 번의 거래로 끝나는 것이 아니라, 장기적으로 유지 발전되는 관계 구축에 초점을 두는 판매방식

② 인적판매관리

인적판매관리는 다음과 같은 과정을 거쳐 실행된다.

- 계획수립: 판매관리는 판매계획을 수립하는 것에서부터 시작한다.

- 조직설계: 판매조직의 형태와 함께 판매사원의 수도 결정되어야 한다.

- 판매사원 개발: 인적판매의 성격상 어떤 사람이 판매를 하는가는 판

매의 성패를 좌우할 만큼 중요한 요인이다. 따라서 최고 수준의 판매사원들을 선발하고, 이들의 능력을 개발시킴으로써 경쟁자들이 모방하기 어려운 경쟁우위를 확보하고 고객들과의 관계를 강화할 수 있다.

- 판매사원 평가: 판매사원의 동기를 부여함과 동시에 판매사원의 활동을 관리하고 통제하기 위하여 적절한 판매사원 평가지표를 개발하여야 하며, 공정한 평가와 운영이 무엇보다 필요하다.

3. 고객 로열티 상승전략

고객 로열티는 여러 가지 속성에 의해 결정된다. 이런 점에서 기업이 고객들로 하여금 자사에 대한 호감도를 높이기 위해서는 기본적으로 다음과 같은 점들을 유의해야 한다.

첫째, 고객의 잠재된 혹은 드러난 욕구들을 충족해주기 위해 모든 노력을 경주해야 한다.

둘째, 이를 통해 고객은 만족스러운 체험을 경험하게 되고 회사에 대한 애착과 신뢰가 생겨나도록 유도해야 한다.

셋째, 이러한 현상이 반복될수록 고객은 회사에 대한 신뢰성을 가지게 되며, 이에 더해 회사는 헌신적인 고객들에게 기업의 비전과 목표들을 지키려는 일관된 자세를 유지해야 한다. 이러한 과정을 통해 고객 로열티는 증가하게 된다.

기업은 고객의 로열티 형성을 위한 원칙과 목표들을 가져야 하며 그에 맞는 통합된 전략을 수립해야 한다. 로열티 경영의 목표는 기업의 충성스러운 이해 관계자 모두(고객 포함)가 윈-윈 할 수 있도록 모두에게 가치를 제공하는 것이다. 이러한 로열티 경영은 본질적으로 장기적 전략으로써 모든 기업이 고객의 로열티를 강조하면서 경쟁사보다 더 나은 가치를 고객들에게 제공할 것을 강조하고 있다. 이를 위해서는 경영 시스템 전반의 개선이 요구되며, 고객과의 협력적인 파트너십을 지향해야 하고 그들의 충성심을 확보해야만 장기적으로 성공할 수 있다. 고객을 위해 일하고 있다는 확신을 심어줄 때 고객은 기업에 헌신하게 될 것이다. 로열티 경영의 예는 다음과 같다.

엔터프라이즈 렌트-어-카(Enterprise Rent-A-Car)

"첫째는 고객, 둘째는 직원."

엔터프라이즈는 허츠와 어비스를 능가하여 북미지역 최대의 자동차 대여업체로 자리하였다. 그리고 다른 업종의 경기가 침체된 상황에서도 매년 20% 이상의 성장을 거듭하고 있다. 엔터프라이즈의 최고경영자인 테일러는 아버지에게 배운 철학을 다음과 같이 소개한다. "첫째는 고객, 둘째는 직원." 또한 그는 헌신적 관계라는 관점에서 자신의 성공비결을 설명한다. 로열티를 기반으로 하는 엔터프라이즈의 전략이 성공을 거둔 이유에 대해 그는 이렇게 말한다. "우리 회사와 경쟁업체들의 차이를 단적으로 말한다면, 다른 업체에서는 자동차가 핵심인 데 비해 우리에겐 사람이 중심이라는 점입니다. 그리고 경쟁업체들이 자동차 선단을 구축하는 데 치중한다면 우리는 직원들의 경력을 중시합니다." 또한 분권화된 조직은 작고 안정된 팀. 그래서 책임의식과 유연성이 뛰어난 팀 체제로 조직을 구성하고 있으며 자유로운 의사결정을 하도록 하고 있다. 또한 웹사이트(enterprise.com)를 통해 고객 및 미래의 직원들과 솔직하고 깊이 있는 관계를 유지하고 있다.

1) 로열티 6대 원칙

로열티 6대 원칙에는 우수성, 단순성, 정직성, 형평성, 존중, 책임 등의 기준들이 포함된다. 이런 기준들은 일상적 업무환경에서 전혀 동떨어진 이상적인 관념들이 아니다. 오히려 측정 시스템과 보상, 조직, 전략 등과 관련된 단순하고 일상적인 행위 속에 내재되어 있다. 이를 통해 보편적인 진리의 성공의 원칙 사이에는 큰 차이가 없다는 것을 알 수 있다. 성공의 원칙은 다음과 같다.

1. 윈-윈 해법을 지향하라: 파트너의 희생을 바탕으로 이윤을 추구하는 것은 파멸의 지름길이다.
2. 까다롭게 선택하라: 멤버쉽은 특권이어야 한다.
3. 단순화하라: 복잡함은 속도와 유연성의 적이다.
4. 합당한 성과에 대해 보상하라: 훌륭한 파트너는 훌륭한 보상을 받을 가치가 있다.
5. 열심히 듣고 솔직하게 말하라: 장기적인 관계를 형성하기 위해서는 솔직하고 쌍방향으로 이루어지는 커뮤니케이션과 배움이 필요하다.
6. 몸소 실천하는 것만을 설교하라.

이를 고객 관리에 접목한다면 고객의 로열티를 얻기 위한 전략에 대한 시사점들을 얻을 수 있을 것이다.

- 신중하게 고객을 선정하라

지속적 성장과 이윤의 극대화를 추구하는 기업이라면 바람직한 고객을 선별하는 데 주력해야 한다. 고객 유치과정에서는 상당한 비용이

들며, 이 비용에 대한 대가를 얻으려면 확보한 고객의 로열티가 형성되어야 한다. 바람직한 유형의 고객은 기업의 장기적 유동성을 담보할 뿐 아니라 소개를 통해 기업의 성장을 견인한다. 그리고 호감을 가진 고객들을 상대하는 직원들의 업무 만족도 역시 향상된다.

하지만 그렇지 못한 고객은 기업의 비용만을 희생시킨 채 발길을 돌려버리고, 기업의 평판을 떨어뜨릴 뿐 아니리, 직원들에게도 모멸감을 심어줄 뿐이다. 고객을 선정하고 필요 없는 고객들을 잘라내는 것은 기업의 이익구조에 있어서 중요한 일이다. 예를 들면 뮤츄얼 펀드 업계의 상위 업체인 뱅가드는 고객 유지율은 탁월한 선별능력에서 비롯된다고 강조하고 있다. 또한 고객 선별은 비용절감에도 크게 기여하고 비용효율에 지대한 영향을 미친다. 델컴퓨터와 애플도 컴퓨터 전문가들을 대상으로 로열티를 확보하고 이를 통해 제품들을 확산시켰다. 대금의 정확한 결제, 재가입율 등은 기업의 운영비용을 줄이고 비용 효용성을 극대화 시킨다.

- 경제적 이득을 헌신적인 고객들과 공유하라.

고객으로부터 최대한의 가치를 뽑아내자는 철학이 적용되는 대표적인 사례로는 각 좌석마다 최대한의 가격을 매기는 항공업계의 산출관리 시스템이 있다. 이는 CRM을 배신의 과학에 적용하는 일이다. 사우스웨스트는 산출관리 시스템이 불공평하고 복잡할 뿐 아니라 운영비도 많이 든다는 판단에 따라 사전 구매가격과 무제약 구매가격의 두 가지 만을 갖고 있다. 고객 입장에서는 이 방법이 공평하다. 경쟁업체의 회계전문가들은 이와 같은 단순하고 형평성을 중시하는 가격정책을 구사하다가는 머잖아 많은 돈을 잃게 될 것이라고 생각할지도 모르지만 사우스웨스트는 대형 항공사 가운데 지속적으로 흑자를 기록한 유일한 항공사이다. 이처럼 고객에 대한 이해는 고객을 위해 사용될 때 진정한 가치가 되어 돌아온다.

- 단순한 규칙을 개발하여 적용하라.

고객을 대하는데 있어 규칙은 간단할수록 좋다. 간단성은 조직의 유연성과 발전을 허락해준다. 단순한 페이스북이 다양한 조합을 통해 여러 가지 일들을 구사할 수 있는 것과 같다. 따라서 모든 파트너의 삶을 단순화하려는 노력이 필요하다. 분명하고 단순화된 원칙에 근거하는 로열티만이 유연성과 속도의 토대가 되기 때문이다.

한편 사업전략 수준의 분석에서는 지나치게 세부적인 사항을 정확하게 분석하고자 하는 것은 적절하지 않다. 분석에 고려해야 할 세부사항이 많으면 오히려 전체 윤곽을 파악하는 데 방해가 되기도 한다. 큰 그림을 그려내기 위한 경우에는 분석이 다소 단순화되어야 할 필요가 있다.

2) 로열티와 예측

거의 모든 인간의 생활에 그리고 업무에 예측이 일상적으로 사용된다. 기업의 경우 내년의 매출, 내년의 경기 등을 예측하고, 이를 바탕으로 몇 사람을 새로 뽑을 것인지, 새로운 공장을 지을지 등을 결정한다. 이와 같이 미래에 어떤 일이 벌어질지를 미리 판단한 것을 바탕으로 앞으로 어떤 일을 언제 할 것인지를 계획한다. 이처럼 모든 일에 예측이 일상적으로 사용되고 있음에도 유독 개별 고객에 대한 관리에서는 예측치를 사용하는 데 보수적인 태도를 유지하는 경우가 많다. 하지만 예측을 한다는 것은 예측이 없는 경우에 비해 유용한 정보를 제공한다는 것은 분명하며, 예측이 없다면 앞으로 해야 할 일에 대한 계획이라는 것을 세우는 것 자체가 불가능해진다.

특히, CRM전략에서 예측은 매우 중요하다. 전략 자체가 미래를 향해 나아가는 것이며 그러기 위해서는 미래를 예측하고 계획해야만 한다. 고객들이 새로운 제품에 어떤 반응을 보일 것인지를 미리 예상하지 못한다면 거금을 투자해 개발한 신제품이 고객들의 요구와 일치하지 못하고 이를 개발하기 위해 투자했던 많은 비용과 노력이 물거품이 될 수 있다.

새로운 판매촉진 프로그램을 개발해도 어떤 고객들이 이에 민감하게 반응해 줄지를 모른다면 성공하기 어렵다. 가격을 인상할 시점을 정한다거나 새로운 점포를 개설하는 것도 마찬가지이다. 이처럼 고객들도 변하고 시장도 변하기 때문에 미래에 어떤 상황이 될 것인지를 예상하지 못하고는 경영활동이 성공하기 어렵다. 고객을 향한 외부를 향한 눈이 항상 열려있어야 하며 가슴은 올바른 방향으로 미래를 향하여 나아가야만 하는 것이다.

그렇다면 무엇을 예측해야만 하는가? 고객의 구매, 구매에서 얻어질 이익 또는 가치, 각종 판매촉진 프로그램 등에 대한 고객의 반응 여부 등이 대상이 될 수 있다. 고객의 상태에 대한 예측도 유용하다. 가장 먼저 각 고객들의 구매에 대한 예측이 이루어져야 한다. 고객의 가치에서도 미래가치는 중요하다. 앞으로 많은 가치를 줄 수 있을 것으로 예상되는 고객에게 집중해서 고객관리 활동이 이루어지는 것이 합리적이기 때문이다.

또한 기본적인 고객의 상태의 변화에 대해서도 예측이 필요하다. 여기서는 예측모델링이라는 방법이 가장 기본이 된다. 예측 모델링은 고객 데이터베이스에서 예측 모델을 바탕으로 규칙을 설정한 뒤 고객을 그 규칙에 따라 분류하여 적절한 프로모션 기법을 구사하는 것이다. 그에 따른 방법으로는 데이터마이닝, 시뮬레이션 기법 등이 있다.

CRM 활동에 대한 계획을 새로이 세우고 그 계획이 실행되기 위해서는 최소 일주일 대략 수주일 이상의 시간이 걸린다는 점을 생각하면

적어도 한 달 이후의 활동에 대해서 사전에 계획을 세워야 하므로 한 달 이후의 미래에 대한 예측치를 가지고 있어야 한다. CRM에서 예측 측면의 분석이 본격적으로 활용되고 있다고 할 만한 경우를 찾기가 그리 쉽지 않다. 예측 모델을 전혀 사용하지 않는 경우도 있고 사용한다고 해도 이탈 가능성에 대한 것 하나 정도에 그치는 경우도 많다. 이는 데이터 분석에 대한 막연한 거부감과 예측에 정확도에 대한 확신이 없기 때문이다. 하지만 예측을 하지 않는 경우보다는 제한적으로나마 예측을 하는 경우가 훨씬 낫다.

CRM이 언제까지나 현재 공이 있는 방향, 즉 고객이 현재 위치한 곳만을 겨냥해서 움직이는 것이 될 수는 없다. 적어도 고객이 미래에 가있을 곳을 미리 예상하고 CRM활동을 수행해야 한다. 기존의 CRM이 고객이 이미 구매한 내역이 주된 판단의 기준이 되었지만 새로운 CRM은 고객이 구매할 내역을 예상하고 움직이는 것이어야 한다. 예측이 힘들다면 복수의 시나리오를 세우고 시나리오별의 발생 가능성을 따져서 움직이는 것도 생각할 수 있다.

예측에 따른 고객관리가 본격화되려면 상당한 준비가 필요하다. 가장 기본적으로 필요한 것은 데이터를 분석하여 예측을 하는 전담인력들을 충분히 확보하고 이들을 유지하는 것이다. 분석 팀에 대한 역량을 축적해가는데 필요한 시간을 충분히 주어야만 한다. 또한 분석팀과 현장 및 다른 스태프 부서들 간의 커뮤니케이션이 원활하게 이어지도록 노력해야 한다. 더불어 경영진이 이를 이해하고 신뢰해야만 한다. 예측에 관한 예를 살펴보면 다음과 같다.

"고객 시나리오를 이용해 전략짜기"

테스코의 성공은 상당 부분 기업의 통찰력 있는 판단 때문이라고 할 수 있다. 이 기업은 상점에서 쇼핑을 하는 전형적인 소비자들의 시나리오를 신중하게 살펴보고 어떻게 하면 그 시나리오가 상점과 인터넷 직판의 결합을 통해 최대로 활용할 수 있을지 연구했다.

식료품쇼핑을 할 때 소비자의 전형적인 시나리오는 다음과 같은 여섯 단계를 거친다.

1. 우리 가족이 이번 주에 필요로 하는 것이 무엇인지 결정한다,
2. 쇼핑 목록 작성한다.
3. 상점에 간다.
4. 식료품을 고르고 가격을 지불한다.
5. 쇼핑한 상품을 집으로 가져 간다.
6. 가져간 물품을 정리해 치워둔다.

테스코는 온라인 판매를 통해 2번에서 5번에 이르는 과정에 있는 소비자의 시간을 대폭 줄일 수 있을 것으로 생각했다. 고객은 이전 구매이력을 바탕으로 쇼핑 목록을 자동적으로 만들어 낼 수 있고, 상점으로 운전해 갔다가 돌아오는 시간을 절약할 수 있으며 무거운 짐을 들고 오가는 수고를 들일 필요도 없었다. 하지만 회사가 고객과 이야기를 나누고 그들의 행동양식을 관찰한 결과, 고객의 대다수는 상점에서 쇼핑하는 행위 자체를 즐겼다. 또한 지역 슈퍼마켓이 질 좋은 상품을 공정한 가격에 제공해줄 것으로 믿고 있었다. 대부분의 소비자는 온라인 쇼핑이 전통적인 쇼핑을 대체할 수 있을 것으로 보지 않았다. 단지 바쁠 때 시간을 아끼기 위해 잠시 들를 수 있는 오프라인 상점의 보완 정도로만 간주했다.

이러한 소비자 선호도에 대한 이해를 바탕으로 테스코는 온·오프라인상점을 긴밀하게 통합하는 작업에 착수했다. 고객이 활동의 신축성을 희생하지 않고도 자신들의 쇼핑 시나리오를 효율적으로 구성할 수 있게 하려는 의도였다. 전직 상점 경영자로 지금은 테스코 다이렉트를 이끄는 게리사전트는 대부분의 온라인 상점 운영전략의 근원적인

기본 신조 중 하나를 과감히 철회했다. 즉 비용을 절감하기 위해 중앙 창고에서 재고 품목을 통합하고 주문을 처리하는 관행을 폐지한 것이다. 그는 소비자가 보통 개인적으로 자주 찾아가는 상점에서 온라인으로 주문하는 것을 더 선호한다는 사실을 알았다. 그런 식으로 하면 고객은 같은 상품에 늘 한결 같은 가격을 지불할 것이며 무엇을 구매하든 같은 상품 목록에서 고를 수 있기 때문이다. 그렇게 되면 두 개의 시나리오 사이에 불협화음이 없어지게 될 것이 분명했다.

그 계획을 실행에 옮기고자 테스코 다이렉트는 각 상점의 가격과 재고품목체계를 온라인 쇼핑 애플리케이션에 직접 연결시켰는데 그럼으로써 고객과 기업 양쪽에 모두 이익이 되었다.

(출처: CRM전략; 고객시나리오를 파악하라 - 패트리샤세이볼드)

제4절 CRM 평가(IBM의 CMAT 사례)

"CRM의 성과를 무엇으로 측정할 수 있을까?"에 대한 하나의 해답으로 IBM에서 사용하고 있는 CMAT(Customer Management Assessment Tool) 을 생각해볼 수 있다. CMAT의 전체적인 구성요소는 〈표 2.2〉와 같다. CMAT는 CRM 성숙도 평가방법으로서 조직에서 내부적인 고객관리 역량을 파악하고, 세계적인 벤치마킹의 결과와 비교해 그 성과를 측정해 볼 수 있는 방법이다. 이러한 CMAT는 CRM을 계획하고 실행에 옮기고자 하는 기업에게 좋은 방향을 제시해 줄 수 있을 것으로 기대된다.

〈표 2.2〉 CMAT

구성 요소		내용
분석 및 계획 능력		고객 관리의 모든 것은 다양한 고객과 세분화된 고객군의 가치와 행동을 이해하는 것부터 시작한다. 고객에 대한 이해를 통해 고객유지, 효율성, 고객확보, 시장획득을 늘리고 고객 기반 가치를 도약시키는 데 있다.
제안		우선관리 대상고객 또는 잠재고객을 파악한 후에는 이러한 고객의 니즈를 충족하고 신규 고객의 관심을 일으킬 수 있는 Proposition이 있어야 한다. 이러한 제안은 차별화하여 고객이 기업과 접촉할 때 고객이 인지할 수 있도록 해야 한다.
정보 기술(IT)		정보기술은 기업이 고객관리에 필요한 방대한 양의 정보를 사용하고 관리할 수 있도록 도움을 주기 위해 존재한다. 기업은 사용할 수 있는 정보와 부족한 정보, 그리고 정보의 효과적 관리방법을 이해해야 한다. 정보기술은 담당자들에게 최신 정보를 적시에 전달함으로써 고객관리가 원활하게 이루어지도록 지원해야 한다. 그러기 위해서는 고객의 니즈와 기술변화에 맞춰 정보 기술은 끊임없이 검토, 개선되어야 한다.
인력과 조직		고객 관리 인력들의 채용, 관리, 개발, 사기촉진은 확고한 관리체계를 필요로 한다. 이 때 '고객 관리 인력'은 좀 더 넓은 맥락, 즉 공급업체와 채널까지 확대해 고려되어야 한다.
프로세스 관리		지속적이고 단계적인 변화를 성취하기 위해 고객 관리의 모든 영역에서 확고하고 일관성 있는 프로세스는 필수다. 고객과 기업, 양측의 관점에서 프로세스 적합성이 지속적으로 검토되어야 한다.
고객 관리 활동	타겟팅	기존고객과 잠재고객 그룹에게 설계된 제안을 정확하게 전달하는 작업.
	질의 관리	질의 관리는 캠페인, 프로모션 활동, 그리고 성공적인 판매 사이의 관계에 깊은 연관을 지니고 있다.
고객 관리 활동	환영 (고객확보)	계약관계를 갱신하는 고객과 신규 고객에게는 그에 대한 환영이 따라야 한다. 환영의 행위는 기업과 거래하는 신규 고객이 편안함을 느끼고 해당 관계에서 최대한의 결과를 얻고 있다는 느낌을 갖도록 함으로써 신규고객의 지속적 유지 및 추가 구매 효과를 최대화할 수 있다.
	알아가기 (고객인식)	신규고객들의 정보를 얻기 위해서는 일종의 설득작업이 필요하며 획득된 정보는 적절하게 사용/유지되어야 한다.
	고객 개발	고객을 진정으로 이해하면 어떤 고객이 더 높은 수준의 관리

구성 요소		내용
		활동을 필요로 하는지 알 수 있다. 중요한 것은 심층적인 관계투자가 필요 없는 고객을 파악하는 것이다. 즉 최대의 가치를 창출할 수 있는 고객에 대해 최대의 투자가 이루어져야 한다.
	문제 관리	역량 있는 기업이나 조직은 심각한 불평이나 관계 파기와 같은 사태가 일어나기 전에 문제를 예상하고 파악할 수 있다. 만약 그와 같은 상황이 발생하더라도 그들은 오히려 관계를 강화시키는 기회로 삼는다.
	윈백(Winback)	최근 이탈한 고객을 다시 찾는 것이다. 가장 활용도가 낮은 고객획득 방식 가운데 하나다. 만약 어느 기업에서 이탈한 고객이 새롭게 찾아간 경쟁사로부터 형편없는 대접을 받는 다면 자신이 등 돌린 기업에서 '돌아오라'는 메시지는 보낼 때 좀 더 긍정적으로 반응할 가능성이 높다. 하지만 윈백은 우수 고객으로만 한정해야 하며 고객이 돌아왔을 때 신규 고객과 동일한 방식으로 대해서는 안 된다는 사실을 염두에 두어야 한다.
	성과 측정	평가활동은 피드백을 체계화해 지속적인 개선을 위한 계획 프로세스로 연계함으로써 견고한 경쟁적 장점으로 작용한다.
	고객경험	거래 시 발생하는 고객경험에 대한 이해가 함께 이루어져야 한다. 고객이 말로 표현하는 것과 고객이 실제로 갖는 느낌, 고객 행동과의 관계가 명확하게 파악이 되어야 고객 충성도를 최대로 높일 수 있다. 따라서 조직 내의 모든 사람이, 자신들의 활동이 각 단계에서 고객에게 어떻게 영향을 미치는지 명확히 알 수 있도록 한다.

IBM Business Consulting에서 말하는 성공적인 CRM 성과를 얻기 위한 요소를 정리하면 다음과 같다.

1. 고위 경영진의 주인의식과 리더십 필요하다.
2. 지나치게 많은 생각을 줄이고 실천하라.
3. 모든 부서에 걸쳐 일관성 있는 관리를 하라.
4. 규모가 작을수록 좋다!
5. 심층적인 교육을 실시하라.

6. IT는 최고가 아니다(자체 고객 관리 모델을 파악하는 작업이야말로 기업의 우선과제).
7. 비현실적인 로드맵을 피하고 고객관계 프로그램을 지속적으로 관리해야 한다.

전략적인 부분에서 보았을 때 CRM은 안정적인 발전을 통해 개발되어야 하고, 미래에 대한 비전을 개발하되 너무 세부적인 사항에 얽매여서는 안 된다. 또한 어디서부터 시작해야 할지 알아야 하며 핵심조치와 단기적 이익가능성을 찾아내는 방향 안에서 나아가야 한다. CRM 전략 추진 시 직원들의 목소리에 귀를 기울여야 하며 미래의 단계를 준비하고, 장기적인 관점에서 이해하여야 한다.

제3장

CRM 분석활동

제1절 CRM 프로세스

고객관계관리(CRM)는 고객에 대한 광범위하고 심층적인 지식을 바탕으로, 개개인에 적합한 차별적 제품/서비스를 제공함으로써, 고객과의 관계를 지속적으로 강화해 나가는 활동을 말한다. 이러한 활동은 관점에 따라 다양한 과정을 가지고 있으나 대체적으로 아래 〈그림 3.1〉과 같은 프로세스를 지닌다고 볼 수 있다.

〈그림 3.1〉과 같이 기업을 둘러싸고 있는 경제적, 정치적, 법적, 기술적 및 경쟁적 요인들의 변화를 파악함으로써 사업에 대한 기회 및 위협에 대하여 평가하고 시장의 매력도를 분석하는 환경 분석을 기본으로 자사에 알맞은 CRM전략을 수립하고, 전략에 맞게 데이터를 수집한다. 이어 CRM 분석활동을 통해 다양한 고객들을 평가하고 세분화하여 어떤 고객에게 어떠한 방식으로 접근해야 할지를 정확하게 알게 되면, 그 결과를 통해서 마케팅이 기획되고 실행으로 옮겨지게 되는 것이다. CRM 프로세스는 실행으로 옮겨진 다음 거기서 끝나는 것

〈그림 3.1〉 CRM 프로세스

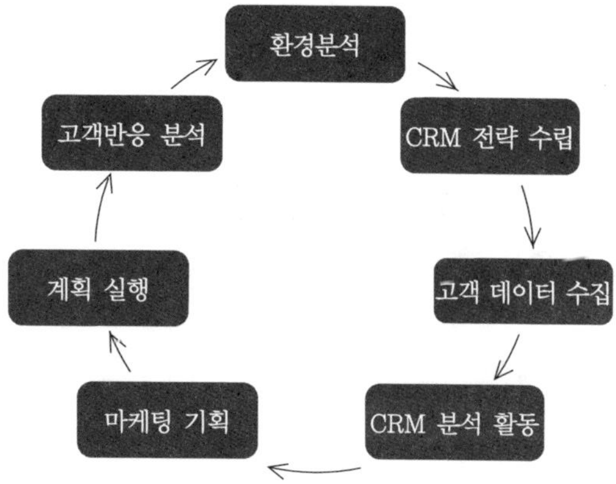

이 아니라 고객의 반응을 통해서 수행된 전략이 옳았는지 부족한 점은 없었는지 다시 분석하고, 새로운 전략을 수립하는 순환적인 프로세스를 가지고 있다. 이러한 프로세스의 중심에서 CRM분석활동은 크게 고객평가와 고객세분화라는 2가지 요소로 구성되어 핵심적인 역할을 하고 있다.

1. 환경분석

기업은 고객을 놓고 시장이라는 환경 속에서 경쟁하는 존재다. 따라서 기업의 모든 전략은 고객과 환경을 떼어 놓고 생각할 수 없다. CRM이 회사만의 외침으로 그치는 것이 아니라 진정 고객으로부터 환영 받고, 그 결과 고객과 회사와의 관계가 강화되기 위해서는 CRM 전략이 고객과 환경에 바탕을 둔 것이어야 한다. 따라서 CRM으로 가는 첫걸음은 환경을 분석하는 것이 된다. 분석 대상 환경에는 외부 환경뿐만 아니라, 내부 환경도 포함된다. 분석 대상 외부 환경으로는 고객과 경쟁사, 그리고 거시 환경이 있다. 한편 분석 대상 내부 환경은 자사의 현재 상황이라고 할 수 있다. (〈그림 3.2〉 참조)

〈그림 3.2〉 CRM의 환경분석

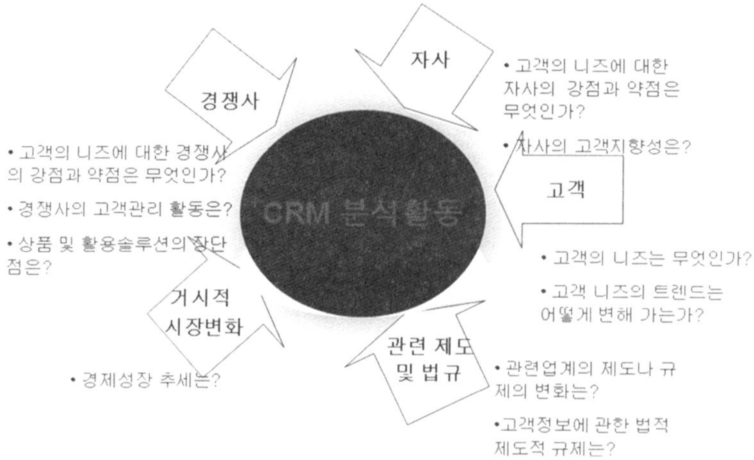

1) 외부 환경 분석

(1) 고객 분석: 먼저 고객의 전반적 니즈가 무엇이고, 주요 구매 결정 요소(KBF: Key Buying Factor)는 무엇인지를 파악해야 한다. 니즈와 KBF는 자사의 상품별로 분석해야 한다. 또 현재 시점에서 니즈와 구매 결정 요소를 파악하는 것만으로는 불충분하며, 그 변화의 추세(trend)도 파악해야 한다.

(2) 경쟁사 분석: 경쟁사 분석의 포인트는 경쟁사의 고객 관리 활동이 무엇인지를 파악하는 것이다. 또 고객 관리용 IT 시스템이 있다면 그 시스템의 특성과 문제점도 파악해야 한다. 또, 고객이 왜 경쟁사의 상품을 구매하는지, 경쟁사 상품의 강점은 무엇인지, 경쟁사 상품이 고객에게 주는 가치가 무엇인지를 분석한다. 한편, 아직까지 국내에 진출하지 않은 해외 업체의 사례도 분석할 필요가 있다.

(3) 거시 환경 분석: 경제 성장 추이에서부터 시작해서 자사의 사업을 둘러싼 제도나 규제는 어떤 식으로 바뀌고 있는지, 고객 정보에 관한 제도적 규제는 어떻게 변화하는지 등에 이르기까지 사업에 영향을 미치는 여러 가지 외부 요인들의 변화 방향을 살펴봐야 한다.

2) 내부 환경 분석

자사에 대해서는 전사적 사업 전략, 마케팅 전략, 고객 관리 활동, IT 시스템, 기업 문화 등에 관한 분석이 이루어져야 한다. 이와 같은 측면에서 자사를 분석할 때는 다음의 3가지 측면에 유의하여야 한다.

(1) 자사의 고객 지향성 분석: 자사의 전략이나 IT 시스템, 기업 문화 등의 고객 지향성을 분석해야 한다. CRM은 단순한 기법이 아니라, 고객과 접촉하고 사업을 수행하는 데 있어 방향을 제시해 주는 패러다임에 가깝다. CRM이라는 고객 지향적 패러다임과 자사의 기존 상황이 얼마나 거리가 있는지 파악하면 CRM의 성패를 어느 정도 가늠할 수 있고, CRM의 성공을 위해 어떤 측면의 노력이 필요한지 알 수 있다.

(2) 전략적 적합성 분석: 자사의 전사 전략, 마케팅 전략, 고객 관리 활동, 기업 문화 등의 적합성을 분석해야 한다. 즉, 전사 전략에 적합한 마케팅 전략이 수립되었는지, 마케팅 전략의 방향성 하에서 고객 관리 활동이 이루어지는지, IT 시스템은 이러한 고객 관리 활동을 잘 지원하는지, 고객 관리 활동을 지원하는 기업 문화가 형성되어 있는지 등을 점검해야 한다. 예를 들어, 고객 관리 전략이 보기 좋게 수립되어 있고 고객 관리에 관한 IT 시스템이 그럴듯하게 구축되어 있어도, 기업 문화가 발로 뛰는 영업과 단기 성과만을 강조한다면 고객 관리의 성과를 기대하기는 어렵다.

(3) 외부 환경에 대한 적합성 분석: 자사의 전략이나 활동이 앞 단계에서 분석한 외부 환경의 특성 및 변화 방향에 부합되는지를 체크해야 한다. 개별 전략이나 시스템이 우수하고 적합성이 있더라도 고객이나 경제의 변화 방향과 맞지 않는다면 곧 경쟁에서 뒤쳐지고 말 것이다.

2. CRM 전략 수립

CRM에서 중요한 것은 CRM이라는 기법을 어떻게 활용해서 고객에게 경쟁사에 비해 더 많은 가치를 줄 것인가에 대한 해답을 찾는 일이다. 이것이 바로 CRM전략이다. CRM을 통해 달성하고자 하는 목적 혹은 기대효과를 명확하게 하고, 이러한 목적을 달성하기 위해 필요한 활동이 무엇인가를 찾아보는 것으로 누구에게 전개해야 하는 지를 결정하는 것도 포함된다.

이러한 목적 또는 기대효과로는 궁극적으로는 사업성과의 향상이지만 매출증대, 비용 감축 역시 기대효과라 할 수 있다. 이를 위한 활동으로는 고객확보, 고객유지, 교차판매, 수익성 분석 등이 있다.(〈표 3.1〉 참조)

〈표 3.1〉 CRM활동

고객확보	• 새로운 고객 확보. • 이탈한 고객을 다시 고객으로 재 유치 • 고객확보 단계에서는 고객의 수익성 극대화보다는 고객과 관계를 맺는 것이 중요함. • 가격할인이나 리베이트 등으로 고객유인을 하는 것이 효과적임.
고객유지	• 고객 이탈 방지. • 고객을 수익 기여도가 높은 우수고객으로 만듦. • 고객과 맺은 관계를 유지하고 제고시키고자 상승판매와 교차판매를 함.

교차판매	• 교차판매란 관련 상품을 묶어서 판매하는 전략임. 묶음 가격은 고객이 관련 상품을 개별적으로 구입하는 것보다 더 낮게 제시되므로 그만큼 판매 가능성이 더 높아짐. • 묶음 가격을 통해 교차판매를 하게 되면 고객과의 거래 횟수 또는 거래폭이 넓어져 거래관계가 더욱 강화됨. • 기존고객 대상 판매가 신규고객 획득보다 30% 저렴하고 효과가 높음. • 기존고객과 거래 기간 동안 올리는 교차판매 수익이 신규고객 대상 판매보다 5배나 많음.
수익성 분석	• 특정 고객이 주는 수익 분석 • 매출, 순이익, 거래 기간 등을 고려한 수익성 분석 • 현재 상황 및 미래 상황에 따른 분석

3. 고객 데이터의 수집

CRM 에서 고객 데이터는 매우 중요한 요소이며 이러한 고객 데이터에 어떤 것들이 있는지 생각해 보자. 고객 데이터는 먼저 기업 내부 데이터와 외부 데이터로 나누어 볼 수 있다.

1) 내부 데이터

내부 데이터는 다시 기초 인적 데이터와 접촉/거래 데이터, 조사 데이터 등으로 나눌 수 있다.

- 기초 인적 데이터: 기초 인적 데이터의 대표적인 사례는 가입 신청서에 기재된 데이터(application data)다. 오프라인 기업의 경우 주로 금융 기관들이 가입 신청서를 받고 있으며, 온라인 기업의 경우 상거래 모델은 회원 가입을 거래의 전제 조건으로 하는 경우도 많다. 가입 신청서의 데이터는 고객이 직접 작성한 것이므로 신뢰성이 높다고 볼 수 있으나, 자세한 데이터를 확보하기는 어렵다. 가입 신청 시 지나치게 자세한 정보를 요구할 경우 고객이 거부감을 느낄

수도 있기 때문이다. 또, 기초 인적 데이터에는 제품 포장에 포함된 고객 카드나 보증서 등을 통해 입수한 데이터 등도 포함된다. 기초 인적 데이터는 매우 중요하지만, 쉽게 확보하기는 어렵다. 또 기초 인적 데이터만으로 고객의 행동을 설명하거나 예측하기는 쉽지 않다. 그래서 CRM에서는 기초 인적 데이터보다 접촉/거래 데이터가 더 요긴하게 활용되는 경우가 많다.

- 접촉/거래 데이터: 접촉/거래 데이터는 고객과 기업이 거래하거나 그 밖의 접촉을 했던 기록을 의미한다. 예를 들어 인터넷 쇼핑몰의 경우 고객이 언제 자사 인터넷 사이트에 접촉했는지, 사이트 내에서 어떤 웹 페이지나 항목에 관심이 있었는지(clicks stream), 어떤 물건을 구입했는지, 어떤 불만이나 문의를 제기했는지 등의 정보를 쉽게 얻을 수 있다. 오프라인 사업의 경우 고객의 주문이력, 금융거래 내역, 매장에서의 POS(point to sales) 자료 등의 접촉/반응 데이터가 있다. 또, 콜센터를 통해 문의/불만 데이터를 입수할 수 있으며, AS 조직을 통해서 고객의 보유 상품 데이터도 수집 가능하다.

- 조사 데이터: 마지막으로 기업 내부 데이터에는 조사 데이터가 있는데, 여기에는 고객 및 잠재 고객에 대한 패널 조사, 직접 반응 광고(DR: direct response) 등을 통해 수집하는 데이터 등이 포함된다.

2) 외부 데이터

외부 데이터는 다시 직접 입수 데이터와 제휴 활용 데이터로 나누어 볼 수 있다.

- 직접 입수 데이터: 직접 입수 데이터란 고객의 동의를 얻은 제휴를 통해 타기업으로부터 입수하거나, 전문 고객 데이터 공급업체로부터 구입한 데이터를 의미한다. 국내의 경우 고객 데이터의 유통이 불법이었지만, 미국의 경우 오래 전부터 마케팅 리드(marketing leads) 혹은 세일즈 리드(sales leads)라는 이름으로 동의를 구한 고객의 데이터를 유통시키는 것이 합법적이다. 클라리타스(Claritas), 도넬리(Donnelley) 등은 고객 데이터 판매로 유명한 회사다.

- 제휴 활용 데이터: 제휴 활용 데이터란 다른 회사가 보유한 고객 데이터를 간접적으로 활용할 수 있는 경우, 이를 일컫는 말이다. 즉, A 기업이 필요로 하는 고객 데이터를 B 기업이 가지고 있는 경우, A 기업은 B 기업과 이익 공유나 수수료 공유 등의 계약을 맺고, B 기업이 주체가 되어 A 기업의 상품을 판매하는 마케팅 활동을 전개할 수 있다. 물론 이런 경우는 대부분 CRM의 범위 중 신규 고객 확보 측면에서 발생할 것이다. 이때 제휴사와의 협조가 원활치 못할 위험이 있고, A 기업의 입맛에 맞는 고객 데이터 분석과 적절한 고객 대응이 어렵다는 문제점이 있다. 그러나 이런 한계가 있더라도, 제휴 활용 데이터는 외부로부터 고객 데이터를 직접적으로 입수하기 어려운 경우 선택할 수 있는 유일한 대안이다. 특히, 인터넷을 통해 많은 고객 데이터를 보유한 정보 중개 회사가 다수 등장하면, 제휴를 통한 외부 고객 데이터의 간접 활용은 더 활성화될 것으로 판단된다.

제2절 고객 평가

CRM에서는 모든 고객을 똑같이 보지 않는다. 고객 평가는 현재 자사의 보유 고객이 어떻게 구성되어 있는지를 파악한다. 즉, 자사의 고객 중 누가 과연 우량 고객이고 누가 불량 고객인지, 또 우량 고객은 몇 명이나 되고, 불량 고객의 인적 특성은 무엇인지 등에 대한 해답을 찾는 과정이 바로 고객 평가이다.

사토 도모야시(1999)는 고객의 계층(hierarchy)을 잠재고객(suspect), 가망고객(prospect), 손님(buyer), 고객(customer), 단골손님(client) 및 골수 단골손님(advocates)과 같이 구분하고 있다. (① 잠재고객(suspect): 해당 기업의 상품이나 서비스를 구매할 가능성이 있는 모든 사람으로 구매할 가능성은 확실하지 않은 사람, ② 가망고객(prospect): 해당 기업의 상품이나 서비스를 필요로 하고, 그것을 구입할 능력이 있는 한정된 사람, ③ 손님(buyer): 해당 기업의 상품이나 서비스를 구매한 사람, ④ 고객(customer): 해당 기업의 상품이나 서비스를 2번 이상 구매한 사람, ⑤ 단골고객(client): 손님이 사용할 상품이나 서비스는 무엇이든지 해당 기업에서 구매하는 손님, ⑥ 골수 단골고객(advocates): 구매활동은 단골손님과 유사하나 특히, 심리적으로 깊이 반해버린 상태에 있는 손님)

이렇게 다양한 종류의 손님들 중에서 과연 어떤 손님에게 집중해야 할까? 다음과 같은 이슈에 주목해 볼 필요가 있다.

첫째, 신규고객을 획득하는데 소용되는 비용은 기존고객에게 서비스하는 비용의 5배가 필요하다. 둘째, 상위 20%에 해당되는 고객의 매출이 나머지 80%에 해당되는 고객의 매출과 비슷하다. 셋째, 일반적인 기업의 비즈니스 중 65%는 만족가 높은 기존 고객을 통해 이뤄진다. 넷째, 만족을 얻지 못한 고객의 91%는 절대로 그 기업의 제품을 다시 구매하지 않으며, 100명중 최소한 9명에게 자신의 불만족을 말한다. 마지막으로 일주일에 50달러를 소비하는 고객을 매일 한 사람씩 1년간 잃는다면 그 다음해 100만 달러의 판매손실을 가져오게 된다는 것이다.

가망고객, 잠재고객 그리고 손님을 고객 이상의 계층으로 끌어 올리는 것도 중요하지민 현재 존재하는 고객 이상의 계층의 관리에 조금만 더 관심을 기울인다면 보다 확실한 결과를 얻을 수 있을 것이다. 이런 배경 속에서 고객 평가는 현재 자사의 보유 고객 혹은 잠재 고객이 어떻게 구성되어 있는지를 파악하기 위하여 반드시 필요하다. 고객 평가를 통하여 모든 고객을 동일하게 보지 않고, 자사의 수익에 매우 긍정적 영향을 미치는 고객과 반대로 부정적 영향을 미치는 고객, 이탈 가능성이 높은 고객 등을 파악하여 마케팅 활동에 유용한 정보로 활용될 수 있도록 제공할 뿐만 아니라, 고객평가를 바탕으로 생성된 고객에 대한 각종 점수는 신규고객의 획득, 이탈 가능성이 높은 고객 추출, 고객의 충성도를 높이는데 활용될 수 있기 때문이다.

고객 평가를 할 때는 어떤 관점에서 고객을 평가해 볼 것인지, 또 상대 평가를 할 것인지 절대 평가를 할 것인지, 기술 평가를 할 것인지 예측 평가를 할 것인지 등에 관한 것을 먼저 결정한 후, 수치화해야 한다. 또한 어떤 관점에서 고객을 평가할 것인가는 그 평가 결과를 무엇에 이용할 것인가에 따라 달라진다. 평가 목적이 고객 유지를 위한 것인지, 교차 판매를 위한 것인지에 따라 평가 관점은 달라지는 것이다. 따라서 고객 분석 단계에서는 일단 다양한 관점에서 고객을 분석해 보는 것이 좋다.

1. 고객 평가의 척도

고객에 대한 평가로는 한 집단의 성적을 절대적 기준에 따라 평가하는 절대평가 방식과 성적을 고객이 속한 집단의 결과에 비추어 상대적으로 나타내는 상대평가 방식이 있다. 고객에 대한 절대 평가 혹은 상대 평가도 학교에서의 개념과 마찬가지로 생각하면 이해하기 쉽다. 수학이 90점이라고 하면 절대 평가, 전교에서 5등이라고 하면 상대 평가다. 고객을 평가할 때도 마찬가지다. A 고객의 구매액이 월 100만원 이상이라고 평가할 수도 있고, A 고객은 구매액 기준으로 상위 10%에 속한다고 평가할 수도 있다. 앞의 것이 절대 평가, 뒤의 것이 상대 평가다.

1) 절대 평가

절대 평가는 정확한 일정 수치를 기준으로 고객을 평가하므로, 기준이 간단 명료하여 이해하기 편하다. 그러나 전체 고객 속에서 특정한 고객의 위상을 파악하기는 쉽지 않다. CRM은 항상 개별 고객이라는 관점에서 고객에 접근해야 하기 때문에 전체 고객 속에서 개별 고객의 위상을 파악하는 것이 매우 중요하다. 90점이면 일반적으로 좋은 점수라고 생각하지만, 평균이 95점이라면 90점은 높은 점수가 아니다. 마찬가지로 고객을 절대 기준으로 평가할 경우 고객의 분포 특성을 반영할 수 없다.

2) 상대 평가

상대 평가는 고객들의 상대적 분포 특성을 반영하게 되므로, 고객들의 상대적인 차이를 명확하게 보여 준다는 장점이 있다. 그러나 계산이 복잡하고, 절대적인 위치를 알 수 없다는 단점이 있다. 예를 들어 상위 10%에 속하는 고객이라고 하더라도 정말 많은 금액을 구매해서 상위 10%에 들었는지, 아니면 구매액이 얼마 되지 않지만 다른 고객들이 워낙 구매액이 적어서 어부지리로 상위 10%에 들었는지는 알 수 없다. 이런 점들을 고려해 볼 때 고객에 대한 평가는 절대적인 관점과 상대적인 관점 모두에서 이루어지는 것이 바람직하다.

2. 고객 평가의 방향

고객 평가는 고객 평가의 대상 시점이 현재인지 미래인지에 따라 기술 평가와 예측 평가로 나눌 수 있다.

1) 기술 평가(descriptive scoring)

기술 평가라는 것은 고객의 과거 형태를 기준으로 현재의 모습을 설명하는 것을 의미한다. 예로 들면, 고객들이 자사에 얼마나 기여를 하였는지 순서를 정해 점수를 매기는 것 등이 기술 평가에 속한다.

2) 예측 평가(predictive scoring)

예측 평가는 어떤 고객이 미래에 어떤 행동을 할 가능성을 평가하는 것이다. 특정 고객이 연체할 가능성은 얼마나 되는지, 또 고객이 자사로부터 이탈할 가능성은 얼마나 되는지 등을 추론하는 것이 예측 평가다. 예측 평가는 상당히 많은 노력을 필요로 하기 때문에 CRM 전략의 방향성이 결정된 후 작업을 시작하는 것이 효율적인 경우가 많다. 예를 들어 CRM 전략에서 고객의 이탈을 방지하는 것이 최우선 과제로 대두된다면 고객 이탈 가능성을 평가하는 것이 매우 중요한 문제가 되며, 여기에 많은 노력을 기울이는 것이 바람직하다. 그러나 CRM 전략에서 이탈 방지의 중요성이 다른 과제에 비해 낮게 나타난다면, 고객 이탈 가능성을 평가하는 데 지나친 노력을 기울이는 것은 낭비가 될 수도 있다.

3. 고객 평가의 시점

고객 평가는 특정 시점 기준으로 할 수도 있고, 일정 기간 기준으로 할 수도 있다.

1) 정적 평가

정적 평가는 특정 시점에서 고객의 모습을 평가하는 것이다. 예를 들면 12월 말 기준으로 고객 Q의 수익을 얼마나 냈는지에 대해 점수를 평가하는 것은 정적 평가에 해당된다.

2) 동적(시계열적) 평가

동적 평가는 일정 기간 동안의 고객의 모습을 평가하는 것이다. 예를 들어 지난 3년 동안 고객 Q의 수익에 대한 점수 증감 추세를 평가하는 것은 동적 평가에 해당된다. CRM은 고객을 장기적 관점에서 관리하는 것이기 때문에 동적 평가가 중요하다. 그러나 정적 평가와 동적 평가는 상호 배타적인 것은 아니며, 오히려 보완적인 성격을 갖고 있어 함께 적용할 수 있다. 예를 들면 2000년 말 현재 고객 Q의 수익에 대한 점수는 B 등급에 해당되지만, 지난 3년간 수익에 대한 점수가 상승 추세에 있다면 고객 Q의 수익성은 B+로 평가할 수 있다. 반대로 지난 3년 간 수익에 대한 점수가 하락 추세에 있다면 고객 Q의 수익성은 B-로 평가할 수 있다.

4. 고객 평가의 다양한 관점과 점수 산출

고객 평가 관점은 고객을 어떤 기준으로 평가할 것인가에 관한 것이다. 고객을 평가할 수 있는 관점은 아주 많다. 구매액에 의해서 고객을 평가할 수도 있고, 순수한 이익 기여액에 의해서 평가할 수도 있다. 또

거래 기간에 의해서 평가할 수도 있다. 이런 관점에 의한 평가의 결과로 평가 점수가 산출된다. 흔히 많이 쓰이는 평가 점수로는 수익성 점수, 위험성 점수, 커버리지 점수, RFM 점수, 평생고객가치, 고객충성도 등이 있다.

1) 수익성 점수(profitability score)

수익성 점수란 특정 고객이 우리 회사에 얼마나 많은 수익을 가져다 주는지를 나타내는 점수이다. 매출액이나 순이익, 거래 기간 등을 고려하여 수익성 점수를 산출한다. 다음 그림은 고객의 수익성을 분석하는 두 가지 방법을 보여주고 있는데, 하나는 현재 상황에 따른 분석이고 나머지 하나는 미래 상황에 따른 분석이다.

고객의 수익성 분석

현재상황

	현재 높은 수익성	현재 낮은 수익성
저비용	수익성이 가장 높은 고객	수익성이 있는 고객
고비용	수익성이 있는 고객	수익성이 가장 낮은 고객

미래상황

	현재 높은 수익성	현재 낮은 수익성
미래 높은 수익성	최고의 고객	투자 고객
미래 낮은 수익성	유지 고객	최악의 고객

*자료: 필립 코틀러의 마케팅 리더십 본문 中 1. 고객관계 경영관리

고객을 측정하는 방법의 예로 어떤 기업은 고객과 잠재고객에 대한 등급을 다음과 같이 고객이 기업에 가져다 주는 매출가치로 정하고 점수를 매긴다. ① 플래티넘 고객: 그 기업의 활동적인 고객들 중에 상위 1%의 고객 ② 골드 고객: 그 다음 4% 고객 ③ 아이언 고객: 그 다음

15% 고객 ④ 레드 고객: 나머지 80% 고객

둘러보기

"금융권의 새로운 숙제, 차세대 점포의 스마트화 전략"

금융권이 최근 '점포전략'에 다시 관심을 보이고 있는 분위기이다. 특히 차세대시스템 프로젝트가 거의 마무리된 은행권과 증권업계를 중심으로 '점포의 스마트(Smart)화'에 대한 관심이 커지고 있다. 그런데 이는 어찌보면 당연한 이야기다. 대규모의 IT투자가 잠시 휴식기에 접어 들 때, 금융회사들은 그동안 후순위로 미뤄놓았던 소소한 규모의 IT투자를 상대적으로 활발하게 진행하기 마련이다. 하지만 점포전략과 관련해서는 예전과는 다른 시각이 필요해졌습니다.

최근 금융회사의 '점포의 스마트화' 전략을 단순히 창구 단말기를 새로운 버전으로 교체하는 수준에 생각하면 곤란하다는 이야기다. 또한 금융회사들의 차세대 점포 전략을 통신사들과 제휴해 와이파이존을 설치하거나, 텔러용 ATM기를 설치하거나, 혹은 객장에 대형 벽걸이TV를 설치하는 정도로 넘길 문제도 아니다. 바로 '복합금융 서비스의 통합'(Convergence)이란 관점에서 새로운 점포전략이 요구되고 있기 때문이다. 이는 자본시장통합법 시대, 금융지주회사 시대에 걸맞은 '통합형' 금융서비스를 위해서는 일찌감치 예고됐던 당연한 수순이다. 그러나 아직까지 국내에서 이 같은 컨셉에 맞는 '차세대 통합형 점포'는 이제서야 본격적으로 논의되고 있는 단계이다. 당연히 이를 구현하기 위한 IT전략도 필요할 것으로 예상됩니다만 아직까지는 점포의 컨셉을 잡는데 더 집중하고 있는 듯하다.

이와 관련해 최근 흥미로운 소식이 하나 전해졌다. KB금융지주가 금융 계열사간 시너지 강화를 위해 서울 강남에 금융복합점포(BWB) 전략을 구상하고 있다는 내용이다. 우선, BWB의 개념부터가 좀 생소합니다만 이해하기는 어렵지 않다. 은행과 증권 지점이 한 건물 내 나란히 위치하거나 아래층과 위층을 사용하면서 복합금융 서비스를 제공하는 형태이다. 최근 몇 년 새 서울과 수도권을 중심으로 주상복합 건물이 크게 늘어난 것을 감안하면 이 같은 '은행+증권' 융합점포 모델은 자연스러운 점포전략의 변화라고 할 수 있다. 기존 국민은행은 프라이빗뱅킹(PB)센터 내에 소규모 증권 창구나 보험 창구를 설치해 부가서비스를 제공하는 형태인 BIB(점포 내 점포)를 운영해 왔지만 앞으로는 BWB 위주의 점포선략을 강화할 것으로 예상된다. 국민은행 외에 소매금융을 강화하려는 대형 시중은행들도 거의 비슷한 행보를 보일 것으로 전망된다. 국민은행의 경우, 구체적인 내용이 나와봐야겠지만 BWB를 통해 고객들을 유인하기 위해서는 보다 강력한 상담시스템, 화상시스템 등 단말시스템 환경의 업그레이드가 요구된다. 물론 궁극적으로는 KB금융그룹의 시너지 효과를 높일 수 있는 통합 DW, CRM 등 정보시스템에 대한 끊임없는 투자와 싱글뷰(Single view)시스템의 고도화 등 백오피스 시스템의 경쟁력 강화가 요구된다.

어쩌면 점포에서 출발했지만 그 종착지는 역시 레거시(legacy) 시스템 경쟁으로 귀결된다는 점에서 의미가 부여할 수 있을 것 같다. 결국 차세대 점포의 지능화(Intelligence), 또는 스마트화는 당분간 국내 금융권 IT투자 전략의 새로운 과제로 떠오를 전망이다. 이 과정에서 KT, SK텔레콤, LG U+ 등 통신사업자들과의 다양한 제휴도 충분히 예상해 볼 수 있다. 앞서 외환은행은 지난 4월 중순, SK텔레콤(대표 정만원)과 금융과 통신의 융합을 통하여 대고객 서비스를 제고하고 업무 생산성을 향상시키기 위한 전략적 업무제휴를 체결한 바 있다. SK그룹이 보유한 유통채널 등에 ATM 및 화상상담 기기 등을 통합한 복합금융기기인 스마트 브랜치(Smart Branch)를 설치해 새로운 영업채널로 활용한다는 것이었다. 외환은행은 스마트 브랜치가 도입되면 고객이 외환은행 지점을 찾아가지 않아도 가까운 SK그룹 유통망 등에서 입출금, 상담 등의 금융서비스를 편리하게 이용할 수 있다고 보았다. 물론 이것 역시 새로운 형태의 스마트점포라고 할 수 있다. 그러나 이는 금융권에서 생각하는 일반화된 차세대 점포전략 모델로는 보기에는 무리가 있어 보인다. 외환은행은 당초 올해 하반기 중

2~3곳을 대상으로 시범서비스를 시행 후 성과가 있을 경우 점차 확대해 나간다는 방침이었는데 아직 구체적인 결과는 나오지 않은 듯 합니다. 점포전략은 금융회사에게는 매우 중요한 가치를 부여한다. 보기엔 별것 아닌 것 같지만 점포의 레이아웃에 간단한 변화를 주는 것에서부터 PI(프로세스 혁신)에 이르는 업무 혁신의 변화까지 금융회사의 경영과 고객 응대에 대한 사상(철학)이 고스란히 반영된다. 점포혁신과 관련한 대표적인 IT투자로는, 지난 2000년대 초중반부터 시도됐던 BPR(후선업무집중화)시스템과 PI(프로세스 혁신)을 들 수 있다. 기존 점포에서 처리되던 수많은 업무를 이미지시스템과 온라인 네트워크를 이용, 전담 BPR센터로 보내 집중처리함으로써 획기적인 생산성 향상을 가져왔다.

당시 BPR과 PI 프로젝트의 목적은 '생산성 향상', '비용절감'에 초점이 맞춰졌다. 하지만 최근 점포전략의 무게중심은 '수익성'에 맞춰지고 있다. 기존 BPR과 PI시스템이 대량 단순업무 처리를 위한 것이었다면 '통합 스마트 점포'에서는 수익성 높은 고객을 확보하고 관리하기 위한 차원의 노하우가 제시돼야 할 것으로 예상된다. 아무리 인터넷 환경이 좋아지고, 스마트폰이 확산된다고 해도 '오프라인(Off Line)의 가치'는 분명히 존재한다. 금융권이 차세대 점포전략을 구현함에 있어 그 '오프라인적인 가치'를 찾아가는 것이 매우 흥미로울듯하다.

〈2010. 8. 31 디지털 데일리〉

2) 위험성 점수(risk score)

위험성 점수는 특정 고객이 우리 회사에 얼마나 나쁜 영향을 주는지를 나타내는 점수다. 그런데 수익성 점수가 낮은 고객이 곧 위험한 것이 아니냐고 생각할 수도 있지만, 꼭 그렇지는 않다. 은행의 예를 들어보자. 많은 예금을 하고, 동시에 많은 대출을 받고 있는 고객이 있다. 거래 규모로 봤을 때 이 고객의 우량성은 높다. 그러나 대출 이자와 원금을 연체할 가능성은 거래 규모와는 별개의 문제다. 여기서 연체

가능성, 나아가서 대손 가능성이 곧 위험성이다.

그렇다면 위험성은 금융 기관에만 필요한 평가 관점인가? 그렇지는 않다. 통신 판매 업체를 생각해 보자. 수익성은 당연히 매출을 올려 주는 고객, 특히 마진율이 높은 상품을 많이 구매하는 고객이 높을 것이다. 그러나 이런 수익성과는 독립적으로 위험성이 높은 고객들이 있다. 자주 반품하는 고객들이 바로 그런 고객들이다. 반품을 하는 고객들 중에는 물건에 이상이 있거나, 순간적인 충동구매로 반품하는 고객들이 있다. 그러나 처음 구매 주문할 때부터 반품할 생각을 하는 고객들도 있다. 예를 들어 해수욕장에 가기 전에 비치웨어를 주문하고, 돌아와서 반납하는 고객이 있다. 또 특별한 행사용으로 귀금속을 주문하고, 행사 후 반납해 버리는 고객도 있다. 이런 고객들이 바로 위험성이 높은 고객에 해당한다. 또한 은행 대출고객 중 연체 및 채무 불이행율이 높은 고객도 위험성 점수가 높은 고객이다.

CRM에서는 고객을 평등하게 바라보지 않는다. 우량 고객도 있고, 불량 고객도, 심지어는 주의 고객도 있다. 위험성이 높은 고객이 바로 주의 고객이라고 볼 수 있다. 위험성이 낮고 수익성도 낮은 고객은 불량 고객, 위험성은 낮지만 수익성은 높은 고객은 우량 고객이라고 볼 수 있다.

둘러보기

"美 신용카드사 수익 확보하려 고객 쥐어짜기"

미국의 금융회사들이 신용카드 고객 쥐어짜기에 나서고 있다. 신용카드로 쓴 돈을 제대로 갚지 않는 고객들이 늘어나 경영에 어려움을 겪는 가운데 신용카드 고객 보호를 강화하기 위한 정부 규제의 시행을 앞두고 이자율과 각종 수수료를 올리고 신용한도는 줄이는 등의 방법으로 수익성을 확보하려고 발버둥치고 있는 것이다.

뉴욕타임스(NYT)는 10일 은행들이 신용카드 사업에서 돈을 버는데 곤경을 겪으면서 소비자들이 대가를 치르고 있다며 이같이 보도했다. 미 연방준비제도(Fed)가 은행들을 상대로 조사한 결과 50%의 은행들이 신용카드 이자율을 올리고 신용한도를 줄였다고 응답했다. 40%는 수수료도 높였다고 답했다. 미국의 신용카드 이자율은 평균 13.71%로 1년 전의 11.94%보다 크게 높아졌다. 일부의 경우 이자율이 10%포인트까지 오른 경우도 있다. 플로리다에 사는 애니타 홀러데이(91)씨는 최근 씨티뱅크로부터 자신의 신용카드 이자율이 전보다 10%포인트나 높아진 29.99%로 조정됐다는 통보를 받기도 했다.

은행들은 또 신용카드 사용한도 줄이기에 나서고 있다. 포사이트 애널리틱스의 분석에 따르면 지난 9월말 기준으로 1년간 은행들은 고객들의 신용한도를 4조6천억 달러에서 3조4천억 달러로 26%나 줄였다. 은행들은 신용카드 발급기준을 강화하고, 위험성이 높은 신용카드 고객 계좌를 정리하고 있다. 닐슨리포트를 발행하는 데이비드 로버트슨에 따르면 비자와 마스터카드, 아메리칸익스프레스, 디스커버 신용카드 계좌 수는 9월말 기준 5억5천500만개로 1년 전에 비해 7천200만개나 감소했다.

미국 금융회사들이 이같이 신용카드 고객 쥐어짜기에 나서는 것은 경기침체 전에는 4% 가량이었던 카드 사용 부도율이 지금은 역대 최고인 10% 정도로 치솟아 경영사정이 어려워지고 있는데 따른 것이다. 또한 신용카드 고객 보호 강화를 위한 법안이 발효되기에 앞서 선수를 치려는 면도 있다. 하원을 통과해 상원에 계류중인 새 법안은 기존 신용카드 계좌에 대한 이자율 조정을 어렵게 만드는 것 등을 내용으로 하고 있다.

은행들의 이런 행태가 불공정하고 많은 경우 불법이라는 비판들이 커지고 있지만 은행 관계자들은 새로운 규제와 어려운 경제사정을 감안할 때 선택의 여지가 없다는 입장이다. 미국은행협회의 신용카드 담당 선임 부회장인 케네스 클레이튼은 "우리의 사업은 옷을 파는 것이 아니라 신용을 파는 것"이라면서 신용카드 사업에서 수익을 확보하기 위해서는 이렇게 밖에 할 수 없다고 설명했다.
〈2009. 11. 11 연합뉴스〉

3) 커버리지 점수(coverage score)

커버리지 점수는 고객이 자사의 상품 중에서 얼마나 많은 종류의 상품을 구매하는가를 나타내는 점수다. 커버리지 점수는 자사에 대한 고객의 로열티를 나타내는 지표가 되고, 교차 판매 가능성을 추정하게 해주기도 한다. 커버리지 점수의 개념을 이해하기 쉽게 예를 들어 보자. N사에서는 A, B, C, D 등 10종의 컵라면을 생산하고 있다. 고객 Q가 그중에 8개의 제품을 구매하여 사용하고 있다면 고객 Q의 커버리지 점수는 10점 만점에 8점임을 알 수 있다. 한 회사의 10가지 컵라면 중에서 8종류의 라면을 사먹는 사람이라면 충성도가 높은 고객이라고 생각할 수 있을 것이고, 라면회사에서는 자체적으로 전문 생산이 힘든 김치 같은 제품을 편의점에서 교차판매하는 전략을 내세울 수도 있다.

4) RFM 점수(recency, frequency, monetary score)

RFM 점수란 3개의 독립된 요인에 의해 측정된 고객의 점수다. 여기서 3개의 독립된 요인이란 거래 발생의 최근성(recency), 거래 빈도(frequency), 구매 금액(monetary)을 의미한다. 즉, 최근에 거래하고, 거래 빈도가 높고, 구매 금액이 많은 고객이 우량 고객이라는 의미다.

RFM점수를 산출하는 방식은 목적에 따라 크게 두 가지로 나누어 볼 수 있다. 일반적으로 3가지 요인을 각각 5등급 또는 10등급으로 나눈 다음, 결합하여 점수를 표시하는 방식이다. 예를 들어, 5등급으로 나눈 상황에서 고객 Q가 최근성에 있어서 전체 고객 중 상위 20%에 속하고, 거래빈도는 40%, 구매금액은 20%에 속하면 RFM점수는 121이 된다. 여기서 첫째는 최근성, 둘째는 거래빈도, 셋째는 거래금액을 나타낸다. 따라서 111이 가장 우수한 고객이며 555가 가장 우수하지 못한 고객이라 할 수 있다. 그러나 이 방법은 요소 간에 중요도가 반영되지 못하는 단점이 있다.

둘러보기

"명품 구입 연 1억 이상 이 정도는 돼야 'VVIP'"

"해외 명품 1억 원쯤은 구매해야 VIP 중의 VIP인 LVVIP(Limited Very Very Important Person)라고 할 수 있지요." 소비 심리가 회복됐다고는 하나 아직도 글로벌 경제위기 이전만도 못한 상황. 이 와중에 한번에 수백만 원씩 연간 수천 만 원에서 수억 원어치의 명품을 구입하는 VIP들이야 말로 명품관 측에서 볼 때 '왕같이' 모셔야 할 사람들이다. 명품관에서 쇼핑을 즐기는 VIP들은 과연 어떤 사람들이며 어떤 소비 형태를 보이고, 백화점에서는 어떤 마케팅을 하는지 살짝 들여다 봤다.

• 어떤 사람이 VIP?

롯데백화점은 상위 우수 고객을 뜻하는 MVG와 에비뉴엘을 나눠 특별관리를 하고 있다. MVG는 연간 매출액 등을 중심으로, 에비뉴엘은 해외 명품 구매 기준 등을 종합 평가해 나눴다. 이들 우수고객들도 등급이 있어 에비뉴엘은 VIP, VVIP, LVVIP 등 3등급으로 나눈다. 대구에는 에비뉴엘 회원은 300여 명 정도. 연간 해외 명품 구매 금액이 1억 원 이상 되는 LVVIP 고객은 대구에서도 예닐곱 명이 되는 것으로 알려졌다. VIP 고객을 대상으로 '애플클럽' 회원제를 운영 중인 대구백화점은 블루·그린 애플회원과 최상위인 프라임애플회원이 있다. 프라임애플회원은 100명을 선정, 운영 중이다. 애플회원은 과연 어떤 기준으로 선발할까? 백화점 매출만 많이 올려준다고 해서 선발되는 것이 아니다. 대백 김종해 CRM팀장은 "VIP 고객 선정 기준은 RFM평가를 통해 이루어진다"고 했다. RFM은 최근성(Recency), 구매 횟수(Frequency), 매출(Monetary)을 뜻한다. 특히 프라임애플회원은 RFM 기준 이외 구매브랜드, 성향, 직업 등도 고려해 선정한다. 백화점의 VIP 회원들은 신분과 직업은 비밀에 부쳐져 있다. 회원의 절반 정도가 수성구에 거주하고 있고, 30~50대가 전체의 60% 이상을 차지하며, 직업은 사업가와 의사, 변호사 등 전문직종이 많다는 것만 알려져 있을 뿐이다.

• VIP 잡기 경쟁

백화점들은 흔히 상위 20% 고객이 전체 매출의 80%를 차지한다는 '파레토 법칙'을 VIP 마케팅에 적용한다. 이들 VIP들을 잡기 위한 유통업계들의 경쟁이 치열하다. 롯데백화점 대구점은 에비뉴엘라운지를, 대구백화점 프라자점은 프라임애플라운지 등 전용 휴게 공간을 제공하고 있다. 전용주차장과 발렛파킹 서비스를 제공한다. 생일과 기념일, 명절 선물 챙기기와 각종 이벤트 우선 초청을 한다. 고객이 원할 경우 1대 1 쇼핑 가이드인 '퍼스널 쇼퍼'(Personal shopper)를 붙여 준다. 고객이 사전 에 구매하려는 품목을 예약하면 취향에 따라 선호하는 브랜드·디자인 등을 고려해 미리 세팅해 두고 쇼핑을 도와주는 등 최상의 서비스를 제공한다. 퍼스널 쇼퍼들은 VIP들의 쇼핑을 돕기 위해 맞춤 서비스는 물론 좋아하는 차의 종류나 취미, 새롭고 특이한 명품 트렌드, 시사 및 교육문제 등 다양한 '공부'를 해야 한다. 대구백화점 프라자점 PAC라운지 매니저인 정정숙 씨는 "입점 명품 브랜드와 연계해 다양한 런칭쇼는 물론 자산관리·문화·건강 등 다양한 정보를 제공하는 '프리미엄클래스'를 확대하고, 각종 혜택 등 다양한 마케팅을 통해 고객을 관리하고 있다"고 전했다. 백화점의 한 간부는 "고소득층의 소비를 곱지 않은 시각으로 보는 경향이 있지만 이들 VIP들이 경제 활성화를 이끄는 소비 주체인 만큼 백화점에서는 VIP 회원들에게 최상의 서비스는 물론 문화·예술적 접근, 가족사까지 챙기는 접근 등 다양한 마케팅을 하고 있다"고 말했다.
〈2009. 11. 28 매일신문〉

RFM점수 산출방식

• 일반적인 방식
10등급으로 나누었을 때, 전체 고객 중에서 최근성 30%, 거래빈도 50%, 구매금액 40%라면,
- 최근성 3, 거래빈도 5, 구매금액 4로 RFM점수는 354점.

• 가중치적용 방식
고객 A는 B백화점에서 매달 3회 쇼핑을 하는데 올해 한해 동안 1억 원을 지출하였다고 한다. 정해진 가중치에 따라 고객 A의 RFM점수를 계산하면,
- B백화점은 최근성, 거래빈도, 구매금액의 중요도에 가중치를 20%, 40%, 40%로 두고 있다.
- R점수: 3개월 이내 20점, 3-6개월 15점, 6-9개월 10점, 9-12개월 5점
- F점수: 40회 이상 40점, 20-40회 30점, 20-10회 20점, 10-5회 10점, 5회 이하 5점
- M점수: 7000만 원 이상 40점, 5000-7000만 원 30점, 3000-5000만 원 20점, 1000-3000만 원 10점
- 최근성 20점, 거래빈도 30점, 구매금액 40점으로 RFM점수는 90점.

고객을 세 가지 관점에서 각각 5등급으로 나눌 경우, 고객을 125(=5*5*5)개의 등급으로 나누는 것으로, 이 방식은 고객을 몇 개의 그룹으로 나눈다는 점에서 고객 세분화 기법으로도 볼 수 있다. 두 번째 산출 방식에서는 R, F, M에 각각에 대하여 중요도 관점에서 가중치를 주어 가중합 형태로 계산되므로 고객 점수화라 할 수 있다. RFM 세 가지 요인에 대한 각각의 중요성을 감안하여, 가중치를 부여한 뒤, 가중 합으로써 점수를 산출한다.

통신판매 회사의 예를 들어 설명하자면, RFM 각 요소에 대하여 30%, 30%, 40%의 중요도를 부여한다면, 각각 고객들에게 점수를 부여하는데 다음과 같은 방법을 사용한다. 먼저 R관련 점수는 다음과 같이 구입일이 가까울수록 높은 점수를 준다. 30점: 과거 3개월 이내, 15점: 과거 6개월에서 과거 3개월 사이, 10점: 과거 9개월에서 과거 6개월 사이, 5점: 과거 12개월에서 과거 9개월 사이 F에 따른 점수는 구매건수에 4점을 곱해 산출하되 상한점을 30점이 되도록 표준화한다. M에 따른 점수는 1만 원 단위로 1점씩 주어 계산하되 상한점을 40점이 되도록 표준화한다. 위와 같은 방식으로 100점을 만점으로 고객을 점수화한다. 그러나 이와 같은 방법은 분석자가 RFM에 대한 가중치를 사전에 정해 주어야 하기 때문에 주관적 판단이 개입되며 특이하게 한 요소에서 점수가 높은 고객에 의하여 대부분의 고객 사이의 점수차이를 작게 할 수 있는 우려가 있다. RFM 점수는 CRM 이전의 DBM 단계에서 가장 많이 쓰이던 고객 점수 산출 기준이었으며, 지금도 상당히 유효한 기준이다. 그러나 이 점수는 고객의 위험성이나 구매 스타일 등을 반영하지 못하므로 다른 지표와 함께 사용하는 것이 좋다.

5) 평생고객가치(Life Time Value)

기업들은 초기에 캠페인 활동과 여러 가지 프로모션을 통해 신규고객을 획득하게 된다. 이러한 신규고객을 획득하는 과정은 여러 마케팅 활동으로 인해 매우 높은 비용이 들고 투자비용을 회수하는데 있어 상당한 시간이 요구된다. 더욱이 고객이 이처럼 고객획득 비용을 넘어 고객과의 장기적인 관계를 유지하는 것이 바로 CRM이 되는 것이며 이러한 장기적인 관계를 유지함에 있어 고객으로부터 거둘 수 있는 가치를 평생고객가치라고 한다. 즉, 고객의 평생 가치는 한 고객이 한 기업의 고객으로 존재하는 전체기간 동안 기업에게 제공할 것으로 추정되는 재무적인 공헌도의 합계라고 할 수 있다. 비단 투자비용 회수의 문제뿐만이 아니라, 장기적인 관계 유지는 다양한 부분에서 기업에게 요구되는 요소이다.

미국의 하버드 비즈니스 리뷰가 다양한 산업을 조사한 결과에 따르면 오래된 고객일수록 회사의 수익에 기여하는 금액이 점점 커진다고 한다. 가령 자동차 정비업계를 예로 들면 4년차 고객이 1년차 고객이 기여했던 수익의 3배라는 것이다. 또한, 고객 이탈방지를 중요한 요소로 꼽을 수 있는데, 이는 이탈고객의 부정적 구전효과 때문이다. 일반적으로 만족한 고객은 제품에 대한 좋은 경험을 3명의 타인에게 전하는 반면 불만족한 고객은 최소한 9명에게 전한다. 더욱이 SNS가 중요한 사회적 이슈로 떠오르는 요즘 이러한 이탈고객의 부정적 구전효과는 이러한 수치적 요소보다 그 파급력이 훨씬 클 것임은 자명한 사실이다.

평생고객가치는 무수한 고객들 중 어떤 고객들에게 우선적으로 접근해야 하는지, 그들에게 어떤 마케팅 전략을 펼쳐야 하는지, 그리고 잠재고객의 획득이나 고객유치를 위해 얼마나 지출해야 타당한지 등을 제시해 준다. 그러나 실제 기업활동에 이러한 사항을 적용하는 것은 쉽지 않다. 왜냐하면 장기적인 수익과 지출에 대한 완벽한 정보를 가지고 있지 않고 “미래”라는 불확실성이 존재하기 때문이다.

이런 이유로 고객 평생 가치는 실현된 가치과 잠재적 가치로 구분된다. 실현가치는 과거부터 현재까지 고객이 기업에 제공한 가치의 현재가치이며, 잠재가치는 고객이 현재부터 생애 동안 기업에게 제공할 가치의 현재가치를 말한다. 고객의 평생가치는 기업이 수행하는 마케팅활동의 함수라고 할 수 있다. 즉, 기업이 어떻게 마케팅활동을 수행 하는가에 따라 변하게 된다. 그러므로 미래와 관련된 잠재가치는 가변성을 가지며, 당장의 실현가치보다는 향후 지속적으로 발생하게 될 잠재가치의 측정이 기업에게는 매우 중요한 일이라 하겠다. CRM에서 고객평생가치의 장점과 단점은 〈표 3.2〉와 같다,

〈표 3.2〉 고객평생가치의 장점과 단점

장점	단점
• 기업이 보유하고 있는 무형 자산인 고객의 평균 가치를 파악 및 이해할 수 있으며 이로 인해 고객별 기업의 전체 가치에 미치는 기여도를 파악 가능함. • 개별 고객 가치에 따라 고객을 차별화하고 가장 가치 있는 고객을 유지하기 위해 마케팅 시간과 노력을 전략적으로 활용함. • 유지해야 할 고객을 정하고 이탈 고객 방지를 위하여 투여할 최대 금액을 미리 산정함으로써 안정적인 재무운영이 가능함.	• 전체 고객에 소요되는 비용을 측정하더라도, 이를 개별 고객에게 할당하기 어려움. • 고객별로 일일이 계산하게 되므로 경우에 따라서는 과다한 비용이 소요될 가능성이 있음. • 고객 유지율을 측정하기 어려움.

그러면 이러한 평생고객 가치는 어떠한 방식으로 산정이 가능한 것일까? 이해를 돕기 위해 쉬운 예를 하나 들어보자. 갈비집에 한우 생갈비를 20인분 주문할 단체손님과 점심특선 시키는 회사원 1명이 왔다고 하면 사장의 입장에서는 당연히 한우 생갈비를 20인분 시키는 손님에 더 신경을 쓸 것이다. 하지만 단체손님은 지나가다 잠시 차를 세워 들른 관광객이고 회사원은 근처에서 오래 근무 하게 될 직원이라면 스쳐가는 관광객에게 50만 원 수익 올릴 생각에 들떠 회사원 한 명에게서 1700만 원을 벌 기회를 날렸을지도 모르는 일이다.

평생고객가치의 산정은 앞의 예와 같이 살펴 볼 수 있는 단순 LTV 산정과 이의 단점을 보완한 개선된 LTV 모델이 있다. 단순 LTV모델의 경우 평균 구매액을 기준으로 거래기간에 대한 구매액을 산정하는 방식으로 'LTV = 평균구매액 X 거래기간'으로 나타낼 수 있고, 고객

이탈률과 고정비, 이자율을 고려한 개선된 LTV모델은 다음과 같이 계산한다.

$$LTV = \sum_{q=1}^{Periad} \left[(R-O)(1-P^q) \frac{1}{(1+i)^{q-1}} \right] - O'$$

R=revenue C=variable cost C'=fixed cost P=churn rate

n=period I=interest rate

평생고객가치(LTV) 산출방법

• 단순 LTV 산정방법

지나가다 잠시 차를 세운 관광객 단체손님 = 한우 생갈비 20인분

근처에서 오래 근무하게 될 회사원 = 점심 특선 1인분

(한우 생갈비 1인분 25,000원, 점심 특선 6,000원)

- 한우 생갈비 = 25,000 X 20 = 50만 원
- 점심 특선 = 1일 = 6,000원, 1주일 3번 = 18,000원, 1년 47주 = 84만 6천원, 20년 = 1,700만 원

둘러보기

"성과관리 전문가 게리 코킨스… '고객평생가치를 찾아라'"

"'착한 고객'들이 사라지고 '나쁜 고객'들이 점점 늘어나고 있습니다." 기업용 IT솔루션 업체인 SAS인스티튜트의 전략가이자 세계적 성과관리전문가인 게리 코킨스. 최근 '소트 리더(thought leader) 시리즈'의 첫 번째 연사로 초청돼 강연회를 가졌다. 소트 리더란 원래 학문이나 사상의 권위자를 일컫는 말로 한국경제신문 HiCEO가 세계적인 석학·전문가를 초청해 갖는 포럼 명칭이다. 코킨스는 이 행사에서 최근 들어 성과관리의 필요성이 왜 커지고 있는지를 '착한 고객'과

'나쁜 고객'의 비유를 들어 역설했다. 그가 말하는 착한 고객은 별 반응을 보이지 않는 조용한 소비자인데 이제 이런 고객들은 찾아보기 어려워졌다고 한다.

그는 "인터넷의 영향으로 공급자에서 소비자로의 권력 이동이 빠르게 이뤄지고 있다"며 "이제 나쁜 고객으로 명명되는 능동적 소비자들을 잡아내고 그 안에서 고객평생가치(CLV)에 따라 마케팅 비용을 배분하는 능력이 필요하다"고 강조했다. "예를 들어 병원에서 10만 원을 내고 치료를 받는 60세의 환자와 4만 원 상당의 치료를 하는 25세 환자가 있다고 칩시다. 수익성을 따지자면 60세 환자에게 집중해야죠. 하지만 장기적인 관점에서 가치는 25세 환자가 더 큽니다. 한정된 예산을 가지고 최적화된 마케팅을 펼치려면 이처럼 고객평생가치를 수치로 환산해 비용을 배분해야 합니다."

하지만 이런 예산의 배분은 기업 최고경영자의 전략과 연계돼 있지 못하는 경우가 많고 대부분 과거 재무제표에 의존하고 있다. 코킨스는 "성과관리를 통해 고객가치를 적절히 파악하고 수요를 예측할 수 있다"고 강조했다. 코킨스는 특히 한국의 경우 경영진의 인식 전환이 필요하다고 지적했다. 특히 비즈니스 통합 시스템을 통해 한 조직의 전략을 관리하고 더 나은 의사결정을 이끌어내는 성과관리의 도입이 시급하다고 강조했다. "성과관리 시스템을 거창하게 생각할 필요가 없습니다. 한국의 많은 기업들은 이미 ERP(전사적 자원관리), CRM(고객관계관리), SCM(유통망관리) 등등의 IT솔루션을 갖추고 있고 6시그마 등 다양한 경쟁력 강화 프로그램을 운영하고 있습니다. 하지만 이를 한꺼번에 연결하질 못합니다." 그런 기업의 직원들은 대부분 자기 업무는 잘 알지만 회사의 전략과 비전을 물어보면 모호한 구호만 내놓게 마련이다. 기업의 비전과 직원 행동 사이에 의사소통이 원활하지 않은 데서 생기는 현상이다. 이 때문에 회사 내·외부에서 원천자료는 쏟아지지만 이를 전략을 위한 정보로 활용하지 못한다. 그는 변화 빠른 시대를 이겨내기 위해서는 전사적인 성과관리 시스템이 필수적이라고 강조했다. "의사결정의 속도 변화는 이제 기업의 핵심 경쟁력이 됐습니다. 각각의 책임자들이 의사결정을 빨리, 정확하게 해야 됩니다. 누구나 성과의 지표를 알고 거기에 최선을 다할 수 있도록 하는 성과관리 없이 열심히 일해봐야 시행착오를 반복하는 과거 방식을 벗어날 수 없는 것이죠."
〈2008. 3. 9 한국경제신문〉

5. 고객충성도

지속적으로 언급한 바와 같이 오늘날의 기업들의 고객에 대한 주요 이슈는 기존 고객의 이탈 방지와 관계의 유지이다. 이러한 고객의 유지를 위해 기업은 고객의 만족을 높이기 위해 심혈을 기울인다. 고객만족은 고객을 유지시킴은 물론 충성도를 강화시키고 이러한 고객의 충성도는 기업의 수익에 영향을 미친다. 더욱이 다품종 소량 생산으로의 제품과 서비스의 구조 변화와 다양한 커뮤니케이션의 발달로 인하여 고객의 선택 범위는 넓어졌고, 다양한 정보를 쉽게 얻을 수 있게 되어 고객을 만족시키는 것이 여간 어려워진 것이 아니다. 그렇기에 기업은 각각의 고객의 만족을 극대화하기 위해 고객의 충성도 분석을 통해 그에 맞는 고객 만족을 이끌어 내는 전략을 추구해야 할 것이다.

둘러보기

"고객 충성도 90%의 마법"

왜 관리자들은 사내 감시에만 집중하나. 고객 관리가 훨씬 중요한데…. 마케팅 분야 거장인 장 클로드 라레슈 교수는 기업이 물 만난 고기처럼 쑥쑥 성장하려면 고객의 충성도가 최소 90%는 돼야 한다고 주장한다.

A기업의 고객 충성도가 50%라면 A기업은 매년 고객의 절반을 잃고 있다는 의미다. 이때 한 고객이 기업과 거래를 이어가는 평균 기간은 고작 1년이다. 반면 고객 충성도가 90% 이상이면 고객이 A기업의 제품을 이용하는 기간은 평균 10년으로 늘어나는 것으로 나타났다. 고객 평균수명이 길수록 매출이 성장하고 수익성이 개선되는 것은 당연하다. 흥미롭게도 충성도와 고객 수명 사이에는 일종의 가속도 현상이 존재한다. 일례로 기업에 대한 충성도가 50%에서 51%로 늘어날 때는 고객 수명이 2주 연장되는 데 그쳤지만 같은 1%라도 95%에서 96%로 늘어났을 때는 고객 수명이 평균 5년이나 연장됐다. 충성도 90% 지점에서 자산으로서의 고객가치가 급속히 커진 것이다. 참고로 충성도가 70% 미만이라면 평균 고객 수명이 보잘것없고 80%라고 해도 고객과 기업간 관계는 4년 정도 지속될 뿐이다.
〈2010. 12. 3 매일경제〉

1) 고객 만족-충성도-수익의 분석

(1) 고객만족과 고객유지율의 관계: 고객만족과 고객유지율은 비대칭적이다. 만족에 비해 불만족은 고객유지에 더 큰 영향을 미치지만 고객만족이 높다고 해서 고객유지율이 높아지는 것은 아니다. 즉, 고객은 불만족한 사항에 훨씬 민감하게 반응하고 만족 사항에 덜 민감하게 반응한다.

(2) 고객만족과 충성도의 관계: 고객만족과 충성도의 관계는 산업에 따라 다양하게 나타난다. 예를들어서 산업의 특성이 경쟁적인 자동차산업은 고객만족의 수준이 높으면 동일 브랜드 자동차의 재구매를 유발한다. 반대로 항공사의 경우 소비자는 기존의 항공사를 이용할 때 쌓아둔 마일리지를 고려한 전환비용을 생각하여 불만이 있더라도 그 불만의 크기가 크지 않다면 기존의 항공사를 다시 이용한다.

(3) 충성도와 고객수익성의 관계: 고객과 기업의 관계 및 산업별 특징 등의 복잡성으로 인해 고객만족의 대용지표로 고객충성도와 고객수익성을 사용하기에는 무리가 있다. 이에 관해 프레드릭 라이켈트는 고객유지관리에 중요한 원칙을 제시하였다: 고객과 기업의 관계가 지속할수록 고객은 더 많은 소비를 한다; 고객과 기업의 관계가 지속될수록 기업의 비용은 감소한다; 장기고객일수록 구전가능성이 높다; 장기고객은 단기고객에 비해 많은 프리미엄 가격을 지불한다. 이러한 원칙은 고객과 기업의 관계형태에 따라 다소 차이가 나는데, 백화점에서 쇼핑같은 비계약적인 관계보다 잡지구독, 인터넷 서비스 등 계약관계에서 잘 맞는다.

둘러보기

"고객만족보다 중요한 고객가치"

한 해를 마무리하는 4분기는 '고객만족 시즌'이라 불릴 만하다. 각종 단체에서 고객만족도 조사 결과를 이 시기에 발표한다. 한국능률협회컨설팅의 KCSI(한국 산업의 고객만족도)와 한국생산성본부의 NCSI(국가고객만족지수)가 대표적이다. 언론사가 주관하는 각종 고객만족 관련 시상도 있다. 이 중 NCSI는 분기마다 발표하지만 12월에 나오는 지수가 파급력이 크다. 은행 보험사 증권사 대형마트 주유소 등 상품차별성이 그리 크지 않아 고객만족도와 같은 외부 평가에 민감할 수밖에 없는 산업에 대해 평가 결과를 발표하기 때문이다. 이들 산업에 속한 기업은 소비자를 대상으로 고객만족도 조사가 실시되는 가을이 오면 조금이라도 점수를 높이려고 노력한다. 직원들을 동원해 고객, 특히 만족도가 낮을 것으로 예상하는 고객들에게 전화를 하고 문자메시지나 엽서, 편지를 보내는 일이 다반사다. 일부 기업은 고객 초청 행사를 열기도 한다. 이런 활동들은 꾸준히 시행되는 고객

서비스라기보다 고객만족도 점수를 높이기 위한 반짝 이벤트에 가깝다. 고객만족도를 발표하는 단체 중 일부는 고객만족도 향상을 위한 컨설팅 사업도 벌인다. 예를 들면 가을에 실시하는 고객만족도 조사와 유사한 조사를 특정 기업을 위해 봄이나 여름에 먼저 실시하고 그 결과를 분석해 고객만족도 향상 방안을 제시해 준다.

고객만족도와 기업성과에 상관관계가 있다는 실증연구가 있다. 크리스토퍼 이트너와 데이비드 라커의 분석에 따르면 미국 기업들의 고객만족도가 10점 높아지면 고객유지율은 2% 개선되고 매출은 3% 올라갔다. 연구팀은 고객만족도 수준에 따라 기업들을 4개 군으로 분류한 후 군별 기업 시장가치 차이를 분석했다. 각각 고객만족도 평균이 각각 71.7점과 77.2점인 1군과 2군 기업 간 시장가치 차이는 32.2%였다. 평균 고객만족도가 81.2점인 3군의 시장가치는 2군보다 10.3% 높았다. 그러나 고객만족도 차이가 4.5점인 3군과 4군 간 시장가치 차이는 0.7%에 불과했다.

이런 연구 결과는 일정 수준 이상으로 고객만족도가 올라가면 고객만족도를 더 높여봐야 회사 입장에서 큰 효과가 없다는 것을 보여준다. 즉 이미 높은 고객만족도를 더 높이는 데 투자하기보다는 상품의 질을 개선하고 차별화 전략을 추진하거나 고객의 접근성을 개선하는 게 회사의 투자수익률(ROI) 측면에서 낫다는 것이다. 이는 최근 10여년 동안 꾸준히 고객서비스 수준을 향상시킨 결과, 이미 유수 외국 기업 수준에 가까운 고객만족도를 기록하고 있는 국내 금융사 등 한국 기업들에 시사하는 바가 크다. 반짝 이벤트로 고객만족도 점수를 올려봐야 비용만 낭비할 수 있다. 근본적으로 고객에게 더 큰 가치를 줄 수 없음은 물론이다. 계열사나 사업부의 성과 평가에 고객만족도를 지나치게 중시하면 에너지 낭비만 초래할 수 있다. 몇 점의 고객만족도 차이로 기업들을 비교하고 이를 크게 발표하는 행위도 자제하는 게 좋다. 이장혁 고려대 경영대학 교수는 "고객만족도는 결과지표가 아닌 중간지표"라며 "고객평생가치라는 최종 성과지표와 연동해 만족도를 관리해야 한다"고 지적했다.

이제 고객만족도를 관리하는 근본 이유를 돌아봐야 할 때다. 기업은 단지 '고객으로부터 얻는 가치'뿐 아니라 '고객에게 주는 가치'를 향상 시키려 노력해야 한다. 고객에게 꾸준히 더 큰 가치를 줄 수 있는 기업만이 미래에 고객으로부터 더 큰 가치를 얻는 선순환 성장을 지속할 수 있다.
〈2010. 11. 13 동아일보〉

2) 고객 충성도의 유형

〈그림 3.3〉 정도에 따른 고객 충성도 유형

(1) 비충성도(No Loyalty): 상대적으로 애착이 낮으며 반복구매의 정도가 낮은 유형으로 이들의 반복구매 정도를 높이며 호감도를 높이는 것이 중요하다. 그러나 이들을 초우량 충성도 고객으로 만드는 데에는 비용, 시간 등을 고려하였을 때 그다지 바람직하지 않다고 할 수 있다.

(2) 타성적 충성도(Inertia Loyalty): 대부분의 소비자들은 타성에 젖어 과거에 소비한 제품이나 서비스에 큰 불만이 없으면 추후에도 계속 구매를 반복한다. 소비 패턴에 대한 의식적인 가치 부여가 없이 그저 단순히 소비하는 유형이다.

이들은 다른 경쟁업체로 빼앗기기도 쉬울 뿐 아니라 생각이 달라져서 기존의 행동패턴을 바꾸어 버릴 수도 있으므로 이러한 고객들에게는 제품이나 서비스에 대한 호감도의 증가를 위한 노력과 차별석인 시비스의 제공이나 개별화된 메시지 제공 등을 통하여 초우량 충성도를 지닌 고객으로 바꿔야 한다.

(3) 잠재적 충성도(Latent Loyalty): 반복구매의 정도는 낮으나 관여수준이 높은 유형으로 기업에 긍정적인 태도를 가지고 있으나 주변 상황요소에 의해 타사의 제품과 서비스를 이용하는 경우로 이러한 상황요소를 잘 이해하여 개선하면 초우량 충성도 고객이 될 여지가 매우 크며, 기업 측면에서도 효율적인 관리가 가능하다. 예를들어 에버랜드의 경우 예전에는 거리상의 제약으로 수도권 북부지역의 고객유치가 상대적으로 어려웠으나, 교통편의 확대와 홍보에 따라 효과가 커졌다.

(4) 초우량 충성도(Preminum Loyalty): 애착이나 호감의 수준도 높고 동시에 반복구매가 빈번하게 이루어지는 유형을 초우량 충성도라고 정의한다. 이러한 고객들은 긍정적이며 활발한 구전 창출을 통한 기업의 메신저 역할도 동시에 수행하기 때문에 기업입장에서는 이러한 고객들에 대한 집중적인 관리가 필요하다. 예를들어 요즘 많은 식당 등 서비스업을 하는 곳에서 이용 후 블로그에 추천 글을 작성 시 할인권이나 이용권을 제공한다.

〈표 3.3〉 고객충성도 유형

비충성도	애착이 낮으며 반복구매의 정도가 낮은 유형임.	• 반복구매정도를 높이는 동시에 그들이 가지고 있는 호감의 정도를 높여서 가장 바람직한 유형인 초우량 충성도로 바꾸는 것도 가능할 수 있음. • 비용효율적인 측면과 시간 비용, 기회비용을 고려할 때 바람직하지 못함.
타성적 충성도	다른 대안이 존재하지 않을 경우 과거의 구매행동을 반복함.	• 자신의 행동을 습관화함으로써 반복구매의 정도가 높음. - 다른 경쟁업체로 빼앗기기 쉬움. - 기본의 행동패턴을 바꾸어 버릴 수 있음.
잠재적 충성도	반복구매의 정도는 낮으나 관여수준이 높은 유형임.	• 호감도는 높지만 물리적 거리로 인하여 반복구매 정도가 약해질 수 있음. • 심리적인 거리를 줄이고자 애써야 함.
초우량 충성도	애착이나 호감의 수준도 높고 동시에 반복구매가 빈번하게 이루어지는 유형임.	• 이런 고객은 긍정적인 구전 창출을 통한 기업의 메신저 역할도 동시에 수행함. • 기업입장에서는 집중관리가 필요함.

3) 고객 충성도 프로그램

고객 충성도 프로그램은 진실된 충성도 구축, 효율적 이익 달성, 고객의 효율적 관리, 고객가치 정렬을 목적으로 고객과의 지속적 관계 유지를 위해 보상을 제공하는 프로세스다. 기업들은 고객충성도 프로그램의 실행을 통하여 고객의 가치에 대한 정보를 획득할 수 있게 되고, 이를 거래정보와 결합하여 고객 개개인에 대한 특성을 파악할 수 있게 된다. 그리하여 우수고객을 더욱 충성스럽게 만드는 마케팅 전략으로 이용된다 할 수 있다.

또한, 고객 충성도를 높이기 위해 행하는 사전적 고객관리와 사후적 고객관리의 수단으로 목표고객에게 제공되는 일련의 금전적 또는 비금전적인 혜택을 통하여 고객의 가치제안을 전달하는데 직접적인 도움을 주고 있다. 이러한 고객 충성도 프로그램의 유형은 〈표 3.4〉와 같다.

〈표 3.4〉 고객 충성도 프로그램 유형

프리퀀시 마케팅	고객을 보다 생산적으로 만들고자 하기 때문에 고객확보가 핵심적 요인이다. 기업과 고객의 관계정도는 고객이 얼마나 많이 이용하고 있는지에 따라 결정된다. 고객에 대한 자료를 수집한 후 개인적 단위에서 고객과 커뮤니케이션을 형성한다. 예) 항공사 마일리지, 멤버십 등
애프터 마케팅	처음 판매가 이루어지고 난 다음의 마케팅활동에 비중을 두는 것으로써 고객만족을 측정하고 피드백을 토대로 지속적으로 서비스를 개선하는 방식이다. 예) 판매 후 감사 전화, AS 후 확인 전화 등.
서비스 보증	제품보증과 달리 서비스 불만족 고객에게 환불, 할인, 무료서비스를 제공하는 것으로, 예상되는 불평에 대하여 제도적으로 보상해주는 약속이다. 품질의 우수성을 강조하는 마케팅 도구이자 서비스 품질관리와 고객만족 차원에서 주목받고 있는 프로그램이다. 예) 서비스의 삼성전자, 미용실 등
스탬프 제도	일정 구입 금액에 상당하는 스탬프를 모아서 규정된 종이에 부착하여 제시하거나 송부하면 준비된 경품을 받을 수 있는 제도로 현재 고객에게 특권을 부여하여 유지, 정착 시키는 역할을 수행한다. 충성도가 높은 우수 고객인 단골손님의 증가를 지향하는 충성도 프로그램이다. 예) 스타벅스, 커피빈, CGV영화관 등.
회원 제도	고객의 고정화를 촉진하는 제도로써 신속히 매출실적이 좋은 우수고객을 확보하여 자사의 고객으로 유지 및 관리할 수 있는 중용한 요소이다. 고객 일인당 구입 금액을 높이기 위해 회원제도를 통해 수집한 데이터를 기반으로 다이렉트 마케팅 기업 도입이 가능하며 고객의 구매실적에 따라 특전을 부여하기도 한다. 예) 백화점의 VVIP제도 등.
서비스 제도	여러 가지 서비스에 의한 특전을 제공하여 구매활동을 유도하는 방법이다. 성숙기 시장에서는 제품간의 품질차이가 거의 없으므로 서비스에 의한 차별화가 중요시되어 경쟁력의 핵심으로 작용한다. 대표적인 서비스 제도로써 유지관리(maintenance)가 있는데 이는 구입 후에도 그 상품의 기능을 유지시키기 위해 서비스를 제공하는 방법으로 주로 전문재나 비내구재 등 장기간에 걸쳐 사용되는 상품에 적합하다. 예) 엘리베이터 정기점검 서비스, 피아노 구입시 조율권, 상품 특별포장 서비스, 상품 무료배달, 백화점 등 셔틀버스 서비스 등.

4) 고객 충성 프로그램의 효율적 설계

(1) 지연 보상 방식: 포인트 기반 방식으로 회원으로 가입한 고객에 대해, 고객의 구매 금액에 따라 일정 비율의 포인트를 제공하고 포인트를 일정 수준 누적시킨 고객에 대해서 보상을 해주는 것이 기본 개념이다. 고객의 이탈을 최소화하고 고객의 구매량 증대와 지속적인 재구매를 유도할 수 있다는 장점과 함께 포인트의 누적에 따른 비용이 지속적으로 증대되고 보상이 지연됨에 따라 고객이 고객충성 프로그램의 효과를 직접 느끼기 어렵다는 단점이 있다.

(2) 즉각 보상 방식: 구매 시 바로 할인을 해주는 방식으로 고객에게 즉시보상을 제고하여 고객이 회원으로써 혜택을 즉각적, 직접적으로 느낄 수 있고 구조자체가 비교적 단순하다는 장점을 갖고 있으나 고객의 지속적인 거래를 유도하거나 구매량을 증대하는 측면에서는 미흡하다.

둘러보기

"골프부킹·자녀 커플 맺어주기·상속 관리서비스까지…"

서울 강남의 A은행 지점 앞. 은행 로고가 새겨진 대형 버스 안에 30~40대 주부들이 짝을 지어 버스 안으로 탑승한다. 고급원두커피와 토스트로 아침식사를 하고 그들이 향한 곳은 지점장이 예약해 놓은 용인의 한 골프장. 골프에 관심 있는 VIP고객에게 제공하는 일종의 PB서비스다. 경기도의 B은행 지점은 VIP고객 자녀를 연결시켜주는 이른바 '마담뚜'로 유명하다. 지점장이 연결해준 커플만 10쌍이 넘는다. 비슷한 수준의 동반자를 찾기 위해 은행을 찾는 진풍경이 연출되고 있는 것이다.

VIP 고객 유치와 이탈을 방지하기 위한 은행 간 프라이빗뱅킹(PB) 서비스가 진화하고 있다. 빈부격차가 심화되면서 자산이 크게 증가한 계층이 늘면서 이들에게 서비스를 제공하는 PB도 다양화하고 있다. 기존에는 자산관리 위주의 지원업무가 주였다면 최근에는 커플마케팅, 2세 자녀를 위한 마케팅, 유언·상속 관리 서비스 등 고객의 생활과 더 밀착하고 있다.

신한은행은 VIP고객을 위해 1600여명의 담당인력을 배치하고, 차별화 PB서비스를 선보이고 있다. 특히 세대를 잇는 자산관리를 모토로 선보인 커플매칭 서비스가 인기를 끌고 있다. 이 서비스는 PB고객을 연결시켜주는 일종의 커플매칭 서비스다. 결혼정보회사 출신 커플매니저팀장의 관리를 통해 현재까지 21쌍의 커플을 배출했다. 또 고객자녀의 커뮤니티 형성을 위한 VIC(Very Important Community) 마케팅도 진행 중이다. 2세 마케팅의 일환인 요트체험행사, 재테크교육, 문화강좌를 지원하는 PB스쿨도 운영하고 있다. 특히 신한은행은 국내 최초로 유언·상속관리 서비스와 부동산 종합관리 서비스를 제공하며 경쟁사와 확실한 차별화를 시도하고 있다.

기업은행도 지난 5월과 6월 결혼 적령기를 맞은 PB고객 자녀를 대상으로 커플 매칭 이벤트를 실시했다. PB고객 가족의 지속적인 거래를 유도하는데 도움이 된다는 이유에서다. 또 은행이 주선할 경우 신뢰도가 높고, 성사여부를 떠나 젊은 커뮤니티를 형성할 수 있는 계기가 돼 호응이 좋다. 기업은행은 자녀교육에 관심이 많은 PB고객을 위해 조기유학 컨설팅 서비스를 제공하고 있으며, 오는 11월 중 수험생 자녀를 둔 PB고객 대상의 입시설명회를 연다.

KB국민은행은 글로벌 약세장 상황에서 펀드 손실을 많이 본 VIP 고객 대상으로 듀얼 관리 및 웰스클리닉 서비스를 도입, 인기를 끌고 있다. 웰스클리닉(Wealth Clinic) 서비스는 PB사업본부 소속 분야별 전문가에 의한 상담 서비스다. 거시경제 현황 및 전망 브리핑, 자산운용 현황 진단, 자산관리 관련 이슈에 대한 처방을 제시하며 사전에 별도 요청시 세무 및 부동산 상담까지 가능하다. 또 국민은행은 국내금융권 최초로 VVIP 고객을 대상으로 건강, 교육, 문화, 여행 등 고객의 모든 생활과 관련된 맞춤형 라이프 케어서비스를 망라한 '스타 아우름' 서비스를 선보였다.

우리은행은 고객의 직업적 특성에 따라 전문직군, CEO, 연예인 등으로 세분화해 약 340여 개 PB영업점을 운영 중이다. 국내최초로 시도된 은행, 증권, 보험, 카드, 세무 등의 원스톱뱅킹이 가능한 'TWO CHAIRS 센터'를 열어 호응을 얻고 있다.

씨티은행은 VIP고객 자녀를 대상으로 글로벌 금융 인턴십 프로그램과 연계해 취업 기회까지 제공하고 있다. 씨티은행 글로벌 금융 인턴십 프로그램에서는 본인의 희망 부서 배치를 통해 참가 학생들의 만족도를 높였고 심층 인터뷰를 통해 선정된 해외 거주 유학생에게는 뉴욕 본사 인턴 배치의 기회를 제공한다. 씨티은행 관계자는 "VVIP 마케팅 경쟁 속에 각 은행들이 보다 차별화된 서비스를 선보이기 위해 서비스 프로그램과 내용을 다양화하고 있다"고 말했다.

SC제일은행은 고객 한 명에게 두 명의 금융 전문가를 배정해 자산을 효과적으로 관리해주는 듀얼 케어 자산관리 서비스로 인기를 얻고 있다. 이 서비스는 고객마다 전담 상담전문가(PB)와 투자 컨설턴트(IC)를 배정해 고객 개개인의 투자 및 거래 성향에 맞게 전문적인 자산관리 서비스를 제공한다. 특히 고객 전담 PB는 고객과 대면해 금융상담을 제공하며 고객의 성향과 선호를 파악하고, 동시에 투자컨설턴트(IC)는 시장 상황 분석 및 예측을 통해 고객이 고민하는 문제에 대해 과학적인 해결방법을 제시한다.

〈2010. 10. 13 디지털타임즈〉

제3절 고객 세분화

고객 평가가 고객에 대해 점수를 매기는 것이라면, 고객 세분화는 고객을 몇 개의 군집으로 나누어 보는 것이다. 물론, 고객 평가도 수익성이나 우량성 등을 기준으로 아주 세세하게 점수로 고객을 나누는 것이므로 넓은 의미의 고객 세분화에 포함된다. 즉, 양적인 고객 세분화라고 볼 수 있다.

반면, 지금부터 논의하는 고객 세분화는 어려운 질적인 측면의 고객 세분화다. 고객 세분화는 어떤 기준을 적용하느냐에 따라 무수히 많은 집단으로의 세분화가 가능하다. 고객 세분화의 기준은 매우 다양하다. 그중 CRM 측면에서 의미 있는 세분화 기준으로는 마케팅 믹스, 인적 특성, 사용 행태, 구매 행태 등을 생각해 볼 수 있다.

1. 마케팅 믹스에 의한 세분화

마케팅 믹스는 고객 세분화를 위한 기준은 아니다. 오히려 고개 세분화의 결과에 따라 마케팅 믹스를 전개하는 것이 원칙이다. 그러나 미래의 마케팅 믹스는 고객 세분화의 기준으로 유용하게 활용될 수 있다. 마케팅 믹스에 의한 세분화 기준은 제품, 가격, 채널, 프로모션 반응도 등으로 나누어 생각해 볼 수 있다.

1) 제품에 의한 세분화

고객이 구매한 제품 혹은 선호하는 제품을 기준으로 고객을 나누어 보는 방법이다. 예를 들어 TV의 구매 고객을 제품 기준으로 세분화해 보자. 먼저 대형 TV, 중형 TV, 소형 TV 등 제품의 크기를 기준으로 세분화할 수 있다. 또 완전 평면 TV, 일반 평면 TV로 구분할 수 있다. 또한 수평해상도와 같은 성능, 음성다중이나 스테레오와 같은 부가 기능, 디자인에 의해서도 세분화할 수 있다. 이와 같은 제품 세분화를 정리해 보면, 제품의 용도에 의한 세분화, 기능에 의한 세분화, 디자인에 의한 세분화 등으로 나누어 볼 수 있다.

2) 가격에 의한 세분화

비슷한 용도, 기능, 디자인의 제품이라도 비싼 제품과 싼 제품이 있다. 고객이 어떤 가격대의 제품을 좋아하느냐는 중요한 세분화 기준이 될 수 있다. 가격에 대한 선호도는 고객의 취향뿐만 아니라 구매력을 반영하기도 한다. 또, 가격은 제품의 기능이나 디자인을 사실상 결정짓기도 한다. 가격에 의한 세분화는 매스 마케팅에서 가장 기본이 되는 세분화 기준이며, CRM에서도 역시 중요한 기준이다.

3) 채널에 의한 세분화

복수 채널(multi channel)을 보유한 기업의 경우, 고객이 인터넷을 통해 구매하는 것을 좋아하는지, 전화 주문을 좋아하는지, 아니면 일반 매장에서 구매하는 것을 좋아하는지, 또 일반 매장 중에서도 백화점 매장을 좋아하는지, 전문 독립 매장을 좋아하는지를 기준으로 고객을 세분화할 수 있다.

4) 프로모션 반응도에 의한 세분화

기업 간의 경쟁이 치열해지면서 다양한 프로모션 활동이 벌어지고 있다. 그런데 작은 판촉물에도 쉽게 움직이는 고객이 있는가 하면, 프로모션에 아주 무감각한 고객도 있다. 이와 같은 프로모션 활동에 대한 반응도 차이는 고객 세분화의 기준이 될 수 있다.

프로모션 반응도가 낮은 고객에게 이런저런 상품 구매를 권유하는 것은 비효율을 넘어서 해가 될 수도 있다. 프로모션 반응도가 낮은 고객은 상품 권유를 귀찮아하기 때문이다. 한편, 프로모션 반응도가 낮게 나타나는 것은 고객의 특성보다 프로모션 자체의 문제 때문일 수도 있다. 타사에 비해 차별화되지 않은 프로모션에 고객에 쉽게 반응하기는 어렵기 때문이다.

2. 인적 특성에 의한 세분화

인적 특성에 의한 세분화는 인구통계적 특성이라 불리는 기초 인적 속성에 의한 세분화와 심리적 특성에 의한 세분화로 나눌 수 있다. 기초 인적 속성에는 성별, 연령, 소득, 직업, 거주지 등이 포함되며, 심리적 특성에는 성격과 가치관이 포함된다. 또, 최근 중요하게 대두되는 기술에 대한 태도도 심리적 특성에 포함된다고 볼 수 있다. 기술에 대한 특성은 기술통계적(technographic) 특성이라고 따로 분리하여 논의하는 리서치 회사도 있지만, 성격이나 가치관의 일종이라고 보는 것이 더 타당하다.

인적특성 세분화의 예

구 분	내 용
연령	• 취학이전, 초등학생, 1318세대, 20대, 30대, 40대, 50대, 60세 이상
성별	• 남, 녀
지역	• 특별시, 광역시, 도, 대도시, 중소도시, 농어촌
가족구성형태	• 독신, 핵가족, 대가족
가족생활주기	• 미혼단계, 신혼부부, 젊은부부, 중년부부, 장년부부, 노년부부, 사별 후 독신기
소득	• 월 50만원이하, 50~100만원, 100~200만원, 200~500만원, 500만원 이상
직업	• 전문직 및 기술직, 경영자, 공무원, 자영업, 사무직 및 영업직, 농어민, 학생, 주부, 실업자
학력	• 대졸 이상, 고졸, 중졸, 초등졸
종교	• 가톨릭, 개신교, 불교, 천도교, 무종교, 기타

*자료: 고객관계관리사(이경원/경록/2006)

3. 사용 행태에 의한 세분화

고객이 해당 제품을 얼마나 많이 이용하는지, 그렇지 않으면 조금 이용하는지를 기준으로 한 세분화다. 대량 사용자(heavy user)는 소량 사용자(light user)에 비해 수익 기여도가 클 뿐만 아니라 제품에 대한 관여도가 높아서, 다른 소비자들에 대해 의견 선도자(opinion leader)의 역할을 하는 경우가 많다.

4. 구매 행태에 의한 세분화

고객이 상품을 구매할 때 얼마나 자주, 얼마만큼 구매하는지, 또 어떤 구매 의사 결정 프로세스를 밟는지, 구매시에 무엇의 영향을 받는지 등을 기준으로 고객을 세분화할 수 있다.

1) 구매 빈도/구매량

똑같은 치약을 사더라도 한 번에 1개씩 사는 사람이 있는가 하면 한 번에 한 박스씩 사는 사람도 있다. 이처럼 고객마다 다른 구매 빈도 및 구매량에 따라서 고객을 세분화할 수 있다. 특히 인터넷을 통한 구매의 경우, 매장에 직접 찾아갈 필요가 없으므로 구매 빈도나 1회 구매량 등이 오프라인 매장에서의 구매와 달라지게 된다.

2) 의사 결정 프로세스

의사 결정 프로세스는 두 가지로 나누어 볼 수 있다. 하나는 정보 탐색 과정을 거치지 않는 단순한 의사 결정 프로세스다. 여기서는 정보 탐색을 위해 특별한 활동을 벌이지 않고 습관적으로 결정하게 된다. 또 하나는 정보 탐색 과정을 거치는 복잡한 의사 결정 프로세스다. 여기서는 특별한 정보 탐색 활동을 수반하여 결정하게 된다. 이 같은 의사 결정 프로세스의 차이는 기본적으로 구매 의사 결정의 대상이 되는 상품의 중요성에 의해 좌우된다. 즉, 자동차를 사는 것은 중요성이 높은 의사 결정이지만, 치약을 사는 것은 중요성이 낮은 의사 결정이다. 그렇지만 똑같은 상품이라도 고객의 특성에 따라서 의사 결정 프로세스는 다를 수 있다. 식빵 하나를 사더라도 꼼꼼히 생각하고 비교하는 고객이 있는가 하면, 아무 생각 없이 반복 구매하는 고객도 있다. 이와 같은 의사 결정 프로세스의 차이에 따라 고객을 세분화할 수 있다.

5. e-CRM의 고객세분화

고객세분화는 일반적으로 성별, 연령, 소득, 취미 등과 같은 비슷한 성향과 니즈를 가진 집단을 나누는 작업을 말한다. 고객을 세분화하는 목적은 고객의 다양한 욕구를 파악하고 손쉽게 비즈니스전략을 수립하는 데 있다. 고객세분화의 가장 중요한 포인트는 '무엇을 기준으로 고객을 세분화 할 것인가?', '세분화된 고객에게 어떤 의미를 부여할 것인가?' 그리고 '어떤 전략을 위해 또는 어떤 목적을 위해 고객을 세분화 할 것인가?'이다.

e-CRM에서도 고객 세분화의 목적은 동일하다. 그러나 e비즈니스의 특성에 따라 고객을 분류하고, 세분화하는 방법론과 고객세분화에 필요한 정보는 오프라인에서의 고객세분화와는 조금 차이점이 있다.

1) 고객 식별(인식)에 대한 세분화 (익명방문자 vs. 비 익명방문자)

익명방문자(anonymous Visitor)는 웹 사이트를 이용할 때 자기 자신이 누구인지 밝히지 않는 고객을 의미하거나, 웹 서비스를 제공하는 기업에서 식별이 불가능한 방문자를 의미한다. 익명방문자는 전체 웹 사이트를 이용하는 방문자의 80%를 차지할 정도로 상당히 많은 비율을 차지하고 있다. 반대로 식별 가능한 방문자를 비 익명 방문자(회원, 고객)으로 분류할 수 있다. 익명방문자는 향 후 회원이나, 고객으로 전환이 예상되는 잠재 고객으로서 관리되고 익명고객의 성향 및 웹 사이트 이용현황을 분석할 수 있어야 한다.

2) 웹 사이트 방문에 따른 고객 세분화 (최초 방문자 vs. 재 방문자)

웹 사이트를 처음으로 이용하는 방문자를 최초방문자(First Visit User), 2회 이상 웹 사이트에 방문한방문자를 재 방문자(Re-Visit User)라고 한다. 기업은 웹 사이트 홍보를 위한 도메인 등록, 배너광고 등 온라인 매체를 이용하여 다양한 프로모션을 수행한다. 이는 다양한 마케팅 활동을 통해 최초 방문자의 유입을 이끌고, 유입된 방문자를 회원 혹은 고객으로 전환시키기 위함이다.

재 방문자의 증가는 웹 사이트를 이용하는 방문자와의 관계성숙도를 의미한다. 재차 웹 사이트를 이용한다는 것은 웹 사이트 내에 방문자가 원하는 정보와 서비스가 있기 때문이다. 한번 방문한 고객이 다시 웹사이트를 찾지 않는 다면, 기업은 웹 사이트의 컨텐츠 개선, 이용서비스의 증대, 고객편의를 위한 다양한 서비스 개발 등에 주력하여야 한다.

3) 방문자의 가치에 대한 고객 세분화 (익명, 회원, 고객, 우수고객)

웹 사이트를 이용하는 방문자의 가치는 기업에 미치는 기여도, 특히 회원가입 여부, 구매 여부 등 기업이 고객의 니즈를 파악하기 위한 다양한 정보 유무와 기업의 수익에 어떠한 영향을 미치는 지에 따라 분류될 수 있다. 처음에 익명방문자로서 웹 사이트를 이용하고, 회원가입을 통해 유용한 정보와 서비스를 찾고 지속적인 이용한다. 또한 유료서비스 혹은 상품 구매를 통해 고객으로서 활동하게 되며, 서비스의 품질과 만족에 따라 지속적인 구매 활동을 수행하게 된다. 이처럼 웹 사이트 이용에 따른 방문자의 e라이프사이클(Life Cycle) 또는 고객

전환(Conversion)구조에 따라 방문자를 분류할 수 있다.

기업은 익명고객을 회원으로 유도하기 위한 다양한 정보와 서비스를 제공하고, 또한 기업의 매출과 수익을 극대화하기 위한 노력을 통해 고객의 질적 양적 증대를 추구한다.

4) 고객관리 측면에 따른 세분화 (획득고객, 개발고객, 유지고객, 이탈고객)

웹 사이트를 이용하는 방문자는 방문자와 웹 사이트 또는 해당 기업의 관계성에 따라 다양한 세분화가 가능하다. 기업은 웹 사이트를 방문하는 방문자와의 관계성을 측정하고 이에 몇 가치 기준을 통해 관리한다. 현재 CRM에서는 고객과의 관계에 따라 획득(Acquisition), 개발(Cultivation), 유지(Retention), 이탈고객으로 관계를 규정하며, 이에 따라 개별 그룹에 맞는 전략을 수행하고 있다.

제4절 데이터 마이닝

고객의 세분화를 위해서는 이를 위한 적절한 분석과정이 수반되어야 한다. 그 분석과정은 전문가의 의견과 생각을 통해 이루어지는 정량적인 분석방법도 있지만, CRM분야에서의 고객 분석과정은 주로 수치화된 과거 데이터를 바탕으로 한 계량적 방법이 사용된다. 이러한 계량적 방법을 통해 고객의 데이터를 분석하는 방법을 데이터마이닝이라고 한다.

1. 데이터 마이닝의 정의

데이터마이닝(Data Mining)은 방대한 양의 데이터 속에 감추어져 잘 나타나지 않았던 유용한 정보를 찾아내는 과정이라고 말할 수 있다. 데이터마이닝의 목표는 기업이 고객을 더 잘 이해함으로써 마케팅, 판매, 고객 지원 업무 등을 향상시키는 것이다. 이러한 고객관계관리에 사용되는 데이터마이닝의 도구나 기술은 그 유용성과 적용가능성 덕분에 탈세방지, 천문학, 의학, 산업 공정 통제 등 광범위한 분야에 사용할 수 있다.

데이터마이닝은 방향성, 무방향성의 두 가지 종류가 있다. 방향성 데이터마이닝은 수입이나 응답여부 등의 특정한 목표 필드를 설명하거나 분류하고자 한다. 무방향성 데이터마이닝은 목표 필드나 사전에 정의된 클래스들의 집합을 사용하지 않고 규칙이나 유사성을 찾으려고 시도한다.

데이터마이닝에서 주로 사용되는 기법들은 기계학습분야와 통계분야에서 발전되었던 것들이 주종을 이루는데, 1980년대 이후 인공신경망과 의사결정나무 등의 분석기법이 개발되면서 컴퓨팅 방법의 연구가 활발해지면서 데이터로부터의 지식발견(KDD, Knowledge Discovery in Database)이라는 용어가 등장하며 KDD가 데이터로부터 지식을 뽑아내는 총체적인 과정을 지칭하는 용어로 사용되기 시작하였다. 이런 관점에서 데이터마이닝을 정의하면, '데이터마이닝은 기업의 전략적 의사결정을 돕기 위하여 처음에는 알려지지 않았던 규칙이나 관계를 찾기 위하여 대용량의 데이터를 선택, 탐색, 모델링을 하는 과정'이라고 할 수 있다.

2. 데이터 마이닝의 범위

1) 분류

분류는 새로 나타난 대상들의 특징들을 살펴보고, 사전에 정의된 분류의 집합들에 할당하는 과정을 이른다. 생물들을 종, 속, 과, 목 등으로 분류하고, 물질을 원소로 분류하며, 인간을 인종에 따라 나누는 것과 같이 분류는 우리들의 일상생활에서도 종종 사용하는 방법이다.

분류 작업의 특징은 클래스들에 대한 사전에 명확한 정의가 존재하며, 미리 분류된 예들로 구성된 훈련 집합들을 가진다는 것이다. 분류 작업의 목적은 분류되지 않는 데이터에 적용되어 분류할 수 있도록 해주는 모형을 만들어내는 것이다. 신용 평가 대상자를 위험도에 따라 상중하로 분류하거나 혹은 사기성 보험 청구를 판단 할 때 등이 이에 해당한다.

이러한 분류에 적절한 기법으로는 의사결정나무와 인공신경망 분석 등이 있다.

2) 추정

앞서 설명한 분류는 이산형 출력, 즉 예 혹은 아니오, 상중하와 같은 출력들을 다룬다. 반면 추정은 연속형 값을 가지는 결과들을 다룬다. 추정은 주어진 입력 데이터에 대하여 소득, 신장, 신용카드 잔액 등과 같은 미지의 연속형 변수의 값을 산출한다.

실제 활용에서 추정은 분류 작업에도 자주 사용된다. 가령 카드회사에서 스키용품에 대한 홍보를 하고자 한다면 회사는 고객들을 스키를 즐기는 사람과 그렇지 않은 사람으로 분류하여 나눌 수 있을 것이다. 그러나 이 경우에 문제점은 스키를 즐기는 사람들을 모두다 똑같이 일관되게 평가한다는데 있다. 어떤 고객은 스키를 겨울 시즌내내 즐기는

가 하면, 다른 고객은 스키를 좋아하지는 않지만 가족여행을 겸하여 한번 정도 다녀온 적이 있는 경우가 있다고 생각해봤을 때, 카드회사 측에서는 전자와 같은 고객들에게 스키용품 홍보를 하는 것이 바람직할 것이다. 즉 각각의 고객들에게 '스키 선호 점수'와 같은 방식을 부여하여 고객 중 스키를 탈 확률 혹은 스키의 이용 빈도율을 구함으로써 임계점(판단을 위한 최소 기준치)보다 크거나 같은 점수를 가지는 사람들에게 홍보를 함으로써 홍보 효과를 극대화 할 수 있는 것이다.

한 가정의 총 가계 수입이나 고객의 평생가치를 판단하는 사안 등이 추정 작업에 해당하고, 회귀분석 모델, 인공신경망 등이 추정작업에 유용하게 사용되는 데이터마이닝 기법이다.

3) 예측

예측은 분류나 추정과 동일하지만, 미래의 행위를 분류하거나 추정한다는 점에서 차이가 있다. 우리말로 쉽게 풀어 분류를 'A는 ~이다', 추정은 'A는 ~일 가능성이 있다'라고 표현할 수 있다면 예측은 'A는 아마 ~할(될) 것이다' 정도로 표현할 수 있다. 예측작업에서 분류의 정확성을 확인할 수 있는 방법은 미래의 시점까지 기다리는 방법뿐이다. 예측을 분류나 추정과 분리해서 다루는 주된 이유는 예측적 모형화에 있어서는 입력변수들과 목표변수의 예측치 간의 순차적인 관계에 대한 추가적인 고려가 필요하기 때문이다. 즉, 발생 사건의 전제와 전개, 결말 등을 고려해야 한다는 것이다.

신용카드 소지자가 잔액 이체 제안을 받아들이는 경우 이체할 잔액의 양을 판단하거나 6개월 이내에 이탈할 고객들을 찾아내는 것 등이 예측의 작업이라고 할 수 있다.

4) 연관성 규칙과 유사성 집단화

유사성 집단화 혹은 연관성 규칙 작업은 어떤 일들이 함께 발생하는지를 판단하는 것이다. 가장 대표적인 예로써 대형마트에서 동일한 쇼핑카트 안에서 함께 구매되는 물건들을 분석하는 것이다. 소매 체인에서는 진열대나 카탈로그에서 함께 구매되는 상품들이 한눈에 보일 수 있도록 진열하는 목적으로 유사성 집단화를 활용한다.

유사성 집단화는 교차판매의 기회들을 찾아내는 데 사용될 수 있고, 상품이나 서비스의 패키징을 매력적으로 설계하는 데 사용될 수 있다. 유사성 집단화는 데이터로부터 규칙들을 생성하는 단순한 접근법을 사용한다. 맥주와 콜라의 연관성 혹은 유사성 집단화를 알아보고자 한다면 맥주를 구매시 콜라의 구매확률과 콜라 구매시의 맥주 구매확률을 살펴보는 방식이라고 할 수 있다.

장바구니 분석은 연관성 규칙 작업을 위한 대표적인 데이터마이닝 기법이다.

5) 군집화

군집화는 이질적인 사람들의 모집단으로부터 다수의 동질적인 하위집단 혹은 군집들로 세분화하는 작업이다. 군집화가 분류와 다른 점은 사전에 정의된 클래스에 의존하지 않고 자유롭게 새로운 패턴을 찾아나가며 새로이 클래스를 할당, 분류 한다는 것이다. 즉, 군집화에서는 사전에 정의된 클래스나 분류 예시가 따로 존재하지 않고 데이터들을 상호 유사성에 근거하여 그룹화한다. 그리고 새로이 그룹 지어진 군집들에 대해 새로운 의미를 부여할지 여부는 사용자의 판단에 달렸다.

군집화는 다른 형태의 데이터마이닝이나 모형화의 사전 작업으로 활용될 수 있다. 가령 시장 세분화를 위한 시작으로 홍보방식에 따른 고객들의 반응을 살펴보기보다는 고객들을 비슷한 취향의 고객들로 군집을 나누고, 홍보효과를 분석하여 수정을 하는 것이 보다 올바른 방법이라고 할 수 있겠다.

이러한 시장에서의 이용 이외에도 군집화는 새로운 질병의 발생에도 이용될 수 있다. 2003년도 SARS나 2009년도의 H1N1과 같은 신종 질병들은 기존의 질병증세에 따른 환자의 분류로는 가려낼 수 없는 질병이었다. 기존의 유사성에서 벗어나 새로운 유사성에 대한 탐색과 군집화를 통해 신종질병을 발견해 내는 것도 군집화의 또 다른 활용방안이다.

6) 프로파일링

데이터마이닝은 때로는 무슨 일들이 발생하는지를 단순히 설명하는 것이 될 수 있다. 예를 들어, 고객, 상품, 업무 프로세스 등에 무슨 일들이 일어나는지에 대한 이해를 높이는 방법으로 데이터마이닝을 사용할 수 있다. 행동에 대한 설명을 통해 이를 적절히 해석하여 다른 데이터마이닝의 범주에 이용할 수 있는 것이다.

범죄 수사는 고도의 프로파일링을 기초로 이루어진다. 영화 "양들의 침묵"을 생각해보자. 한니발 렉터박사는 젊은 FBI 여자 요원과의 첫만남에서 그녀의 복장과 말투, 향기를 통해 그녀가 어떤 사람인지 혹은 어떤 특성과 기질을 가졌는지를 추리해낸다. 나아가 연쇄 살인범에 대한 수사에 있어서 그의 범행 방식과 지역에 대한 설명을 통해 사건의 본질을 꿰뚫어보고 이후의 사건을 예측한다.

미국 정치계에서 '여성들이 남성들에 비해 민주당을 더 많이 지지한다'는 것은 정치에 있어 성별 차이에 대한 단순한 설명이지만 이에 관해 후보자는 물론 여러 분야의 학자들은 이에 관심을 갖고 연구를 한다.

의사결정나무는 특정 목표나 결과에 대해 고객들을 프로파일링 하는데 있어 강력한 도구이다.

둘러보기

“불확실성의 시대…데이터 분석으로 대비하자”

‘불확실성의 시대’, 데이터 분석은 필요조건이다. 슈퍼크런처는 미래사회가 요구하는 인재상이 될 가능성이 높다.

미국 서브프라임 모기지에서 촉발된 오늘날 금융위기는 실물경제로까지 전이되었다. 글로벌 경기는 본격적인 후퇴 국면에 들어섰으며, 일부 신흥국은 자본 유출과 통화가치 하락에 따른 디폴트 리스크 증가로 CDS프리미엄이 재차 상승하는 등의 불안한 움직임이 계속되고 있다.

결국 국내 시장도 한계기업들의 부도 리스크가 높아진 상황에서 기업들은 생존전략을 위한 데이터에 근거한 의사결정을 통해 지금 위기를 슬기롭게 탈출할 수 있는 복안을 준비하는 지혜가 필요해 보인다.

일반 개인들의 경우도 상황은 비슷하다. 투자를 할 때 지인들의 이야기나 소문, 혹은 막연한 ‘감’에 의한 투자는 경험적으로 봤을 때 별반 수익을 내지 못하는 경우가 많았을 것이다. 〈중략〉

‘슈퍼크런처’는 데이터 중심에 기반한 의사결정의 중요성에 대해 역설하고 있다. 물론 데이터에 대한 잘못된 해석, 의사결정 과정의 오판 등 데이터를 활용하더라도 여러 가지 변수에 따라 결과가 달라질 수 있음은 주지의 사실이다. 하지만 불확실성의 시대에 데이터를 의사결정의 나침반으로 삼는 이유는 가급적 주관을 배제하고 현상에 대한 해석을 정량화한다는 점에서 우리가 현실적으로 얻을 수 있는 대안 중 좀더 ‘정답’에 가까운 결론을 도출할 수 있다는 장점 때문이다.

그래서 향후에는 ‘슈퍼크런처’가 각광받을 가능성이 높다. 이 책에서 저자가 정의하는 슈퍼크런처란 대규모 데이터 세트를 분석해서 외관상 무관한 일들 사이의 경험적 상관관계를 발견하는 새로운 부류의 데이터 분석가들이다. 날씨, 스포츠, 정부 정책, 의료계 등 전통적인 전문가의 영역이라고 여겨졌던 분야에서 두각을 나타내고 있다.

정보의 홍수시대에 데이터마이닝을 통해 유용하고 필요한 정보로 가공할 수 있는 능력의 슈퍼크런처는 새로운 부가가치를 창출할 수 있을 뿐 아니라 기업의 개선점을 정량화해 혁신적인 대안을 도출할 수 있다는 점에서 미래사회가 요구하는 인재상이 될 가능성이 높다. 〈2009. 3. 27 세계일보〉

3. 데이터마이닝 과정

데이터마이닝이란 단순히 방대한 데이터로부터 필요값을 불러오는 것이 아니라 새로운 그리고 유용한 정보를 밝혀내고자 하는 것이다. 그렇기에 데이터의 무조건적인 수집이 아닌 일정한 프로세스를 거쳐 이루어진다.

1) 샘플링

데이터 마이닝은 대용량의 데이터를 기반으로 하기 때문에 방대한 양의 데이터를 모두 살펴보고자 한다면 그만큼의 비용과 시간이 발생하게 된다. 행여 진행과정에서의 치명적인 오류가 발생하기라도 한다면 이와 같은 작업과정을 몇 번이고 반복해야 되기 때문에 샘플링이라는 과정을 통해 이러한 한계점을 해결하도록 한다. 샘플링이란 방대한 양의 데이터(모집단)에서부터 모집단을 닮은 작은 양의 데이터를 추출하는 것이다. 이는 데이터마이닝 작업을 하는데 있어서 시간과 비용을 절감하여 효율적인 작업진행을 돕고, 이를 통하여 데이터마이닝 작업의 무게를 조금 가볍게 할 수 있는 절차이다.

유의할 점은 모집단을 닮지 않은, 한쪽으로 치우쳐진 샘플이 추출되는 경우로 이는 샘플링 후 기본적인 몇 가지의 자료탐색을 거쳐 반드시 확인하여야 한다.

2) 탐색

탐색과정은 이미 알고 있는 사실들을 확인하여 수치화하는 작업을 시작으로 하여 보유하고 있는 수많은 변수들의 관계를 살펴보는 단계이다. 예를 들어 '백화점의 A 상품구매 고객들은 주로 특정요일에 집중되어 있다'거나, 'B상품의 구매고객은 주로 여자다' 등의 모르고 있던 정보 또는 기존에 현업관계자의 정략적 분석 사실들을 확인할 수 있게 되는 경우도 있고, 가끔은 반대로 이러한 사실들이 틀렸다는 것도 확인할 수 있다. '여성고객의 신용카드가 단란주점 등에서 거액으로 사용되었다면 그것은 주로 도난된 카드다'라는 고정관념은 실제 국내 한 카드사의 데이터마이닝 과정에서 사실과 다르다는 것이 드러난 바 있다.

이처럼 탐색단계는 데이터의 모양을 면밀히 검토하여 정보화 할 수 있는 기반을 잡아가는 과정이다. 이 단계에서는 실제 한 모집단으로 알고 있던 것이 두 개 이상으로 나뉠 수도 있고, 수십 개 이상의 많은 변수를 실제 중요한 정보를 주는 소수의 변수로 축소시킬 수도 있으며, 기존에 있던 변수들 외에 새로운 변수를 생성할 필요성을 느끼게 될 수도 있다.

3) 변환 및 조정

이 단계에서는 탐색단계에서 얻어진 정보를 기반으로 이후 구축할 모형의 성능을 향상시키기 위해 데이터가 가지고 있는 정보를 효율적으로 사용할 수 있도록 변수변환, 수량화, 그룹화와 같은 방법을 통해서 데이터를 변형하고 조정한다.

가령 신용카드회사의 거래정보를 상상해보자. 그 거래정보에는 각 고객의 지난달 카드사용내역이 포함되어 있겠지만 이 정보는 분석자의 요구에 반드시 적합하지는 않을 것이다. 또한 연령정보와 같은 경우는 이용의 편의성을 위해 10대, 20대, 30대 등으로 나누던지 혹은 미취업인, 직장인, 직장 후 계층 등으로 나눌 수도 있을 것이다. 이러한 작업들을 고려하는 단계가 바로 변환 및 조정 단계이다.

4) 모형화

데이터마이닝 과정에서 가장 중요한 단계로써, 앞서 선행되었던 단계에서 선정된 주요 변수들을 사용하여 다양한 데이터마이닝 기법을 이용한 모델링을 적용하는 단계이다. "신용카드의 사기방지모형은 인공신경망이 잘 맞는다"와 같은 잘 알려진 모형이 있을 수도 있으나, 그렇지 않으면 다양한 모형에 적용 후 예측력이 가장 뛰어난 모형을 선택하는 것이 일반적이다.

5) 평가

여러 개의 데이터마이닝 모델을 적용한 후에 각 모형의 효과를 비교하여 가장 좋은 모형을 선택할 수 있다. 이렇게 선택된 모형은 실제 모집단에 반영하여 그 효과를 재평가할 수 있으며, 이로 인하여 새로운 문제를 제기하여 이전 작업을 다시 반복할 수도 있을 것이다.

4. 데이터마이닝 방법론

데이터 마이닝을 위해서 CRM에서는 다양한 알고리즘이 사용된다. 이들은 통계학, 전산학, 기계공학 등을 기반으로 하여 정보 분석에 유용하게 변형된 형태들이다. 이들 도구는 데이터를 분류, 군집, 연관규칙의 발견을 가능하게 하고 이를 마케팅에 활용하는 것이 CRM에서의 데이터마이닝의 활용이라고 할 수 있다.

1) OLAP(Online Analytical Processing)

OLAP이란 이용자가 직접 데이터베이스에 접근하여 검색, 분석을 함으로써 문제점이나 해결책을 찾는 분석형 애플리케이션이라고 할 수 있다. OLAP은 사용자가 온라인상에서 대화식으로 정보를 분석함으로써 최종사용자가 기업의 전반적인 상황을 이해할 수 있게 하고 의사결정을 지원하는 것을 목적으로 한다.

이러한 OLAP기법은 다차원성, 직접접근, 대화식 분석 이라는 사용자 편의를 고려한 특성을 바탕으로 하여 데이터의 요약을 다루는 데 특히 유용하다. 이를 통해서 사용자는 한 시점에 하나 또는 다수의 차원들에 대해 정보를 요약할 수 있다. 이러한 시스템들은 보고서 생성에 최적화되어 있기 때문에, 보통 5초 이내의 응답시간을 제공한다.

OLAP의 원리

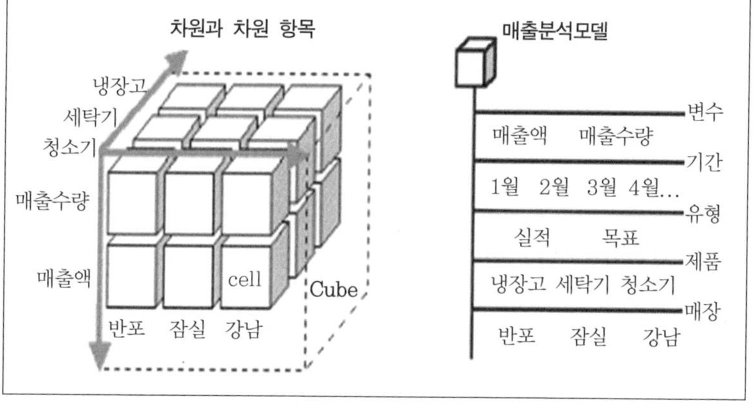

*자료: http://tire.egloos.com/10616651

잘 설계된 OLAP 시스템은 시간을 하나의 차원으로 가지고 있어 시간에 따른 경향을 보기에 매우 유용하다. 가장 유용한 것은 OLAP 시스템이 드릴다운(더 많은 정보를 찾기 위해 관련 텍스트나 아이콘 등을 클릭하여 마치 뚫고 들어가듯이 검색하는 것) 기능을 제공하여 모든 보고서의 상세한 데이터에 접근할 수 있도록 하는 것이다. 이러한 기능은 모든 데이터들이 큐브 형태로 들어 있기 때문에 가능하며, 사용자들에게 이러한 차원들에 나타나지 않은 패턴들을 찾아낼 수 있는 가능성을 제공한다.

그러나 OLAP은 데이터마이닝과는 달리 스스로 새로운 패턴을 찾아내어 기존의 데이터를 새롭게 유익한 정보로 만들지는 못한다. 그러나 데이터에 대해 대화식 분석을 통해 시각화 하여 사용자에게 편의를 제공해 준다는 점에서 데이터마이닝과 상호보완적이라고 할 수 있다. 데이터마이닝은 알맞은 차원들을 정의하여 보다 나은 큐브들을 제작할 수 있도록 돕고, 연속값들을 차원에서 분할하는 방법을 결정하여 더 큰 도움이 된다. OLAP은 사용자들이 군집화나 신경망 등 데이터 마이닝의 결과들을 보다 잘 이해할 수 있도록 강력한 시각화 기능을 제공한다. OLAP과 데이터마이닝을 함께 사용하는 것은 서로의 장점을 보강하고 데이터의 응용을 위한 기회들을 넓힐 수 있다.

둘러보기

"세정-마케팅 자동화로 보고서 작성 시간 대폭 줄어들어"

세정은 데이터베이스(DB) 구축과 다차원분석(OLAP) 툴 도입, 비즈니스 인텔리전스(BI) 솔루션 도입 등의 과정을 거치며 정보 수집과 분석, 보고서 작성의 시간을 단축해왔다. DB가 없던 1996년 이전에는 보고서 작성을 위해 전 매장에 일일이 전화를 해서 매출을 집계하는 번거로움을 거쳐야 했다. DB 구축 후에도 자료 수집 시간이 많이 단축되었지만 데이터 수집에 많은 시간이 소요됐다.

OLAP 툴을 도입하면서 IT담당자가 없더라도 현업에서 데이터를 추출할 수 있게 됐지만 이 역시 작성자가 자료를 비우면 보고서 작성이 불가능했다. 세정은 이 과정에서 자동화를 고민하게 됐으며 실무자가 자리를 비우더라도 보고서가 자동으로 작성되고 분석가들은 보다 생산적인 일에 집중할 수 있도록 하기 위해 BI 솔루션을 도입했다. 의류기업 세정의 멤버십 회원 가입 고객은 2010년 3월 기준 310만 명이다. 이처럼 많은 고객과 거래를 하고 있기 때문에 고객 데이터의 효과적인 관리와 분석이 매우 중요한 업무 중 하나이다. 이를 위해 세정에 가장 필요했던 것은 의사 결정에 중요한 역할을 하는 보고서 작성의 자동화 기반을 마련하는 것이었다. 이를 통해 보고서 작성 시간을 획기적으로 줄이고 신속한 의사결정을 지원한다는 것이 세정의 비즈니스 인텔리전스(BI) 솔루션 도입의 주요 목적이었다.

세정은 2001년 데이터 웨어하우스(DW) 구축을 시작으로 고객관계관리(CRM) 시스템을 도입했다. 초기엔 DW에서 다차원분석(OLAP)을 많이 사용했다. 당시 CRM 부서 외에는 데이터와 OLAP에 대한 이해도가 매우 낮았다. 이에 따라 특정 데이터가 필요하면 매번 CRM 팀에 업무 요청이 들어왔고 CRM팀은 데이터를 추출하고 제공하는 부서로 인식됐다. 또한 컨설턴트가 만든 모델을 쿼리로 생산해서 적재해주는 작업에만 CRM 시스템이 사용되다 보니 분석 마트는 유지와 분석을 하는 역할만 하게 됐다. 신규 이슈를 분석할 때엔 전산실에 요청을 했는데 이슈 인식에서 마이닝 데이터 셋팅까지 3일 정도의 시간이 소요됐다. 신규 OLAP을 분석할 경우엔 큐브(다차원) 생성에도 오랜 시간이 걸렸다. 결국 CRM팀 구성원들의 업무 만족도는 나날이 낮아지게 됐다. 분석 소요 시간이 길어 팀원들은 분석을 하고도 분석 결과가 현장에서 어떻게 활용되는지 검증할 시간도 부족했다. 세정은 이 같은 문제점들을 해결하기 위해 6년간 전 직원을 대상으로 OLAP 교육을 실시해 데이터에 대한 이해도를 높이고 활용법을 전파했다. 그 결과 일부 데이터는 현장 실무진이 직접 추출할 수 있게 됐다. (중략)세정은 현재 MA가 적용된 분석 CRM시스템을 통해 브랜드별, 매장별, 선호 복종별, 구매시기 유형별로 고객을 세분화하고 있다. 또한 대리점 운영 결과의 유사성과 대리점의 고객 관리능력을 기준으로 매장을 세분화한다. 분석 CRM시스템은 다양한 예측을 가능하게 해주고 있다. 구매 확률화 모델, 휴면·이탈 예측 모델, 주별·월별 매출 예측, 경기지표 추이 예측 등을 수행하고 있다. 세정은 올해 초부터 MA 솔루션 중 마케팅 캠페인 관리 부분을 고도화하는 프로젝트를 진행 중이며 이를 통해 차별화된 마케팅 전략을 펼쳐나간다는 계획이다.
〈2010. 09. 30 전자신문〉

2) 의사결정나무(Decision Tree)

의사결정나무는 일련의 단순한 의사결정 규칙들을 적용시켜 큰 레코드의 집합을 작은 레코드의 집단들로 나누는 데 쓰이는 구조이다. 각각의 연속적인 분할에서 결과가 되는 집합들의 구성원들은 갈수록 서로 비슷해진다.

하나의 의사결정나무 모형은 특정한 목표변수에 대하여 큰 다원적인 모집단을 좀더 작고 일원적인 집단들로 나누는 규칙들의 집합을 포함한다. 의사결정나무는 분류 또는 예측을 목적으로 하는 어떤 경우에도 사용할 수 있으나 분석의 정확도보다는 분석과정의 설명이 필요한 경우에 더 유용하게 사용된다. 의사결정나무가 활용되는 응용분야는 다음과 같다.

- 세분화: 관측개체를 비슷한 특성을 갖는 몇 개의 그룹으로 분할하여 각 그룹별 특성을 발견하고자 하는 경우
- 분류: 여러 예측변수에 근거하여 목표변수의 범주를 몇 개의 등급으로 분류하고자 하는 경우
- 예측: 자료로부터 규칙을 찾아내고 이를 이용하여 미래의 사건을 예측하고자 하는 경우

- 차원축소 및 변수선택: 매우 많은 수의 예측변수 중에서 목표변수에 큰 영향을 미치는 변수들을 골라내고자 하는 경우
- 교호작용효과의 파악: 여러 개의 예측변수들이 결합하여 목표변수에 작용하는 교호작용을 파악하고자 하는 경우
- 범주의 병합 또는 연속형 변수의 이산화: 범주형 목표변수의 범주를 소수의 몇 개로 병합하거나, 연속형 목표변수를 몇 개의 등급으로 범주화 하고자 하는 경우 일반적으로 의사결정나무 분석은 다음과 같은 단계를 거친다.
- 의사결정나무의 형성: 분석의 목적과 자료구조에 따라서 적절한 분리기준과 정지규칙을 지정하여 의사결정나무를 얻는다.
- 가지치기: 분류오류를 크게 할 위험이 높거나 부적절한 규칙을 가지고 있는 가지를 제거한다.
- 타당성 평가: 이익도표나 위험도표 또는 검정용 자료에 의한 교차타당성 등을 이용하여 의사결정나무를 평가한다.
- 해석 및 예측: 의사결정나무를 해석하고 분류 및 예측모형을 설정한다.

의사결정나무는 분류나 예측의 근거를 알려주기 때문에 이해하기가 쉽고, 데이터를 구성하는 속성의 수가 불필요하게 많을 경우에도 모형 구축시 분류에 영향을 미치지 않는 속성들을 자동으로 제외시키기 때문에 데이터 선정이 용이하며, 어떠한 속성들이 각각의 분류값에 결정적인 영향을 주는가를 쉽게 파악할 수 있다는 장점이 있다. 그러나 나이나 소득 등과 같은 연속형 데이터를 처리하는 능력이 신경망이나 통계기법에 비해 떨어지며, 결과적으로 예측력도 감소한다. 또한 모형을

구축하는데 사용되는 표본의 크기에 지나치게 민감하여 보다 정확한 모형을 만들기 위해서는 서로 상이한 값을 갖는 레코드들을 가능한 한 많이 포함하는 데이터가 필요한 단점이 있다. 이러한 의사결정나무 방법의 예는 〈그림 3.4〉과 같다.

〈그림 3.4〉 의사결정나무방법의 예

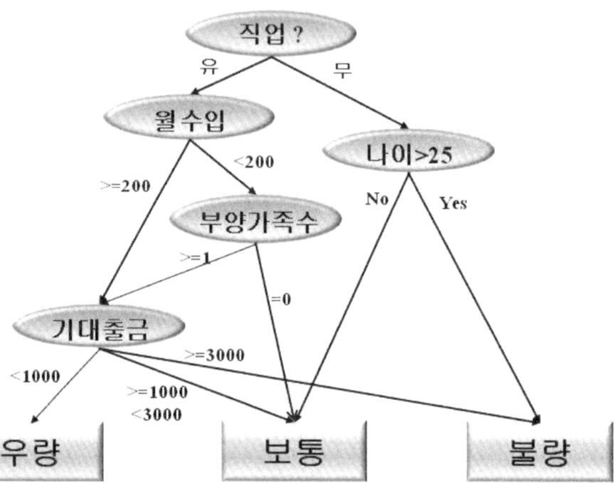

3) 인공신경망(Neural Network)

인공신경망이란 인간의 두뇌로 학습하는 과정을 모방해서 설정된 계량적인 학습방법이다. 인간의 두뇌학습은 자극의 인식→수용체의 전달→두뇌(신경망)의 입력→효용체의 전달→반응의 순서로 진행되는데 이러한 인간의 두뇌학습 과정을 모방하여 인간이 스스로 학습할 수 있는 것과 같이 컴퓨터 프로그램이 스스로 목표값을 찾아낼 때까지 그 과정을 스스로 반복하는 데에 그 특징이 있다.

이러한 인공신경망은 금융계에서의 시계열을 예측하거나 의학적 상태를 진단하고, 사기성의 신용카드 거래들을 잡아내며, 수표에 기록된 액면 금액을 예측하는 것이 가능하다.

신경망을 적용하기 좋은 문제의 특징으로는 첫째, 입력들이 잘 이해된 상태일 경우이다. 즉, 데이터의 어떤 특징들이 중요한지를 알아야 한다는 것이다. 둘째, 출력이 잘 이해된 상태로 모형을 만드는 목적이 무엇인지 분명해야 한다. 마지막으로 경험이 사용가능 하므로 입력과 출력 모두가 알려진 예시들을 충분히 보유하고 있어야 한다는 것이다.

이러한 인공신경망은 예측력이 우수하여 예측에 있어 활용가능성이 매우 넓은 점과 이러한 장점을 바탕으로 기존에 상용화된 프로그램과 모형화가 잘 되어있다는 장점이 있지만, 분류, 예측의 결과만을 제공하고 그에 대한 이유를 설명해 내지 못한다는 점과 신경망의 구축 과정이 복잡하여 매개변수에 대한 전문성이 필요할 뿐만 아니라 이에 따른 구축 소요시간이 오래 걸린다는 단점을 가지고 있다. 이러한 인공신경망 방법의 예는 〈그림 3.5〉와 같다.

〈그림 3.5〉 인공신경망 방법의 예

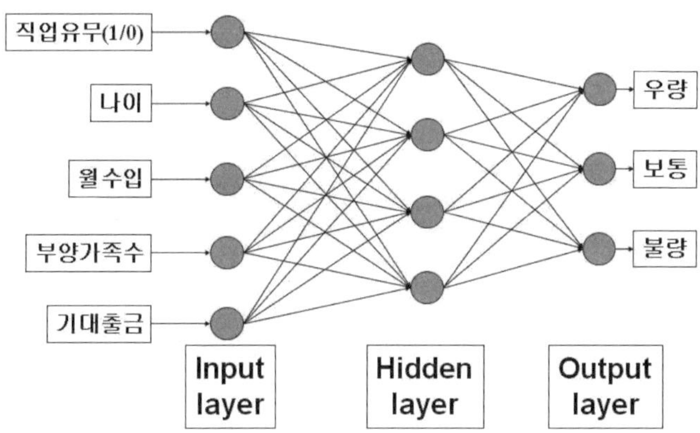

4) K 평균 군집화(k-mean clustering)

K 평균 군집화는 가장 흔히 사용되는 군집화 알고리즘들 중 하나이다. K의 의미는 이 알고리즘이 데이터 점들의 서로에 대한 유사성을

기초로 한 고정된 수(K)의 군집들을 찾는다는 것이다.

첫 번째 단계에서 알고리즘은 임의로 K개의 데이터 포인트들을 시드로 선택한다. 선택된 레코드들이 어떤 의미 있는 순서를 지니는 경우보다 넓은 공간에서 흩어진 레코드들을 선택하거나 임의로 선택된 레코드들을 활용하는 것이 좋다.

두 번째 단계에서는 각 레코드들을 가장 가까운 시드에 배정한다. 분포된 레코드들을 군집을 짓고 이들 사이의 경계를 찾아 이를 수행하는 것이 가능하다. 군집들 사이의 경계는 각 군집으로부터 같은 거리를 가지는 점들로 경계선을 이용하여 어떤 레코드들이 어떤 시드에 더 가까운지를 쉽게 알 수 있다.

마지막으로 군집들의 중심점을 찾는다. 초기 시드들에 비하여 중심점들이 군집들을 더 잘 설명할 것이다. 중심점을 찾는 것은 단순히 군집의 모든 레코드에 대해 각 차원의 평균값을 취하는 것이다.

K 평균 군집화의 원리

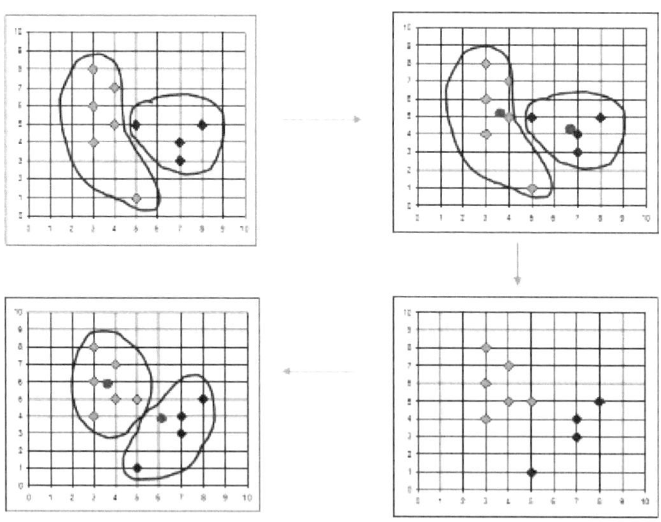

군집들은 데이터 밑에 있는 구조를 설명한다. 그러나 그 구조에 대한 정답이 하나만 존재하는 것은 아니다. 가령 서울에 살지 않는 사람들은 서울 전체가 도심이라고 생각하겠지만, 실제 서울에 사는 여러 사람들, 서대문구에 사는 사람이나 강남구에 사는 사람들이 생각하는 도심은 모두 다를 것이다. 결국 군집화라는 것은 K의 선택, 즉 군집들이 사용될 곳에 따라 달라진다. 이러한 K 평균 군집화 기법은 상용화된 제품이 많으며, 사용 또한 쉽고 간편하다.

따라서 사용자가 자신이 원하는 사양을 갖춘 제품을 이용하여 손쉽게 문제의 영역에 적용할 수 있다. 또한 군집분석 이외에도 분류·예측을 위한 선행작업, 특이 오류값이나 결손값 처리작업 등 다양한 분석에 사용할 수 있다는 장점이 있다. 그러나 군집 결과에 대한 해석이 용이하지 않다는 문제점을 가지고 있다.

5) 장바구니 분석(Market Basket Analysis)

장바구니 분석은 연관규칙을 찾아가는 과정으로써 단순한 하나의 기법이 아닌 거래 데이터 전체를 이해하는 과정을 지칭한다. 장바구니 분석은 고객들이 무엇을 구매하는지에 대한 정보를 이용하여 그들이 누구이며, 그들의 구매에 대한 이유가 무엇인지를 알 수 있도록 한다. 장바구니 분석을 통해 어떤 물품들이 함께 구매되는 경향이 있으며, 어떤 것들이 홍보의 효과를 잘 볼지를 알려주어 상품들에 대한 통찰력을 제공한다.

이런 정보는 곧바로 새로운 상점의 상품 배치를 설정하거나, 어떤 상품에 대한 행사를 할지를 결정하거나, 쿠폰을 발행할 시점을 정하는 등의 결정을 즉각 실행할 수 있게 해준다. 이러한 데이터가 멤버십 카드 혹은 웹사이트 등록을 통하여 개별 고객들에게 연계된다면 한층 더 가치가 높아질 것이다.

장바구니 분석과 관련한 가장 유명한 사례는 맥주와 기저귀 사례일 것이다. 일반적으로 전혀 관계가 없을 것 같은 두 제품이 종종 함께 구매된다는 패턴을 바탕으로 이와 관련한 상품 배치를 다시 하게 된 사례는 연관성 규칙의 분석의 중요성을 알려준다. 우리나라의 경우 월드컵과 같은 커다란 이벤트 경기가 열리는 경우 많은 사람들이 동료나 가족들과 함께 술집을 찾아 경기를 보려는 특징이 있는 것을 알고 많은 술집이 대형 TV를 설치하여 경기를 보다 큰 화면과 술집의 흥겨운 분위기에서 술을 즐길 수 있게 함으로써 이벤트 경기와 음주간의 연관성을 잘 이용하여 많은 매출을 올릴 수 있었다.

이처럼 유용한 연관규칙을 이끌어내기 위해서는 먼저 어떠한 상품들이 어느 정도의 연관성을 가지고 있는지를 측정해야 한다. 즉 관심 있는 규칙이 얼마나 가능성이 있는 가를 측정하는 연관성 측정의 기본은 얼마나 자주 구매되었는가 하는 빈도이며, 이 빈도를 이용하여 지지도와 신뢰도 그리고 리프트의 계산이 가능하다.

지지도는 전체 거래 중 품목 A와 B를 포함하는 거래가 어느 정도인 가로써 품목 A와 B를 동시에 포함하는 거래 수를 전체거래수로 나누어 계산한다. 신뢰도는 품목A를 포함하는 거래 중에서 품목B가 포함된 거래는 어느 정도인가 하는 것으로 품목A와 B를 동시에 포함하는 거래 수를 품목A만을 포함하는 거래수로 나누어 구할 수 있다. 리프트는 임의로 B가 구매되는 경우에 비해 A와 관계가 고려되어 구매되는 경우의 비율로 다음과 같이 구할 수 있다.

$$\text{리프트} = \frac{A\text{와 } B\text{를 모두 포함한 거래수} \times \text{전체 거래수}}{A\text{를 포함한 거래수} \times B\text{를 포함한 거래수}}$$

장바구니 분석은 이해와 적용이 용이하고, 사용이 편리한 분석 데이터로 계산이 편리하지만, 대형 마트와 같이 제품의 수가 수만 가지에 이르는 경우 각각의 경우에 대해 모두 연관성을 찾아내기가 어렵고, 때문에 적절한 품목의 결정이 힘든 단점이 있다. 이러한 장바구니 분석 방법의 예는 다음과 같다.

고객의 구매 상품 List

ID	판매 상품
1	소주, 콜라, 맥주
2	소주, 콜라, 와인
3	소주, 주스
4	콜라, 맥주
5	소주, 콜라, 맥주, 와인
6	주스

고객의 구매 상품 List

지지도 50% 이상인 규칙	해당 Transaction	신뢰도
소주 => 콜라	1,2,5	75%
콜라 => 맥주	1,4,5	75%
맥주 => 콜라	1,4,5	100%

Lift=P(콜라|맥주)/P(콜라)=1/(4/6)=1.5

• **연관성 규칙: 맥주를 구입한 사람들 모두는(100%) 콜라도 구매한다**

- 그리고 이러한 경향을 가지는 사람들은 전체의 절반(50%) 정도이다
- 맥주 구매 시 콜라를 구입하게 될 가능성은 맥주 구매가 전제되지 않았을 경우보다 1.5배나 높아진다

6) 웹 데이터마이닝(Web Datamning)

웹 데이터마이닝이란 웹을 이용하는 고객의 데이터를 수집하고 분석하여 일정한 패턴을 찾는 일련의 기법들을 총칭한다. 이러한 웹 데이터마이닝은 크게 검색엔진과 웹 스파이더에 의해 수집된 데이터를 검사하는 웹 내용 마이닝과 특정 웹사이트 구조와 관련된 데이터를 조사하는 웹 구조 마이닝, 그리고 한번이라도 이용했던 형태의 데이터는 물론 특정 사용자의 브라우저와 관련된 데이터를 조사하는데 사용되는 웹 사용 마이닝으로 나눌 수 있다.

웹 내용 마이닝은 웹정보 검색 및 활용의 패턴을 찾아 분석하는 것으로 웹페이지에 수록된 컨텐츠의 검색 및 활용에 관한 정보를 수집한

다. 웹 구조 마이닝은 웹 이용자들이 어떻게 웹서핑을 하는지에 경로 분석을 하여 웹 사용자에게 최적의 접속경로가 제공될 수 있게 웹 페이지를 조합하고 배열할 수 있게 하는 분석방법이다. 웹 사용 마이닝은 웹을 이용하는 행동 데이터를 수집하여 웹 이용자의 패턴을 분석함으로써 웹 이용자의 행동을 분석하는 것으로 웹 로그 파일을 많이 이용한다. 주로 이용되는 로그 파일들은 다음과 같다.

• 액세스 로그: 일반적인 사이트 방문 기록 등을 기록하며, 웹 사이트 방문시간 및 방문경로를 파악할 수 있는 기초적 정보를 제공하는 로그 파일로 방문자IP, 도메인 네임, 파일 요청시간, 처리시간, 요청한 파일의 종류 및 결과 등을 제공한다.

• 레퍼럴 로그(Referrer Log): 해당 웹 페이지를 요청하기 전에 어디에 있었는지에 대한 정보를 가지고 있는 로그파일이다. 방문자가 어디를 통해서 방문했는지에 대한 정보. 방문자의 이용 검색엔진, 키워드, 거친 URL경로 등 연결 관계에 대한 근거를 제공한다.

• 에이전트 로그: 방문자의 웹 브라우저 종류, 운영체제 등에 관한 정보를 제공하여 최적화된 사이트 구성의 단서를 제공한다.

• 에러 로그: 웹 서버의 오류에 대한 모든 정보를 제공한다. 존재하지 않는 파일, 서버 설정에 대한 오류 등을 통해 사이트의 신뢰성을 개선하는 근거를 마련해주는 로그 파일이다.

이러한 웹 데이터마이닝을 통한 고객 분석에 있어서 Booze Allen & Hamilton은 웹 방문 고객을 신속형, 사실형, 단일형, 반복형, 방황형, 정보형, 서핑형의 7가지 유형으로 분류하였다.

인터넷의 발달과 함께 웹 쇼핑몰로 대변되는 전자 상거래는 오늘날 디지털 경제를 상징하는 신경제의 중추적 역할을 하고 이러한 경향은 향후에 더 강해질 것이기 때문에 이러한 웹 데이터마이닝에 대한 연구는 지속적으로 이루어질 것이다.

Case 살펴보기

다음, SNS 기반 '소셜웹' 검색 오픈

다음커뮤니케이션(대표 최세훈)은 11일 소셜네트워크서비스(SNS) 데이터 기반의 '소셜웹' 검색 서비스를 본격적으로 시작한다고 밝혔다.

소셜웹 검색 서비스는 트위터, 요즘, 다음 플레이스앱, 미투데이, 페이스북, 포스퀘어 등 국내외 대표적인 SNS 서비스의 공개된 데이터를 검색 결과로 제공한다.

지난 4월 선보인 실시간 검색 서비스가 검색 시점 기준으로 올라온 카페, 블로그, 뉴스, SNS 게시물을 초단위로 보여주는 실시간에 초점을 맞춘 서비스라면, 소셜웹 검색은 실시간으로 올라오는 게시물은 물론 공개돼 있는 과거 게시물까지 함께 보여준다. 즉, 소셜웹 검색은 SNS 서비스를 이용하는 사람의 아이디를 검색할 경우, 공개된 프로필과 함께 데이터 마이닝 기술을 통해 최근 작성한 글에서 추출한 주요 관심 키워드인 '최근관심주제', 답글 관계의 글에서 추출한 '대화 많이 한 사람'을 결과로 제공한다.

다음은 이와 함께 SNS 이용자들 사이에서 이슈가 되는 링크(URL)를 실시간으로 발굴해 제공하는 '이슈 링크' 코너를 신설, SNS에서 많이 언급되는 링크를 최대 5건 보여준다. 아울러 소셜웹 검색을 통해 검색한 결과를 요즘, 트위터 등 SNS로 공유할 수 있고, 검색 결과에서 바로 해당 게시물에 답변(반응글 쓰기, reply), 리트윗(RT)도 가능하도록 했다.

다음은 연내 이용자 본인의 네트워크, 즉 지인 중심으로 검색 결과를 얻을 수 있도록 하는 'My 소셜검색(가칭)'를 선보일 예정이다.
〈2010. 10. 12 디지털 타임스〉

제4장

CRM 분류

가장 대표적인 CRM의 분류 방법으로 주로 〈그림 4.1〉과 같은 Meta Group의 The Customer Relationship Management Ecosystem(1999)에 대한 분류 기준을 따른다. 이 분류에 따르면 CRM은 프로세스 관점에 따라 운영 CRM(Operational CRM), 분석 CRM(Analytical CRM), 협업 CRM(Collaborative CRM)으로 구분된다. 이러한 분류 방법은 CRM을 구성하는 IT 기반 기술 위주의 분류이기에 CRM 솔루션을 공급하는 벤더들의 종류를 구분하거나 프로젝트의 성격을 구분하는 중요한 기준이 될 수 있다.

먼저 운영 CRM이란 CRM의 구체적인 실행을 지원하는 시스템이다. 기존 ERP(Enterprise Resource Planning) 시스템이 조직 내부의 관리 효율화를 담당하는 Back-end system임에 반해, 운영 CRM은 조직과 고객간의 관계 향상, 즉 ERP 시스템의 기능(거래처리, 재무, 생산, 재고 및 인사관리) 중에서 고객 접촉과 관련된 기능을 강화하여 조직의 Front-end 업무를 지원하는 시스템이다. 이는 주로 Sales와 Service를 위한 시스템이다.

〈그림 4.1〉 CRM 분류

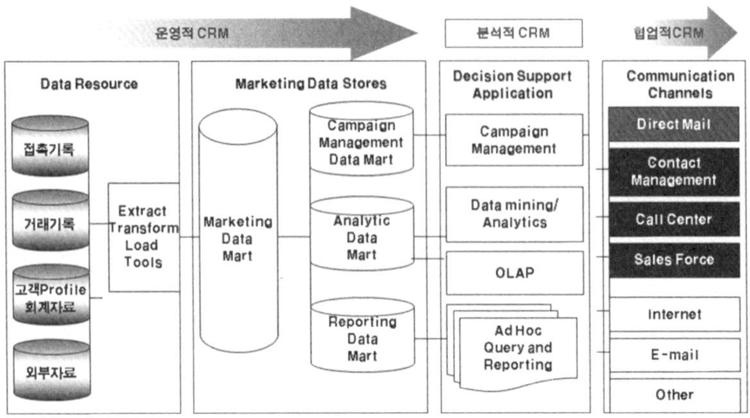

다음으로 분석 CRM은 Sales·Marketing·Service 측면에서 고객정보를 활용하기 위해 고객 데이터를 추출, 분석하고 고객의 행동을 예측하기 위한 시스템이다. 이를 통해 사업에 필요한 고객 및 시장 세분화, 고객 프로파일링, 제품 컨셉의 발견, 캠페인 관리, 이벤트 계획, 프로모션 계획 등의 기회 및 방법에 대한 아이디어가 도출될 수 있다. 고객 데이터의 과학적인 분석을 위하여 Data Mining 기술이 매우 중요한 이슈로 부각되며 CRM의 다른 구성요소인 운영 CRM, 협업 CRM과 밀접하게 연관되어야 한다.

마지막으로 협업 CRM이란 1990년대 후반부터 인터넷을 기반으로 한 비즈니스의 성장 및 오프라인 기업의 온라인화가 가속화되며 인터넷에 대응하는 신개념의 CRM으로 e-CRM이라고도 한다. 또한 협업은 분석과 운영 시스템의 통합을 의미하며, e-business 환경에서 각 고객별로 차별화된 서비스를 제공하는 Web Personalization System이 대표적인 예이다.

제1절 운영 CRM(Operational CRM)

1. 정의, 구성 및 고려사항

운영적 CRM은 전방 비즈니스 프로세스(front-end processes)로 불리는 마케팅, 영업 및 고객 서비스에 관한 업무 프로세스의 자동화에 주안점을 두고 있으며, 이의 기반이 되는 응용시스템들이 통합되도록 하며, 주문처리, 생산, 구매, 재고, 물류, 회계 등의 후방 비즈니스 프로세스(back-end processes)와도 연계되게 하는 통합적 고객관계관리 자동화 시스템이다. 주로 고객관계관리의 표면적인 운영을 담당하기 때문에 운영(operational) CRM이라고 한다.

인터넷, e-메일, 전화, 팩스, 우편, 고객센터 등의 다양한 고객접점에서 얻어지는 고객 관련 데이터가 분산되지 않고 일관성 있게 수집되게 하고 전후방 프로세스에서 축적되는 고객 데이터와도 연동되게 하여, 고객 개개인에 대한 정보를 실시간으로 파악하게 하며, 마케팅, 영업 및 고객 서비스가 원활하게 이뤄지도록 자동화 한다. 여기서 얻어진 통합 데이터는 추후 분석(Analytical) CRM에서 활용할 수 있도록 하고 있다.

운영 CRM은 후방위(back office)에서 분석 CRM 시스템을 통해 도출된 고객정보를 활용하여 마케팅, 영업, 그리고 고객 서비스와 같은 전방위(front office) 영역에서 실질적인 CRM 업무 프로세스를 통합하고 자동화하기 위한 시스템 영역으로, 핵심 구성요소로는 마케팅 자동화 시스템, 영업 자동화 시스템, 그리고 고객 서비스 시스템이 있는데 아래 그림은 운영 CRM의 전형적인 구성요소와 각 운영 CRM 시스템이 제공하는 기능을 요약하고 있다.(그림 4.2 참조)

〈그림 4.2〉 운영 CRM의 개념

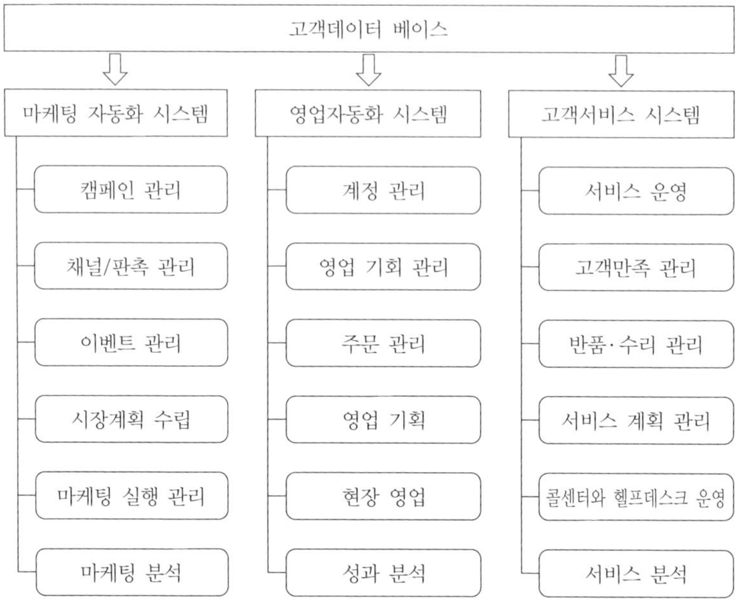

최근에는 이러한 운영적 CRM을 구현하기 위한 방법으로서 전사적 자원관리(Enterprise Resource Planning: ERP)가 가지고 있는 기능(재무, 생산, 재고 및 인사관리 등) 중에서 고객 접촉과 관련된 기능을 강화하여 ERP의 기능을 확장하거나, 고객관계관리를 위해 전용으로 개발된 모듈과 기존 ERP를 통합하는 방법으로 CRM 시스템의 개발이 이루어지고 있다. Oracle사의 CRM시스템은 고객과 직접 상호 작용을 하는 모듈의 집합체로 Call Center, Sales Force Automation, Marketing Automation의 세 가지의 모듈로 구성되어 있다.

운영적 CRM을 도입하는 주요한 목표중의 하나는 진정한 일대일(one to one) 마케팅을 실현하고자 하는 것이다. 일대일 마케팅은 기업과 고객 양 방향에서 실현되어야 한다. 즉, 기업은 개별 고객을 별개의 대상으로 보고 데이터를 축적, 분석, 이해하고 그 고객과 이루어지는 어떤 접촉의 순간에도 고객을 개별고객으로 보려는 것이다. 역으로 고객에게는 기업도 하나로 보여 One-stop 거래를 지원할 필요가 있다.

그러나, 현실의 기업은 고객과의 의사소통을 부문별, 사업별, 지역별로 균형을 맞추고 있어서 다대일(many to one)로 되어 있는 경우가 많다. 진정한 일대일 마케팅이 구현되려면, 기업도 개별 고객에 관해 조직 내에서 부서에 관계없이 단일한 기억을 가질 수 있도록 형성되어 있는 것이 결정적으로 중요하며, 이렇게 하기 위해서는 마케팅 단계뿐만 아니라, 영업과 사후 서비스의 일련의 고객 접점 프로세스 모든 면에서 고객의 정보는 취득되고 활용될 필요가 있다.

운영 CRM이라고 하는 것은 두 가지로 구분이 가능하다. 기업 입장(Company Facing Operational CRM)에서의 운영 CRM이 있고 고객 측면(Customer Facing Operational CRM)에서의 운영 CRM이 있다. 기업 측면의 운영 CRM은 기업이 고객에게 고객의 정보를 획득하고 이를 고객 접점 부서에 있는 모든 관련 인력과 공유하며 분석 CRM에서 분석된 결과를 바탕으로 보다 고객에 적정한 대 고객 활동을 할 수 있도록 도와주는 도구를 의미하며 SFA, 서비스 구성요소가 바로 그러한 것이다. 특히 서비스의 구성요소 두 가지 중에 Contact Center가 바로 기업 측면에서의 운영 CRM이 될 것이다.

또한 고객 측면의 운영 CRM은 고객이 가장 접근하기 쉬운 Web, 그리고 최근에는 모든 고객이 아침에 항상 확인하고 생활화되어 있는 e-mail이 바로 CRM이 고객과 직접 대면하고 통신하고 상호작용 할 수 있는 운영 CRM이다.

고객과의 대화는 Personalization, Web chatting, Service Portal 그리고 Survey 등을 통하게 된다. 웹은 수동적인 상호작용

채널이며 e-mail은 적극적이고 능동적인 채널이라고 할 수 있다. 그렇지만 웹은 오늘날 가장 고객에게 노출되기 쉬운 채널이기에 Web을 통해서 고객의 유형이나 분류에 따라 보다 편리하고 유용한 컨텐츠를 그리고 고객이 수용할 확률이 높은 오퍼를 제공해야 한다. 그러기 위해서 필요한 CRM의 요소가 Contents Management Solution (CMS)와 Personalization이다. 이것이 기능을 발휘하여 웹이나 e-mail에 개개인의 고객의 특성에 맞는 컨텐츠나 오퍼를 제공하는 것이다.

또한 고객 측면의 운영 CRM으로 중요한 요소를 두는 것이 Service Portal이다. Service Portal은 고객이 Contact Center에 전화를 하거나 e-mail을 보내어 Contact agency가 별도의 응대 작업을 하는 비용을 줄이기 위해 고객이 직접 필요한 서비스를 받을 수 있도록 하는 소위 Self Service 강화 요소이다. 고객이 필요한 상품 정보를 찾아 내고 또 FAQ를 통해 서비스 요청을 대신할 수 있는 것은 대신한다.

Contact Agent는 자주 요청되어 오는 요구 사항에 대해서는 FAQ로 빠르게 등록될 수 있도록 지원하며, 이것을 통해서 Web Chatting, Web Collaboration 등을 지원한다. Web chatting은 Contact agent와 실시간 Chatting을 하는 것이고 Web Collaboration은 Contact agent와 전화를 하면서 화이트보드나, 어떤 문서 파일을 공유하면서 서비스 요청을 해결하는 것이다. 뿐만 아니라 Co-Browsing이라 하여 Contact Center의 Agent가 움직이는 마우스의 움직임이 고객의 화면에 나타나면서 원하는 자료를 쉽게 가이드 할 수 있게 도와 주는 기능도 존재한다. 이러한 기능들이 운영 CRM 이라고 할 수 있다.

운영 CRM의 구성은 〈표 4.1〉과 같이 크게 Sales, Marketing,

Service의 3부분으로 나눌 수 있다.

〈표 4.1〉 운영 CRM 구성

분야	시점	Solution
Sales	Sales	영업계획 수립 및 관리 (영업 기회 관리) Internet & Mobile Sales 영업사원 자동화 (Sales Force Automation) 고객 정보 관리
Marketing	Pre-Sales	캠페인 계획 (Campaign Plan) 타깃 그룹 생성 (Segment Builder) 캠페인 실행관리 리드관리
Service	Post-Sales	Mobile Service 고객 셀프 서비스 서비스 수요·고객 예측 소모성 자재·부품 관리 반품·수리품 처리

또한 운영 CRM에서 고려할 사항은 다음과 같다. 먼저 운영 CRM은 협업 CRM과의 효과적인 접목이 중요하다. 또한 채널별 프로세스 통합과 고객 접촉 이력 통합 관리가 필요하다. 그리고 새로운 비즈니스 기능의 신속한 구현 및 Back-office와의 통합, 연계가 주요 고려 사항이라 할 수 있다.

2. 영업(Sales)

1) 영업계획 수립

생성된 영업계획에 따라 영업기회에 대한 계획(opportunity plan)을 수립하고 기회 계획(opportunity plan)은 여러 가지 현재 상황을 참고로 작성할 수 있는데, 특히 경쟁사에 대한 정보, 주된 판매

제품, 추진 팀의 설정, 파트너 및 접촉 고객 등에 대한 전반적인 내역을 주된 내역으로 하여 계획을 수립할 수 있다. 계획을 공유하는 추진 팀들은 변화되는 내역을 함께 공유할 수 있으며, 특별히 알아야 할 사항에 대해서는 관리자나 이슈를 관리하는 영업사원이 문서(파워 포인트, 엑셀, 워드 등 모든 문서 가능)형태로 저장하여 공유 시킬 수 있다.

또한 수립된 기회 관리(opportunity management) 계획에 따라 보다 구체적인 영업계획을 수립할 수 있다. 영업활동계획은 영업 사원별로 월별, 주별, 일별 계획을 수립하게 되며, 고객과 약속이 잡히기 전의 계획은 일상 업무(task)로, 고객과 약속이 잡힌 후의 계획은 실제적인 활동(activity)로 관리한다.

2) Internet Sales

콜 센터의 기능을 활용하여 다양한 Tele Sales 활동을 수행할 수 있으며 인터넷세일과의 통합적인 제품 카탈로그(Product catalog) 관리 및 기능(e.g., Cross-selling) 공유가 가능하다. 또한 실시간 재고 및 생산 가능성(real-time ATP)체크도 실행한다. Cross/up/down-selling 기능을 지원하여 고객이 필요한 물품을 제시하고 또한 효과적인 매출 증대를 기대할 수 있도록 관리한다.

3) Mobile Sales

Mobile Sales는 대단히 광범위한 범위의 개념이다. 왜냐하면 기존의 e-business 개념과 무선인터넷의 결합으로 탄생한 것이 Mobiles Sales이기 때문이다. 무선 네트워크를 통한 통신의 기반을 확보하고, 이동이 용이한 멀티 디바이스를 통해서 여러 가지 전자상거래를 할 수 있게 된 것도 Mobile Sales 덕분이다.

Mobile Sales의 기반이 되는 핵심 요소인 모바일 인터넷은 일반적으로 알고 있듯이 기존의 랜선 등의 유선이 아닌 무선을 통해 데이터와 서비스를 받을 수 있다는 것이 핵심기술이다. 일반적으로 모바일이라는 것은 이동(mobile)과 무선(wireless) 두 가지를 모두 포함하지만, 두 가지 중에 좀더 주요한 개념은 이동성이라 할 수 있다.

유선인터넷과 무선인터넷의 특성을 비교해 보면 현재까지는 무선인터넷이 유선에 비해 안정성과 속도, 데이터 저장의 용이성에서 많이 뒤떨어지는 것이 사실이지만, 네트워크와 모바일 장치의 발전에 따라 상당부분의 문제가 해결되는 과정에 있다.

4) Sales Force Automation

영업사원 자동화, 즉 Sales Force Automation(SFA)이란 영업사원의 업무를 효율적으로 지원하기 위한 일련의 프로세스와 시스템의 집합체라고 할 수 있다. SFA는 가장 급성장하고 있는 CRM 구성요소이다. 기업이 잠재고객과 만나서 잠재고객을 실제고객으로 전환시키고, 고객로열티를 유지하기 위해서 가장 중요한 고객접점중의 하나이다. 이 SFA는 sales를 지원하는 애플리케이션, 즉 고객전방업무(Front-office)를 근간으로 하고 있다.

기업에서는 SFA를 통해 종전에 수동으로 진행했던 영업활동을 자동화하여 주문접수시의 중복적인 노력을 줄이고 재고상황 조회를 원활히 하며 고객의 이력을 유지하고 다른 영업조직과의 의사소통을 용이하게 한다. 또한 고객에게 정보를 손쉽게 보여줄 수 있고 고객과의 접촉 관리가 가능하고 가격 견적을 쉽게 만들 수 있게 한다.

영업사원 자동화는 영업력의 자동화를 위한 것으로서 영업 사원들이 각자 관리하던 기존의 고객 및 잠재고객의 요청 사항, 구매정보, 취향 등의 고객에 관한 정보 및 대 고객 영업전략 등을 전사적으로 관리하는 기능이다. 영업 사원들은 매일매일의 영업 내용, 일정 고객과의 접촉 결과, 판매 실적 및 예상 판매 계획 등의 자세한 영업 정보를 입력하고 이들 영업 사원의 관리자는 이들 정보를 종합해서 현재의 영업 상태를 파악할 수 있다. 또한 달력(calendar) 기능을 사용하여 영업 활동을 계획 할 수 있다. 영업 매니저는 각 영업 사원의 달력을 하나로 합쳐 부서원 전체의 활동 계획을 한눈에 파악할 수 있다.

SFA는 영업 사원의 성과급을 책정하는 데 있어서의 정량적인 근거를 제공하는 역할을 한다. 이를 위해서는 영업 사원의 잡무 제거와 사무처리 자동화를 위해 접촉관리, 일정관리, 수금관리가 자동화하여 제공되어야 하며 모든 필요한 정보는 Data Warehouse에 축적되어 해당 영업 사원이 필요할 때 언제든지 조회할 수 있는 환경이 필요하다.

또한, 영업 사원이 수행한 모든 영업 활동은 영업 매니저가 모니터링 할 수 있으며, 성공이나 실패여부와 그 이유 등을 살펴볼 수 있어 향후 계획을 수립 할 때 참고할 수 있다. 그리고 현장에서 주문이 확정되어 고객이 주문내역을 문서로 요구하게 되는 경우, 영업 사원은 자신의 노트북에 저장되어 있는 모바일 클라이언트(mobile client)기능을 활용하여 즉석에서 영업 문서를 출력해 줄 수 있다.

3. 마케팅(Marketing)

1) 캠페인 계획(Campaign Plan)

대부분의 경우에 Direct Marketing 매체를 중심으로 활동이 전개되기 때문에 기업에서는 마케팅 프로그램을 Direct Marketing 캠페인이라고 부른다. 계획서는 내부결제 목적으로만 필요한 것이 아니다. 모든 참여자에게 목적 및 방향에 대해서 충분히 설명이 되어야 하고 외부 관련업체(리스트 공급회사, 협력업체 등)에도 계획서의 내용을 충분히 숙지시키고 일치된 방향으로 추진되어야 한다.

캠페인 내용이 경쟁사에 노출될지 보안 문제를 너무 의식하여 참여자에게 계획을 충분히 이해시키지 않으면 사소한 몇 가지 실수로 캠페인을 망치는 중대한 결과가 초래될 수 있다. 보안 문제는 별도로 해결책을 강구하기로 하고 일단 목표 등 계획에 대해 일치된 생각을 갖도록 해야 한다.

2) 타깃 그룹 생성(Segment Builder)

고객 데이터(Customer Data)를 통해 제품 특성 별 프로파일을 생성, 수정할 수 있으며 프로파일의 각 속성들은 다양한 기준에 의해 자유롭게 정의하여 사용한다. Oracle 같은 회사에서 만든 프로그램인 세그먼트 빌더(Segment Builder)툴을 이용하여 다양한 segmentation을 분류하거나 조건에 맞는 샘플 비즈니스 파트너를 추출한다.

실행결과는 분석 CRM을 통해 분석하여 분류·평가된 주요 segmentation별로 적합한 마케팅 활동이 가능하도록 지원하며 고객과의 모든 채널을 통한 거래 데이터는 분석 CRM에 축적되고 통합되어, 분석 CRM을 이용하여 적정 분석 결과를 제공한다.

3) 캠페인 실행관리

고객의 구매행위를 유발하거나 고객의 충성도를 높이는 행위를 캠페인이라고 하는데 대개 모든 고객에게 동일하게 행해지는 것이 아니고 고객을 여러 계층으로 분할하여 각 계층별 캠페인을 달리하는 방법으로 이루어지게 된다. 따라서 이러한 캠페인을 관리하는 도구는 메일, 콜 센터, 인터넷 등 다양한 고객접점을 활용하여 캠페인을 실시하였을 경우에 캠페인에 대한 목적, 형태, 전략을 제시하여 대상 고객에 대한 캠페인을 실시한 이후 고객의 반응까지 확인 할 수 있는 전 과정을 한눈에 볼 수 있는 프로세스로 제공하는 관리도구라고 할 수 있다.

분류된 고객 개개인에 대한 특성을 바탕으로 해당 고객에 대한 적절한 캠페인 전략을 지원, 관리하는 이런 도구는 다양한 형식으로 관련 부서 및 사용자의 목적에 따라 이용될 수 있다. 또한 추출된 타깃 그룹을 대상으로 캠페인을 실행한다. 캠페인 실행은 전화, 웹, 모바일, e-mail, Fax, SMS 등을 통하여 처리될 수 있으며 그중에 인터넷 마케팅을 위한 고객 중심의 개인화된 메일 양식을 개인화된 e-mail로 구성 할 수 있다.

4) 리드관리(Lead Management)

먼저 리드란, 영업/거래계약의 계기 또는 실마리가 되는 것을 의미한다. 즉 '고객의 문의' 또는 '문의하는 고객'을 뜻하는데 리드도 운영적 CRM Marketing 부분에서 전사적으로 잘 관리해야 한다.

리드 관리는 CRM 마케팅 내용 중에서 새로운 고객을 찾아 내고 향후 자사의 실제 고객화하기 위한 고객의 특성 및 마케팅 기획관리를 수행하는 부분이다. 리드 관리는 영업부서가 보다 가치 있는 기대고객(prospects)이나 기회(opportunities)에 역량을 집중할 수 있도록 초기 사전영업(pre-sales) 단계를 자동화할 수 있으며, 일정 기간 동안 반복적으로 상호작용적으로 리드를 평가한다.

한편, 활동관리와 통합 리드는 활동을 참조하여 생성 될 수 있다. 리드와 관련된 다양한 활동 이력을 생성 할 수 있으며 향후 고객으로 전환 시에도 통합하여 관리된다. 또한 리드를 분석할 수 있는 다양한 질의가 제공된다.

5) 마케팅 분석

시장 및 경쟁사 분석은 새로운 기회와 잠재성을 평가하고, 새로운 전략 수립을 지원한다. 또한 마케팅 계획 및 최적화는 기간별, 지역별,

유통 채널 별 등 마케팅 효과에 대한 사전 계획 및 분석을 지원하며 시뮬레이션 결과 및 모니터링을 기반으로 캠페인 및 프로모션 계획을 효과적으로 수행할 수 있도록 한다.

한편 캠페인의 성공요인으로서 고객응답률, 기여도, ROI 등을 쉽게 분석할 수 있도록 한다. 상품 및 브랜드 분석은 개별상품 또는 상품 그룹별로 가능하다. 효율적 분석을 통해 알맞은 고객 그룹을 대상으로 적합한 캠페인을 수행 할 수 있도록 지원한다.

4. 서비스(Service)

1) Mobile Service

콜 센터 또는 인터넷을 통해 요청된 서비스 내역은 모바일 서비스 기능을 탑재한 노트북을 이용하여 현장 서비스 요원에게 할당되어 신속하게 처리가 가능하다. 특히 제품과 관련된 서비스 요청은 기존고객이 구입한 상품에 대한 서비스 요청이므로 과거 주문내역을 확인하여 어떠한 고객에게 어떠한 제품이 어느 시기에 판매되었다는 정보를 조회하여 신속하게 처리가 가능하다.

현장 서비스 요원들은 워크 센터(work center)에 등록되어 제품별, 지역별로 서비스를 수행할 수 있도록 구성 할 수 있으며, 서비스와 관련된 내용은 모바일 서비스 클라이언트에 저장되어 서비스 요원이 서비스 처리 후 CRM 온라인으로 그 내역을 전송할 수 있다. 또한 모바일 디바이스(PDA, WAP phone 등)를 이용하여 workplace를 구축하여 서비스와 관련된 내역을 현장에서 접수, 신속하게 처리할 수 있다.

2) 고객 셀프 서비스

고객은 인터넷에서 상품 정보 또는 문제 해결을 위해서 CRM이 제공하는 컨텐츠 관리 기능과 검색 기능을 사용하여 원하는 정보를 얻을 수 있다. 인터넷 셀프 서비스 기능은 고객이 원하는 때에 언제든지 사용할 수 있으며 인터넷에서 원하는 답을 찾지 못했을 경우에는 VOIP (인터넷전화), e-mail, 채팅, 콜 백 기능을 사용하여 상담원과 접촉할 수 있다. 여기서 콜 백 기능이란, 우리가 흔히 볼 수 있는 것으로 기업에서 고객의 핸드폰에 새로운 제품이나 공지사항, 고객에게 필요한 정보를 전송하거나 이미지화 시켜 보낸다면 고객은 그 정보를 확인한 후 다시 그 기업에 전화를 거는 기능을 콜 백 기능이라 한다.

또한 고객과 연결된 후 코-브라우징(Co-browsing) 기능을 사용하여 고객의 이해를 쉽게 하며 문제를 해결할 수 있다. 코-브라우징 기능이란, 기업 고객 담당자가 고객의 웹 브라우저를 통해 무엇인가를 보여주기 위해 고객과 대화할 수 있는 소프트웨어 기법을 의미한다.

고객의 불만사항은 서비스 센터로 직접 전화를 한 경우와 인터넷을 통한 인터넷 고객 셀프 서비스(ICCS: Internet Customer Self Service)를 통해 접수될 수 있으며, 마스터에 등록된 제품 및 서비스 항목에 대하여 모두 처리가 가능하다. 접수된 불만사항은 무상 반품, 제품 교환, 환불 등 고객이 원하는 프로세스를 정의하여 처리가 가능하고, 불만사항에 대한 내용을 저장하고 분석하여 향후 불만사항에 대한 예측 및 관리를 가능하게 한다.

CRM의 고객응대센터(CIC: Customer Interaction Center) 컴포넌트는 기존의 컴퓨터 전화통신(CTI: Computer Telephony Integration)과의 용이한 통합성을 지원하며, 고객 전화에 대한 통계적 분석 기능 및 인바운드(inbound), 아웃바운드(outbound) 전화관리 기능을 지원한다. 여기서 인바운드란, 고객이 주도하여 기업에게 전화나 인터넷을 통해 연락을 취하는 것으로써 불만제기, 주문, 문의 등을 행 할 때 이루어지고 아웃바운드란 기업이 주도하여 고객에게 연락을 취해 상품 판매, 추천, 공지사항 전달 등을 행하는 것이다.

3) 콜 센터

콜 센터란, 기업이 고객을 대상으로 정보안내, 고객문의, 불만접수·처리 등 고객과 커뮤니케이션 활동을 하기 위해 마련된 on/off상의 채널이다. 고객이 전화나 인터넷으로 상담원과 연결하여 상담을 할 수 있고 의견을 제시 할 수 있고 불만도 제기 할 수 있다.

이에 따라 상담원들이 상담을 하면서 각각의 내용들(고객정보, 마케팅정보, 분석시스템)을 콜 센터 통합 DB에 축적한 후 DB를 토대로 고객만족을 실현하고 효율적 전략을 수립하고 상품을 개선하거나 신제품을 만든다. 이러한 과정이 〈그림 4.3〉와 같이 다시 고객에게 피드백 되어 계속해서 반복하는 구조를 지닌다.

〈그림 4.3〉 Call Center

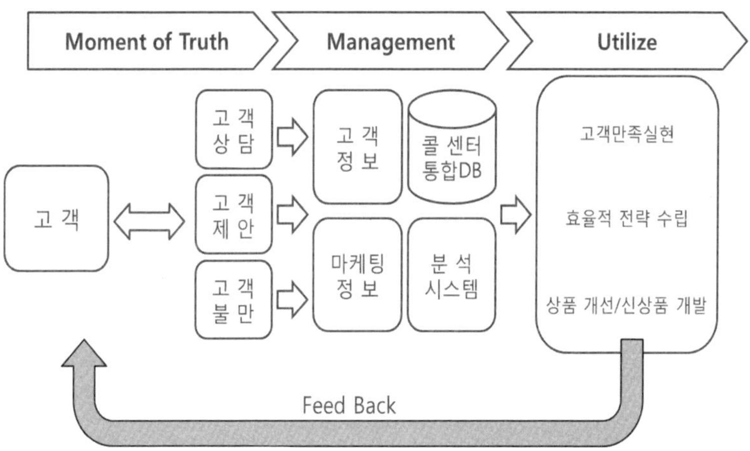

(1) 콜 센터 특징

마케팅, 영업 서비스에 대한 실시간 데이터의 고객정보 및 비즈니스 데이터와의 연동으로 인하여 Contact Center의 효율성을 증대시키며 차별화된 고객의 상세한 요구에 따라 설계된 시스템으로서 에이전트 교육에 대한 요구사항이 줄어든다.

콜 센터 에이전트들의 높은 직무 만족으로 인한 이직율의 감소로 관리 비용을 절감하고 고객/비즈니스 정보의 허브인 고객 콜 센터의 이용으로 고객에 대한 서비스 대응체계의 수립 및 매출을 증대시킨다.

(2) 콜 센터와 CTI의 구성

CTI(Computer Telephony Integration)라 불리는 기술은 쉽게 말해서, 개인 컴퓨터와 통신기술의 결합이라고 말할 수 있다. 이 기술 덕분에 수백 회선의 전화를 한꺼번에 받거나 자동으로 고객에게 전화를 하는 것이 가능해졌다.

이와 같은 정보기술의 발전으로 콜 센터는 더욱 고객에 밀착된 응대와 마케팅을 제공할 수 있게 되었다. 콜 센터의 기능 중에서 가장 중요한 것은 고객 이력의 제공이다. 수많은 고객을 상대하면서 그들 각각에 대한 사례를 기억하는 것은 불가능하므로, 고객이력을 단일한 자료로 만들어 관리하는 것이 필요하게 된다.

그리고 고객의 문의에 신속하고 정확하게 응대하기 위하여 필요한 정보를 데이터베이스로 보관하였다가 신속하게 응답할 수 있는 장치 역시 중요한 필요 기능 중 하나이다. 콜 센터의 최종목적은 아웃바운드 콜(Outbound Call)을 통한 상담원의 1대1 통화나 다이렉트 메일(Direct Mail) 그리고 e-mail을 이용하여 마케팅과 동시에 판매를 이루어 내는 데 있다.

5. 운영 CRM의 단계

CRM의 구체적인 실행을 지원하는 시스템이다. 운영 CRM 은 조직과 고객간의 관계 향상, 즉 조직의 전방위 업무(Front-end)를 지원하는 시스템이다. 이것은 주로 영업과 서비스를 위한 시스템이다. 운영적 CRM의 단계를 살펴보면 다음과 같다.

- 1단계: CRM 응용시스템 구축

마케팅 데이터베이스, 판매관리 시스템, 회계관리 시스템, 콜센터 시스템, 생산출하 시스템 등 각 업무에 따라 기업전반에 분산되어 흩어져 있는 고객정보가 통합되어야 한다. 통합된 고객정보, 구매정보, 그리고 상품정보 등을 유기적으로 결합시켜 추후 분석적 CRM에서 활용할 유용한 정보들을 적적히 뽑아낼 수 있도록 구축되어야 한다.

- 2단계: 비즈니스 인텔리전스 구축

축적된 고객지식은 비즈니스 인텔리전스로 발전되어 실시간 다차원 분석을 통하여 고객을 세분화하는데 고객정보가 쉽게 이용될 수 있고, 효율적으로 캠페인 관리와 연계 및 활용될 수 있도록 하는 지원체계를 확립하는데 기반이 된다.

- 3단계: 마케팅 목표설정

앞서 두 개의 단계를 통해 구축된 고객정보와 비즈니스 인텔리전스를 통해 고객집단을 세분화하고 마케팅의 대상이 되는 목표 고객집단을 설정한다. 마케팅 목표의 설정은 고객 수익성 증대가 이루어질 수 있도록 정확하게 이루어져야 한다.

- 4단계: 캠페인

3단계에서 설정한 목표 고객집단에 대해 앞서 분석한 고객 정보를 기반으로 적절한 캠페인을 개발하고 수행한다. 캠페인 결과는 다시 고객분석을 위한 기초자료로 이용된다.

- 5단계: 영업 및 고객서비스

캠페인에서 발생된 잠재 고객들에게 영업 프로세스를 모든 채널에서 수행한다. 영업프로세스에서는 교차판매와 상향판매를 수행할 수 있게 지원이 되어야 한다. 고객서비스란 고객관계를 원활히 하고, 이윤증가와 고객의 충성도를 증진시키기 위해 최적의 채널을 통해 고객을 지원하고, 고객의 불만이나 질의사항에 응함으로써 사후 유지 보수하는 것을 말한다.

제2절 분석 CRM(Analytical CRM)

1. 정의, 구성 및 고려사항

분석 CRM은 CRM 운영 환경에서 생성되는 데이터를 축적 및 분석하는 것을 의미한다. 운영 업무에서 발생하는 데이터를 이용하여 마케팅 분석과 판매 분석, 고객 분석 작업을 지원 및 수행하며, 협업 CRM을 이루기 위한 데이터와 운영 CRM에서의 의사결정을 위한 데이터를 제공하는 Back-end 관리를 하게 된다. 분석 결과는 사업 성과 관리(Business Performance Management)의 개념으로 이어지며, Data Warehouse Architecture와 필수적으로 연계하여 데이터마트(Data Mart)를 효과적으로 활용하게 해주는 분석 애플리케이션을 통해 구현된다.

다시 말하면 분석 CRM은 고객 관리에 관련된 데이터의 분석 및 가공을 담당하는 모듈의 집합체로 OLAP, 데이터마이닝, Statistical

Analysis, Data Warehouse 등의 기능이 이에 포함된다. 주로 자료의 분석에 주안점을 두기 때문에 분석 CRM이라 한다. 또한 분석 CRM의 특성상 운영 CRM과의 유기적인 관계가 매우 중요한데 이를 보다 이해가 용이하도록 표현하면 〈그림 4.4〉과 같은 관계를 가지고 있다.

〈그림 4.4〉 운영 CRM과 분석 CRM과의 관계

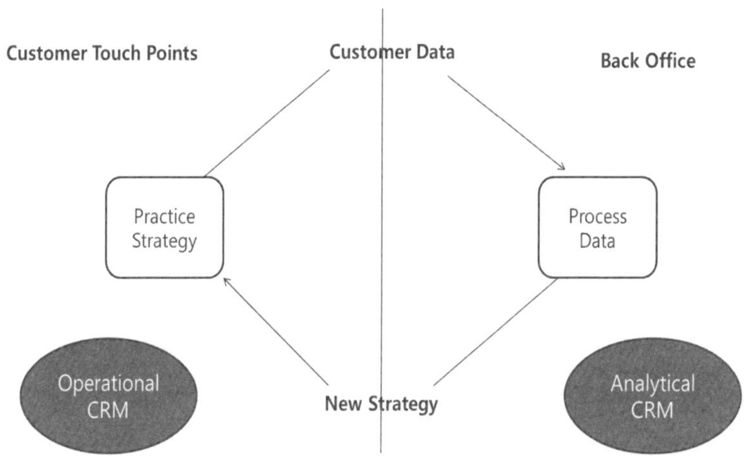

자료: Siddiqi, Akhgar & Wise, Framework for Implementation of CRM Strategy in Retail Sector

다시 말해 분석 CRM은 고객 접점으로부터 데이터를 축적하여 Sales·Marketing·Service 측면에서의 분석을 통해 다시 Front-end office로 이에 대한 지식 및 정보를 제공하는 〈그림 4.5〉과 같은 형태의 구조를 가지고 있는 것이다.

〈그림 4.5〉 분석 CRM의 사업 구조

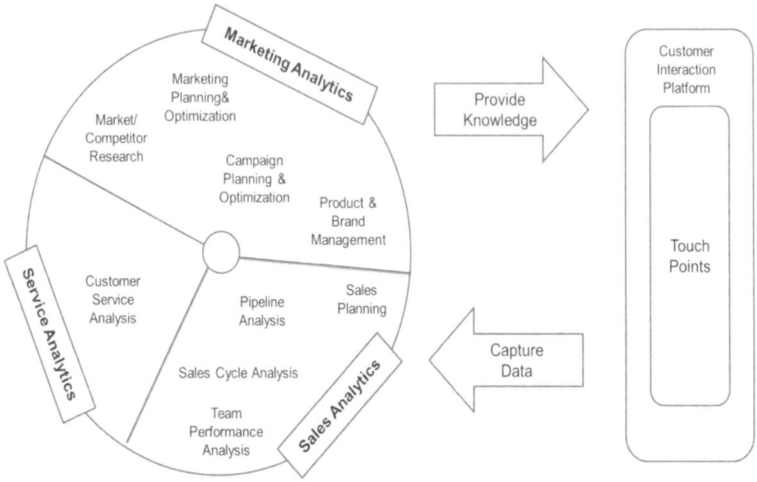

자료: SAP White Paper 'Analytical CRM'

분석 CRM의 구성은 크게 Marketing Data Analysis, Sales Data Analysis, Customer Data Analysis의 세 분야로 이루어져 있다고 할 수 있다. 먼저 Marketing Data Analysis의 경우 주로 Query & Report 형태의 기술을 통해 조회 및 분석을 하게 된다. 고객 세분화 및 타깃 고객의 선별, 캠페인 효과 분석, 이탈 고객 예측에 의한 접근주기 산출 등의 기능을 담당한다. Sales Data Analysis의 경우 주로 OLAP 등에 의한 분석이 주를 이루며, Customer Data Analysis는 주로 데이터마이닝에 의한 분석이 주를 이룬다.

일반적으로 분석 CRM이라고 말하면 고객 분석, 상품 분석, 고객 대 상품 분석 등의 분석 작업을 하도록 해주는 CRM을 의미한다. 분석이란 단어가 의미하듯 OLAP을 위한 고객 데이터웨하우스, 이를 기반으로 하는 데이터마이닝이 분석 CRM의 기술적인 요소로 주류를 이루고 있다. 최근에는 온라인 채널에서의 고객 활동, 특히 웹이나 모바일 채널을 통한 고객 활동이 활발하여 이를 고객의 프로파일이나 특성을 찾아내는 주요한 수단으로 생각하고 있어 이를 기존 고객 데이터웨하우스에 반영시켜 분석을 하고 있다.

혹자는 이것을 가리켜 데이터웨하우스 대신 Webhouse 라고 부르기도 한다. 최근에 기업에서 분석 CRM을 구축했다라고 하면 이러한 OLAP 및 통합된 고객 데이터웨하우스 또는 Webhouse를 구축하고 이를 OLAP으로 볼 수 있도록 했다는 말이며 여기에 Marketing 기능을 구축했다는 것으로 받아드릴 수 있다. 마케팅의 Campaign 관리나 리스트 관리 등의 기능 요소가 분석이라기보다는 고객에게 어떤 운영을 위한 활동이라고 간주할 수 있지만 최근에는 이러한 마케팅 요소까지를 분석 CRM이라고 정의하는 경우가 많다. 이것은 기업이 분석 CRM의 주요 요소인 고객 데이터웨하우스와 OLAP등의 기능만을 갖고는 빠른 ROI를 누릴 수 없기 때문이며 상대적으로 마케팅은 Contact Center 다음으로 빠른 ROI를 보여줄 수 있는 구성요소이기도 하기 때문이다.

또한 실제 프로젝트를 진행할 때 고객 데이터웨하우스를 설계하여야 하는데 쉽게 간과하는 부분이 고객 데이터웨하우스 및 OLAP 과 마케팅 모듈을 별개의 것으로 생각하는 경우 많은데 이것은 분석 CRM 프로젝트를 성공하지 못하게 하는 사고의 출발이라고 말할 수 있다. 반드시 고객 데이터웨하우스는 캠페인 전략 등이 융화된 고객 데이터웨하우스여야 한다.

그래야만 분석과정에서 발견된 마케팅 기회가 바로 리스트 관리, 캠페인 관리 등으로 이음새 없이 매끄러운 연결과 이에 대한 반응 분석도 쉽게 이루어 질 수 있는 것이다. 그래서 고객 데이터웨하우스를 구축할 때는 OLAP 따로, 캠페인 관리 툴 따로 이렇게 구축하는 것은 시간적으로나 효과측면에서 별로 바람직하지 못하고 고객 마트를 CRM 패키지가 포함하는 것이 오히려 유리하다고 볼 수 있다. 이러한 이유로 분석 CRM에 마케팅이 포함되어 있는 것이다.

이러한 분석 CRM을 구축 시 고려사항은 먼저 고객을 이해하기 위한 다양한 분석 및 기술 지원이 있어야 한다는 점과 고객 지식 베이스 구축이 관건이라는 점이다. 또한 특히 운영 CRM과 유기적 관계를 맺어야 하며, 데이터의 숨겨진 정보 획득과 분석정보 이해를 위한 도식화 등이 중요한 고려사항이라 할 수 있다.

2. 관련기술

1) 데이터웨하우스(Data Warehouse)

데이터웨하우스란 기업의 각 부문에 산재해 있는 개별 시스템의 데이터들을 활용목적 별로 통합하여 유연한 분석이 가능하도록 만들어 놓은 방대한 양의 데이터를 저장할 수 있는 대형전자창고(electronic warehouse)를 일컫는다.

데이터웨하우스의 개발은 데이터에서부터 출발한다. 일단 데이터들이 얻어지면, 이를 통합하여 시스템을 개발하고, 그 다음 정보 이용자들이 직접 사용하게 한 후 그들의 평가에 의해 정보이용자들의 needs를 파악한다. 데이터웨하우스 환경에서는 정보 이용자들의 요구사항을 알 수 없기 때문에, 이렇게 정보 이용자들의 요구사항을 파악한 후 이를 반영하여 시스템을 다시 up-grade 하게 된다. 이와 같은 개발주기를 갖는 데이터웨하우스의 특징 때문에 데이터웨하우스의 구축은 점진적이고 반복적으로 개발되어야 한다.

한편, 기업내의 운영 시스템(operational system)에 산재해있던 데이터들을 모아서 의사 결정을 효과적으로 지원해 줄 수 있는 데이터 형태로 다시 정의하고 통합하여 저장해 놓은 곳을 데이터웨하우스라고 한다면, 이를 활용하여 개별 부서 차원에서 각 부서의 특성에 맞게 데이터를 검색, 가공 및 분석할 수 있도록 해놓은 훨씬 작은 규모의 전자저장공간을 일반적으로 Data Mart라고 한다.

전사적인 데이터웨하우스와는 달리, Data Mart는 특정 주제나 부서가 중심이 되며, 개별적인 부서 혹은 사용자그룹에 의해 활용되는 소규모의 데이터웨하우스라 할 수 있다. 데이터마트는 데이터웨하우스를 대체하는 것은 아니지만, 오늘날 많은 기업들이 대규모의 데이터웨하우스를 구축하기 이전에 쉽게 실행에 옮길 수 있는 데이터마트부터 먼저 구축하곤 한다. 이러한 데이터마트를 활용하여 현업에서 일하는 최종사용자들은 보고서 작성이나 정보의 추출·분석 등 다양한 작업을 수행할 수 있다.

2) 데이터마이닝(Data Mining)

데이터마이닝이란 고객데이터, 외부데이터 등 데이터들간의 숨겨진 사실을 발견하기 위한 데이터 분석 방법이다. 알고 나면 당연하지만 미리 그 중요성을 인식하지 못했던 사실을 찾아내는 것이 데이터마이닝의 역할이다. 즉, 데이터마이닝은 새로운 사실이 밝혀지기 전까지는 당연하게 여겨지던 사실이 당연하지 않다는 것을 과학적으로 설명해 가는 과정이라 할 수 있다.

CRM에서의 데이터마이닝은 기업이 고객과의 관계에서 축적·교환된 데이터를 기업 입장에서 가치 있는 정보로 발굴하고 관리하는 일종의 정보 자동감지 및 비교·분석프로세스라고 할 수 있다. 또한, 체계화되고 잘 정립된 통계적 분석처리 방법과 전자적·기계적 학습프로그램을 활용하여 고객의 행태를 분석·예측하는 모델로도 볼 수 있다.

데이터마이닝은 다음과 같은 특성을 지니고 있다.

- 가치 있는 정보로 창출: 데이터마이닝 과정을 통하여 숨겨져 있는 데이터를 가치 있는 정보로 창출(발견과 발굴, 가공, 수정, 보완, 전환, 비교)하고 분석할 수 있다.

- 자동화된 분석도구의 지원 기능: 데이터 확보나 통계적 처리를 뛰어넘어 대량의 데이터로부터 새롭고 의미 있는 정보로 추출, 분석하여 마케팅이나 경영 등의 의사결정에 활용할 수 있다. 이러한 특성으로 인하여 마케팅 자동화 기능과 데이터웨하우스 구축이 병행되어야 한다.

- 특정 가설조건의 추출: 일반 질의나 다차원 분석을 위한 OLAP(On Line Analytical Process) 기능과는 달리 숨겨져 있는 새로운 정보의 조건적인 추출, 즉 특정 가설 중심으로 결과를 도출함으로써 분석과 판단이 가능하다.

- 의사결정에 활용 가능: 정보활용의 가치는 고객 확보나 관리 차원의 업무 영역도 있으나, 데이터마이닝을 통하여 단순한 관리 차원을 넘어 경영에 있어서의 중요한 의사결정 능력을 제고할 수 있다.

고객데이터 분석을 통해 정보의 전략적 활용, 고객과의 관계관리로 이어지는 CRM에서 데이터마이닝은 필수적이다. 데이터마이닝을 통한 CRM 프로세스는 데이터 발굴과 선택, 데이터 정리와 정제, 데이터 수정 및 보완, 데이터 변환, 데이터마이닝의 보완, 비교 및 평가의 과정으로 이루어진다.

- 데이터의 발굴과 선택: 데이터의 발굴과 선택은 데이터의 수집 및

확보방법의 개선을 말한다. 데이터를 수집할 때 과거처럼 무조건적으로 채우는 식이 아니라, CRM 운영의 전략적 차원에서 데이터마이닝을 염두에 두고 접근하는 자세가 요구된다. 데이터의 발굴은 고객과의 관계 개선 활동에 지대한 영향을 미치는 개인화와 밀접한 관련이 있는데, 이를 전제로 고객 개개인에 대한 데이터를 발굴하고 이용 가능한 데이터를 정제·분류·통합하여 보다 효과적으로 활용할 수 있도록 한다.

- 데이터의 정리와 정제: 데이터마이닝은 데이터의 정리와 정제를 기초로 데이터를 분류·정리할 수 있어야 한다. 과거의 고객데이터 확보 자체에 비중을 두는 고객관리 기능에서 이제는 고객접점 경로 별로 생성되는 다양하고 실시간적인 데이터를 확보·분석하여 고객관계나 로열티 등에 어떠한 영향을 미치는지를 살펴보는 것이 중요하다.

- 데이터의 수정과 보완: 데이터를 수정·보완하기 위해서는 정보처리의 기능을 강화해야 한다. 데이터는 수집과 확보(capturing) → 검증(verifying) → 분류(classifying) → 선별(sorting) → 요약과 압축(summarizing& constriction) → 계산(calculation) → 보관(storing) → 검색(retrieving) → 재생과 처리(reproducing) → 전달(communication)과 활용 등의 절차를 거쳐서 처리된다.

- 데이터의 변환: 데이터의 변환은 단위 별 데이터를 하나의 정보군으로 변환하는 작업이다. 기업은 이러한 데이터처리를 통하여 정보로서의 가치, 유용성, 타당성 등을 충분히 고려하고, 조직이 처하는 상황에 실시간으로 적절히 대응할 수 있게 한다. 데이터마이닝은 이

러한 상황대응력을 제고시켜준다.

- 데이터마이닝의 보완: 데이터마이닝은 단순하게 데이터를 모으고 분석하는 종전의 방식과는 구분되며, 차별화된 데이터의 보이지 않는 패턴이나 상황을 찾아내는데 그 의의가 있다. 따라서, 데이터마이닝은 기존 데이터베이스 조회 기능을 상호보완하고 심층 입체분석하며, 이를 참고로 하여 CRM의 업무 영역별·목적별 정보를 분석할 수 있어야 한다. 즉, 데이터마이닝은 고객이탈방지, 고객성향분석, 고객데이터 가치 분석, 고객 접점별 마케팅 효과 분석, 고객행동 가치분석, 고객별 로열티 증대방안 수립과 전개 등에 사용된다.

- 비교 및 평가: 데이터마이닝을 이용하여 전자상거래에서의 고객행태분석을 통해 타 경쟁기업간의 비교가 가능하고, 자사의 제품 및 서비스에 대한 평가가 가능하다.

3. 분석 CRM의 단계

분석 CRM은 영업/마케팅/서비스 측면에서 고객정보를 활용하기 위해 고객 데이터를 추출, 분석하는 시스템이다. 이를 통해 사업에 필요한 고객과 시장의 세분화, 고객 프로파일링, 제품 컨셉의 발견, 캠페인 관리, 이벤트 계획, 프로모션 계획 등의 기회 및 방법에 대한 아이디어가 도출된다. 분석적 CRM은 CRM의 기반기술들인 데이터 웨어하우징, 데이터마이닝, OLAP 등의 기반기술을 이용하여 고객의 행동양식을 분석, 예측하고 이를 통하여 고객의 충성도를 확보하는 것을 목표로 한다. 분석적 CRM의 단계를 살펴보면 다음과 같다.

- 1단계: 고객 분석 및 세분화(segmentation)

CRM을 위한 전략을 구상하는 단계로, 다양한 고객 속성 및 구매 정보 또는 데이터마이닝 기법들을 이용하여 고객의 성향을 다차원적으로 분석하고 그 결과로 고객을 세분화하여, 각 고객집단별로 구매를 창출할 수 있는 마케팅 전략을 수립하는 단계이다. 이러한 분석과 세분화는 이후 캠페인 관리와 효율적으로 연계, 활용될 수 있도록 지원 체계가 확립되어야 한다.

- 2단계: 캠페인 관리

1단계에서 수립된 전략에 근거하여 반복적으로 다양한 채널을 통해 캠페인을 실시한다. 이때 반복적으로 수행된 캠페인의 결과를 여러 각도에서 분석하여 보다 개선된 캠페인을 도출할 수 있도록 한다. 즉, 축적된 캠페인 결과 자료들을 이용하여 최적의 캠페인을 수행하도록 한다.

- 3단계: 고객 판매 및 서비스 제공

2단계에서 수행된 캠페인들의 결과를 수확하는 단계로 고객을 상대로 판매행위를 하여 실질적인 매출신장을 성취하는 단계이다.

- 4단계: 고객 반응 접수

앞에서의 단계들을 통해 수행된 일련의 마케팅 과정에 대한 고객의 만족도를 조사하여 이를 분석하고 그 결과를 다시 1단계에 반영하여 한층 개선된 고객관계를 정립한다. 이때, 캠페인 성과의 분석 내용으로는 캠페인 실적분석, 고객 반응분석, 채널 효율성 분석, ROI분석 등이 있다.

제3절 협업 CRM(Collaborative CRM)

1. 정의 및 고려사항

협업 CRM은 Customer Interaction Management라는 말과 같이 고객과 기업 사이에 정보교환이 원활하게 이루어지도록 e-메일, 개인화된 인쇄, e-커뮤니티 및 다른 유사한 도구들을 포함하는 협업적 서비스 제공과 활용을 지원한다. 인터넷을 기반으로 한 전자상거래 사이트 및 포탈 사이트들의 급성장과 오프라인 기업들의 온라인화가 가속화되면서, 인터넷에 대응하는 신개념의 CRM으로서 특히 e-CRM에서 강화된 분야이다. 또한 협업이라는 의미는 분석과 운영시스템의 통합을 의미한다. e-비즈니스 환경에서 각 고객별로 차별화 된 서비스를 제공하는 웹 개인화 서비스 시스템이 대표적 예이다.

협업 CRM은 기존의 오프라인 CRM에 비해 인터넷을 통해 고객 데이터를 수집하고 고객과 커뮤니케이션할 수 있다는 특징이 있다. 또 e-비즈니스의 특징인 실시간 반응(real time reaction), 실시간 가격 책정(real time pricing) 등을 CRM에 도입할 수 있다는 장점이 있다. 또 e-CRM은 고객과 회사간의 물리적인 거리를 제거함으로써 글로벌 관점에서 고객 관리를 할 수 있다. 즉 e-CRM을 이용하면 아프리카나 알래스카에 있는 고객이라도 얼마든지 관리할 수 있다.

물론 e-비즈니스 기업은 오프라인 비즈니스 기업에 비해 고객 데이터를 쉽게 수집할 수 있는 특성 때문에 e-CRM을 도입하기가 용이하며, 더 정교한 e-CRM을 전개하고자 할 것이다. 그러나 e-CRM은 e-비즈니스 기업만이 실행할 수 있는 것은 아니다. 오프라인 기업도 고객 관리는 인터넷을 통해 할 수 있으므로 e-CRM을 이용할 수 있다.

협업 CRM은 타 솔루션과의 상호 연동을 위한 부분이다. 특히 이 부분에 대해서는 최근 화두에 오르고 있는 PRM(Partner Relationship Management)과 Demand Chain Management라 하는 것이 협업 CRM의 대표적인 것이며, 기업 내부의 Enterprise Application의 통합도 CRM에서는 중요한 요소이기 때문에 EAI(Enterprise Application Integration)도 협업 CRM의 중요한 요소이다. 또한 공동 마케팅을 위한 Loyalty Program, Profiling, Publish Network 등이 있다.

협업 CRM에서의 고려사항은 먼저 〈그림 4.6〉와 같은 Internet, e-mail, 전화, VoIP, 대면접촉 등과 같은 채널(Customer Touch Points)의 다양화 문제일 것이다. 또한 언제 어디서나 어떻게든 서비스를(Any Time, Any Where, Any How) 구현해야 하는 문제도 중요하다. 마지막으로 여러 다양한 서비스를 다양한 채널에 걸쳐 모두 일관된 메시지를 제공해야 한다는 것이 중요 고려사항이다.

〈그림 4.6〉 고객접점

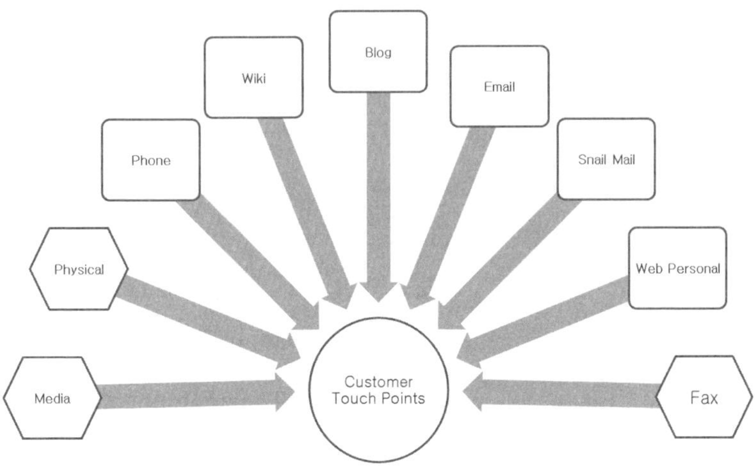

자료: Elijah Ezendu, CRM

2. 협업 CRM의 구성요소

협업 CRM 시스템은 고객 접점 채널과 이러한 고객 접점 채널들을 총괄하여 일관된 고객 커뮤니케이션을 이루도록 지원하는 고객상호작용센터로 구성된다.

1) 고객접점채널

고객접점채널은 크게 고객과의 직접적인 대면 여부에 따라 대면채널과 비대면채널로 구분할 수 있다.

(1) 대면채널: 대면채널은 본사·본점, 지점, 매장, 영업 사원의 방문, 그리고 고객서비스센터와 같이 고객과의 직접적인 대면 접촉이 이루어지는 채널을 의미한다. 대면채널은 고객과의 직접적인 상호작용이 가능하므로 고객의 니즈를 충분히 파악할 수 있는 기회가 제공되기 때문에 비대면채널에 비해서 고객 접촉의 효과가 매우 높게 나타나며, 아울러 풍부한 고객정보를 획득할 수 있다는 장점을 가지고 있다.
하지만, 대면 접촉 채널은 비대면 채널에 비해 운영 비용이 매우 높으며, 사람이 직접 응대한다는 점 때문에 인적 자원 증대에 따른 부담과 시간과 공간의 제약 사항이 존재한다는 단점이 있다. 또한, 대면채널의 성과는 고객을 응대하는 직원의 개별 역량에 따라 많은 차이가 발생할 수 있다는 점을 고려해야 한다.

(2) 비대면채널: 비대면채널은 고객과 직접적인 대면 접촉을 하지 않는 전화, 인터넷, e-메일, 팩스, 우편(DM), SMS, 그리고 ATM이나 키오스크(Kiosk)와 같은 무인 단말기기 등을 포함한다. 비

대면채널의 장점은 대면채널과는 반대로 운영에 있어서 시간과 공간의 제약이 거의 없으며, 초기 구축 비용 이외의 운영 비용도 상대적으로 낮다는 장점이 있다. 또한, 채널의 효과가 시스템적으로 운영되기 때문에 개인의 역량에 의해 좌우되지 않는다는 것도 장점이라고 할 수 있다.

단, 비대면채널은 기계적인 접촉 채널인 만큼 고객과의 충분한 상호작용을 이끌어내기 어렵기 때문에, 새로운 고객 관계를 획득하거나, 고객과의 관계를 강화하고자 하는 고도의 CRM 전략을 수행하는 데는 다소 한계가 있다는 단점을 가지고 있다.

한편, 대면채널과 비대면채널이 갖는 장단점은 상호보완적인 측면에서 다루어져야 한다. 가령, 대면채널에서의 개별 역량에 따른 채널 성과의 차이와 높은 운영 비용의 문제는 대면 접촉 시 정보 시스템을 통한 통합된 고객정보의 지원과 비수익성 고객에 대한 비대면채널로의 전환을 통해서 해결할 수 있다. 또한, 비대면채널의 상호작용 부족의 문제는 접수되는 고객의 요청과 메시지의 형태에 따라 전략적으로 대면접촉 채널과의 연계를 도모함으로써 해결될 수 있을 것이다.

따라서, 고객접점채널의 할당과 운용은 상황에 따라 매우 동적으로 이루어져야 하는데, 이를 위해서는 제품·서비스의 특성, 고객의 특성, 고객의 선호, 개인별 채널의 성과, 내부적인 채널 전략 기준, 그리고 마케팅 메시지의 특성 등과 같이 마케팅 채널 전략을 구성하는 다양한 판단 기준을 함께 고려하는 것이 필요하다.

2) 고객상호작용센터

고객상호작용센터(Customer Interaction Center)는 고도화된 콜센터 기능과 고객서비스 지원기능, 그리고 기타 여러 운영 CRM 활동들의 채널 전개를 지원하는 통합된 고객접점 운영 시스템이라고 할 수 있다. 고객상호작용센터의 이러한 특징으로 이것을 협업 CRM 시스템뿐만 아니라. 운영 CRM 시스템의 일부로 보는 시각도 있다.

협업 CRM 시스템의 관점에서 고객상호작용센터는 모든 채널들을 전사적인 관점에서 총괄하여 운영하기 때문에 이른바 '통합 마케팅 커뮤니케이션(Integrated Marketing Communication)'을 구현하는 역할을 제공한다고 볼 수 있다. 또한, 고객상호작용센터는 제품 운송 체계나 계약 관리, 품질 보증, 서비스 부문의 계획, 그리고 결점 추적 기능을 지원하는 필드서비스 자동화(FSA, Field Service Automation)와 FAQ, 주문 및 배송상태 조회, 고객자가진단, 온라인 원격지원과 같은 웹 기반 고객서비스 기능을 제공하기 때문에 운영 CRM의 고객서비스 관점에서도 바라볼 수 있다.

3. 개인화

개인화(Personalization) 솔루션은 협업 CRM에서 가장 중요한 기능이다. 개인화 기능은 온라인 상 많은 곳에서 그 역할을 첨가해 기존 기능이나 역할을 몇 배로 효과적이고 눈에 띄게 달라진 모습을 보여 줄 수 있는 기능이기 때문이다. 다시 말하면 다른 투자에 비해 눈에 띄게 성과(ROI)를 볼 수 있는 기능이라고 할 수 있기 때문이다. 그래서 협업 CRM을 말하면 가장 먼저 생각하는 것이 개인화이다.

그러나 개인화가 단순히 웹 페이지 개인화만 생각해서는 안되며 여러 가지 Entity들이 개인화를 필요로 하고 있다. 예를 들어 캠페인도 개인화를 요구하고 있으며, Call Center의 CTI도 개인화를 필요로 하고 있다.

일반적으로 많이 쓰이는 방법들은 규칙 기반 필터링(Rules-based filtering), 협업 필터링(Collaborative filtering), 학습 에이전트

(Learning agent) 등을 들 수 있다. 각각의 방법들은 실행 방법과 비용에서 차이를 가지고 있으며, 일반적으로 웹사이트 개인화에는 한 가지 방법만 사용하는 것이 아니라 위에서 말한 것들 중 두 세가지 방법을 혼합해서 사용한다. 따라서 각 방법들의 비용과 이로 인해 나타나는 직간접적인 효과를 정확하게 판단하고 적절한 방법을 선택하는 것이 매우 중요하다.

개인화의 방법 중 가장 기초적이고 일반적인 것은 규칙 기반 필터링(Rules-based filtering)이다. 이 방법은 사용자에게 개인 신상, 관심 분야, 선호도 등에 대한 몇 가지 질문을 하는 것이 일반적이다. 예를 들어 우편번호, 사용하는 컴퓨터의 종류, 취미, 어떤 특정한 사항에 대한 선호도 등을 묻는 경우 우편번호는 그 사람이 어떤 지역에 거주하는 지를 알아내는데 사용되며 몇 가지 질문을 거치는 것을 통해 그 사람에 대한 정보들의 프로파일(Profile)이 생기게 된다. 웹 개인화 담당자는 이렇게 수집된 사용자의 인구 통계학적/심리적 정보와 사용자의 선호도 정보에 알맞은 정보 및 상품을 추천 혹은 제공하는 것이다.

협업 필터링(Collaborative filtering)은 사용자들의 기초 정보와 고객들의 선호도/관심 표현을 바탕으로 선호도/관심에서 비슷한 패턴을 보이는 고객들을 묶는 것을 통해 고객 서비스 방향을 결정한다. 즉 비슷한 취향을 가진 고객들에게 서로 아직 구매하지 않은 상품들을 교차 추천하거나 분류된 고객의 취향이나 생활 형태에 따라 관련 상품을 추천하는 형태로 서비스를 제공한다.

협업 필터링이 사용자들의 자발적인 정보 입력이나 구매를 기준으로 사용자들에 대한 정보나 추천을 제공하는데 반해 학습 에이전트(Learning agent) 기술은 덜 의도적인 방법으로 사용자의 정보를 수집한다. 사용자가 사이트 내에서 어떤 페이지에 오래 머무르는지,

어떤 페이지를 인쇄하는지, 어떤 제품을 구매하는지 등 일종의 로그 분석을 통하여 파악한 사용자들의 행동을 기준으로 사용자의 선호도와 관심을 알아내고 이를 바탕으로 사용자들에게 적절한 내용을 제공하게 된다.

1) 규칙 기반 필터링(Rule-based filtering)

규칙 기반 필터링에서의 규칙이란 어떠한 특정 규칙을 말한다. 즉, 흔히 우리가 표현할 때 If… Then…으로 표현하는 조건과 실행문으로 구성된 규칙을 말하는 것이다. 예를 들어 "Login하면 해당 고객 ID에 할당되어 있는 캠페인을 검색한다", "해당 고객 ID에 할당된 캠페인 있으면 frame ID xxxx에 Campaign Contents xxxx를 채워라" 앞의 문장들은 모두 조건문과 실행문으로 구성된 Rule이다. 이러한 여러 관련 있는 룰들을 하나로 묶은 것을 Rulebase라고 한다. Rulebase가 여러 개가 모여 Rulebase를 이용한 개인화를 가능하게 해준다.

2) 학습 에이전트(Learning agent)

규칙기반 필터링이나 협업 필터링이 사용자들의 자발적인 정보 입력이나 구매를 기준으로 정보를 제공하거나 추천하는데 반해, 의도적인 방법으로 사용자의 활동 상태를 통하여 관심을 갖는 내용을 학습하여 추천하는 방법이 학습 에이전트(Learning agent)이다. 이 방법은 일정한 기준을 두어 웹 페이지를 분류하고, 사용자가 오래 머무르는 웹 페이지(선택하거나 인쇄한 컨텐츠), 구매하는 상품 등을 토대로 지능적으로 고객이 선호하는 것을 파악하여 알맞은 정보를 제공하는 것이다. 예를 들어 고객이 노트북 상품 카테고리를 자주 살펴보고 체류하는 시간이 길어질 때 노트북 컴퓨터의 구매를 고려하고 있다고 판단하고 노트북에 대한 상품제안을 제시하는 형태이다.

3) 협업 필터링(Collaborative filtering)

협업 필터링은 추천시스템 분야에서 가장 성공적인 추천기법으로 전자상거래 기업에 널리 이용되고 있다[3](Konstan et al. 1997). 협업 필터링의 핵심은 추천대상 고객과 유사한 고객들을 찾고, 선호도가 유사한 고객군에서 높이 평가한 아이템을 추천하는 것이다. 추천시스템에 이용되는 협업 필터링에는 크게 두 가지 접근방법으로 나눌 수 있다. 사용자 기반 협업 필터링과 아이템 기반 협업 필터링이 그것이다[4](Herlocker et al. 1999).

사용자 기반 협업 필터링은 사용자 간의 유사성을 측정하여 선호도가 비슷한 다른 고객들이 평가한 상품을 기반으로 어떤 특정 고객이 선호할만한 상품을 추천하는 방식이다. 즉, 사용자 기반 협업 필터링 방식은 사용자와 사용자 간의 연관관계를 파악하는 것이 핵심이며, 이처럼 다른 사용자 집단의 패턴을 기반으로 추천하는 알고리즘이라는 의미에서 '사회적 필터링'이라고 부르기도 한다. 사용자 기반 협업 필터링에서 사용자 간의 연관성을 토대로 어떤 특정 고객과 선호도가 비슷한 이웃들을 선정하는 기법으로는 클러스터링, 최근접 이웃 추출법, 베이지안 네트워크 등이 있다.

사용자 기반 협업 필터링은 선호도가 비슷한 유사 고객들이 동일하게 평가한 상품에 대하여 상대적으로 높은 예측력을 보이고 있고 (Konstan et al. 1997), 새로운 상품에 대한 예측도 가능하며, 데이터가 많은 경우에는 다른 기법에 비해 상대적으로 정확한 예측을 한다

---

3 Konstan, J.A., Miller, B.N., Maltz, D., Herlocker, J.L., Gordon, L.R., Riedl, J.(1997), Communications of the ACM, Vol.40 No.3 pp77-87.

4 Herlocker, J.L., Konstan, J.A., Borchers, A., Riedl, J.(1999), Proceedings of the 22nd International Conference on Research and Development in Information Retrieval, ACM, Berkeley, CA pp230-7.

는 장점을 가지고 있다. 그러나, 사용자 기반 협업 필터링의 한계점은, 둘 또는 그 이상의 고객이 모두 평가를 내린 동일 상품이 있어야 하는데, 고객들이 서로 이질적인 평가를 한 상품에 대해서는 단지 두 고객 사이에서만 상관관계를 구하므로 예측의 정확성이 떨어질 가능성이 있다는 것이다. 또한, 고객의 집단이 커지면 규모의 문제(scalability problem)가 발생하게 되어 연산처리를 많이 해야 한다는 단점도 가지고 있다.

협업 필터링의 또 하나의 방법으로는 아이템 기반 협업 필터링이 있다. 아이템 기반 협업 필터링은 대부분의 사람들이 과거에 자신이 좋아했던 상품과 유사한 상품을 선호하는 경향이 있고, 반대로 싫어하거나 선호하지 않았던 상품과 유사한 상품은 선호하지 않는 경향이 있다는 점을 근간으로 하고 있다. 아이템 기반 협업 필터링은 아이템 간의 유사성, 즉 고객이 선호도 등급을 입력한 기존 상품들과 추천하고자 하는 상품들 간의 유사성을 측정하여 어떤 특정 고객이 어떤 상품을 선호하는지 예측하여 추천하는 방식이다.

즉, 예측하고자 하는 상품과 유사한 상품들에 대하여 고객이 높은 점수로 평가하였다면 그 상품도 높게 평가할 것이며, 반면에 낮은 점수로 평가하였다면 그 상품도 역시 낮은 점수로 평가할 것이라고 예측하는 것이다. 이 방법은 상품들 간의 유사도를 계산하기 위하여 두 상품 모두에 선호도를 입력한 고객들의 선호도를 사용한다. 그러나, 고객들 간의 유사도가 전혀 고려되지 않기 때문에, 어떤 특정 고객과 전혀 선호도가 다른 사용자들의 평가를 기반으로 한다면 상품들 간의 상관관계 정확도가 떨어지게 되어 추천시스템의 예측력과 추천능력이 떨어지게 될 수 있다.

제5장

e-CRM

1990대 말부터 기업의 경영환경에 있어서 경쟁이 심화되고, 정보기술의 잠재 도입효과가 커짐에 따라 경영혁신은 기업생존의 필수 조건이 되었고, 고객 관리는 기업혁신에 있어서 매우 중요한 부분으로 인식되고 있다. 기존의 판매자 중심의 시장에서는 고객이 물건을 파는 사람을 찾아야 했지만, 현재의 고객중심의 시장에서는 기업이 고객의 특성 및 요구사항을 정확하게 파악하여 제품과 서비스를 공급해야만 기업의 핵심역량을 강화할 수 있다. 이에 따라 기업의 마케팅 패러다임은 제품 판매 중심에서 기존의 우수고객을 유지하고 신규고객을 확보하는 관계 마케팅으로 이동하고 있다.

이와 관련된 정보기술의 발전을 살펴보면 정보접근도구의 발전과 인터넷의 발전으로 나누어 살펴볼 수 있다. 정보접근도구의 측면에서는 관계형 데이터베이스의 일반화 및 데이터웨어하우스의 발전을 들 수 있다. 기업들은 관계형 데이터베이스를 이용하여 트랜잭션 중심의 정형화된 데이터를 효과적으로 관리하고 있으며, 데이터웨어하우스를 이용하여 의사결정지원과 관계된 핵심 데이터의 관리를 수행하고 있다. 인터넷의 발전 측면을 살펴보면, 인터넷을 기반으로 기업들은 온라인 마케팅, e-mail 마케팅 등의 수단으로 고객에게 더욱 효과적으로 접근할 수 있게 되었으며, 마케팅 비용을 절감하는 동시에 정보를 전략적으로 제공, 수집할 수 있게 되었다.

위에서 언급한 정보기술의 발전을 이용하여 효과적인 고객관리를 수행하기 위해 도입된 개념이 CRM이며, 이를 인터넷 중심으로 적용한 개념이 e-CRM이다. 이러한 e-CRM의 정확한 이해와 올바른 활용을 위해 e-CRM의 등장과 특징, 앞으로의 활동방안 그리고 사례를 통한 e-CRM의 분석을 살펴보도록 한다.

제1절 e-CRM의 시작

1. e-business의 출현

e-business는 인터넷을 기업경영에 도입하여 기존 기업의 경영활동영역을 가상공간으로 이전시킨 것을 말한다. 이를 통해 기업은 가치사슬 재구축을 통한 경영의 효율화를 도모하고 새로운 business 모델의 창출을 통해 신규 수익원을 확보하고, 고객관계 강화를 통해 고객가치를 증대시킬 수 있다. e-business의 성공적인 추진을 위해서는 핵심 축(신가치 창출성, 네트워크 통합성), 추진 프로세스(진단, 비전, 전략, 실행계획, 실행), 추진유형(경영 프로세스의 효율화, 신규 비즈니스의 개척)별 전략 수립, 인프라(조직구조, 기업문화, 정보 시스템) 등이 필수적으로 고려되어야 한다.

디지털 경제의 확산이 기존 제조업체들에게 위기로 인식되면서 e-business가 생존을 위한 필수요소로 자리 잡게 되었다. 이렇게 생성된 e-business 기업들은 진정한 고객을 확보하고 유지하는 방법에 대해 관심을 가지게 되었고, e-CRM의 발전으로 이어지게 된다.

2. e-CRM의 발전 단계

e-CRM의 발전 단계를 시대적으로 살펴보면, 1970년대의 대중 마케팅, 1980년대의 세분화 마케팅, 1990년대 이후의 타깃 마케팅, 틈새 마케팅, 일대일 마케팅(One to One Marketing)으로 발전해 왔다.

1) 대중 마케팅(Mass Marketing)

1970년대는 대량 생산 체제와 영업 위주의 마케팅을 전개하는 시기였다. 따라서 국가 간 경쟁이 본격화되지 않은 시기라고 할 수 있다. TV와 같은 광고매체를 통하여 고객에게 상품을 알림으로써 대량 판매가 가능하였다. 이 시대를 대중 마케팅(Mass Marketing) 시대라고 표현한다.

2) 세분화 마케팅(Segment Marketing)

1980년대는 경쟁 상황이 심화되면서 마케팅 활동의 중요성이 부각되었다. 기업들은 다양화된 고객의 요구에 적합한 제품을 개발하고 제품의 품질을 개선해야 했다. 이때부터 고객 만족도를 높이는 것이 마케팅의 주요한 목표가 되었다. 보다 나은 상품으로 고객의 선택을 받기 위해 기업은 품질을 개선하고 새로운 상품을 개발하는데 초점을 맞추었고, 고객들에게 단지 제품을 홍보하는 차원이 아니라 보다 나은 이미지를 구축하기 위해 많은 기업들이 대중 매체를 통해 기업 이미지를 개선하는데 주력하였다.

따라서 기업은 다양화된 고객의 기호와 치열해진 경쟁을 위해 시장을 세분화하고 세분된 시장에 맞는 제품을 공급하기 시작하였다. 이것이 세분화 마케팅(Segment Marketing)이다.

3) 일대일 마케팅(One to One Marketing)

1990년대 기업 내 정보 시스템의 구축과 데이터베이스 기술의 발전 등과 함께 세분화 마케팅(Segment Marketing)은 타깃 마케팅(Target Marketing), 틈새 마케팅(Niche Marketing), 일대일 마케팅(One to One Marketing)으로 점차 세분화되고 고도화된다. 이러한 세분화된 마케팅 방식은 대단히 많은 분량의 데이터를 요구하는 것으로, 기업들은 데이터베이스 기술을 활용해 데이터베이스 마케팅(Database Marketing)을 도입하여 DM, TM 등에 많은 투자를 하였지만, 세분화된 시장에 적합한 마케팅 전략을 전개하는 데는 많은 한계가 있었다.

즉, 특정 고객을 상대로 하는 제품을 전체 고객에게 홍보하는 방식의 한계를 지니고 있었다. 또한 마케팅 활동이 특정 부서 중심으로만 진행되는 문제를 안고 있었다. 그러나 양방향성을 주 특성으로 하는 인터넷의 등장으로 이러한 DB 마케팅의 한계를 극복할 수 있는 e-CRM이 대두되었다.

종합해 보면, 마케팅 패러다임 변천은 단순한 상품 판매와 시장 점유율 증대를 목적으로 하는 거래 지향적 마케팅(Transaction-Oriented Marketing)에서 장기적으로 고객과의 관계를 구축하고 더 나아가서는 고객과 기업이 파트너십을 형성하는 단계로까지 나아가게 되는 관계 마케팅(Relationship Marketing)으로 이동하였으며, 정보 기술의 발달과 양방향 미디어인 인터넷의 등장이 이를 가속화시키고 있다.

3. CRM에서 e-CRM으로

앞서 말했던 것처럼 CRM을 실현시킬 수 있게 된 가장 큰 배경은 IT의 눈부신 발전이다. 그중에서도 인터넷의 폭발적인 보급으로 인해 CRM에 있어서 인터넷은 없어서는 안 될 존재가 되었다. 원래 인터넷은 저비용의 정보매체인 동시에 효율적인 커뮤니케이션 수단으로서, 주로 기업에 있어 비용절감을 목적으로 이용되어 왔다. 그러던 것이 고객에 대한 일대일 서비스(Personalize: 개인화) 채널로서의 풍부한 기능성, 가망 고객화에서 고객화로 나아가 우량 고객화, 지지자화에 이르기까지 CRM의 모든 단계를 실현시킬 수 있고, 고객의 행동이 그대로 데이터로서 축적되는 등 고객과의 관계를 유지하기 위해 다방면으로 쓰이게 되었다.

이러한 정보기술의 발달과 인터넷의 확산은 고객으로 하여금 용이하게 정보를 획득할 수 있도록 함으로써, 고객의 힘을 강화시키는 역할을 하고 있다. 또한 산업 간의 경계가 무너지고 시장진입이 용이해짐에 따라, 새로운 기회와 위협에 직면하게 된 기업은 변화의 필요성을 강하게 느끼게 되었다. 더욱이 정보의 공개화로 인하여 가격경쟁이 점차 가속화됨에 따라 기업은 생존하기 위하여 충성스럽고 가치 있는 고객을 선별·유지·관리할 필요성을 느끼게 되었다.

1) 증대된 고객의 파워

예로부터 정보는 곧 힘으로 인식되었다. 과거 매스 마케팅 시대에는 기업이 정보를 가지고, 일방적인 커뮤니케이션 매체를 통하여 고객들에게 선별적이며 제한적으로 정보를 제공함으로써, 고객을 손쉽게 유인하거나 통제할 수 있었다. 그러나 인터넷과 정보기술의 발달로 기업과 고객 간의 관계는 새로운 전환기를 맞게 되었다. 고객은 인터넷 등

정보통신기술을 이용하여 광범위한 정보를 신속하게 획득하여 분석할 수 있게 되었다.

경우에 따라서는 기업보다 고객이 보다 폭넓고 깊은 정보를 가지고 있는 상황도 발생하고 있다. 이제는 구매자인 고객이 칼자루를 쥐고 기업을 선택한다. 즉, 인터넷으로 인하여 고객의 선택폭이 크게 확대됨에 따라 선택은 더 이상 기업의 전유물이 아니라 고객의 것을 변해가고 있다. 인터넷과 디지털 정보기술의 발달은 협상의 힘을 기업에서 고객에게로 급속하게 이동시키고 있다. 이러한 기업으로부터 고객에게로의 파워의 이동이 인터넷의 발달과 확산으로 인한 가장 큰 변화로 나타나고 있다.

2) 기업 변화의 필요성

인터넷의 발달과 확산은 기업의 입장에서는 기회인 동시에 위협요인이 되고 있다. 시장의 진입장벽을 낮추고 시·공간상의 제약을 제거함으로써 시장을 확대시키고 새로운 시장을 창출할 수 있다는 점이 기회요인이 된다. 자유로운 시장진출의 기회가 부여되고, 시간적/공간적 제약이 약화됨에 따라, 기존의 시장을 확대하거나, 다양한 틈새시장을 창출하는 것이 가능하게 되었다. 또한, 시간/공간에 구애받지 않고 광고를 하여 수요를 창출할 수 잇다는 이점과 새로운 사업자의 진출로 인하여, 인터넷 상의 시장규모는 점차 확대되어 기업에게 중요한 기회요인이 되고 있다.

그러나 이러한 인터넷 정보혁명은 기업에게 기회요인만 제공하는 것이 아니라, 동시에 위협요인이 되기도 한다. 우선 시장의 진입장벽이 낮아짐으로써 경쟁이 심화되고 있다. 인터넷이란 매체가 생겨나면서 충분한 자본과 공간 없이 아이디어만 가지고도 시장에 진출하여 사업을 할 수 있게 되었다. 최근에 많이 생겨나고 있는 쇼핑몰 중에는 오프라인 상에 창고나 상품 없이 인터넷을 통한 중개 업무만을 수행하는 곳들이 많다.

이와 같이 새로이 시장에 진입할 경우, 부딪히는 진입장벽이 낮아짐에 따라 경쟁은 점차로 높아질 수밖에 없다. 따라서 인터넷 등 정보통신기술의 발달은 새로운 시장에 진입할 수 있는 기회를 제공함과 동시에 치열한 경쟁을 촉발시키는 위협요인으로 작용하고 있다.

또한 인터넷 등 정보통신기술의 발달은 산업 간의 경계를 없앰으로써 산업 간의 경쟁을 촉발시키고 있다. 산업 간의 경계는 불투명해지고 사라지게 될 것이다. 산업 간의 경계가 불투명하게 되면 기존의 명확한 경계 안에서 제한적으로 경쟁하는 경우와는 달리, 기업은 완전경쟁에 노출됨으로써 여러 산업의 선두 기업들과 경쟁을 해야 한다. 이와 같이 인터넷과 정보통신의 발달은 산업 간의 경계를 없애고, 경쟁을 가속화시키고 있다. 경우에 따라서 이것이 기업에게 다른 무엇보다도 가장 큰 위협적 요인이 될 수 있다.

3) 치열한 가격경쟁

요즘은 거의 모든 고객들이 가격에 민감하게 반응하고, 가격에 대해 많은 신경을 쓰고 있다. 이처럼 가격에 대한 관심이 높아지고 있는 이유 중의 하나는 인터넷을 이용한 정보탐색이 쉬워졌기 때문이다. 이제 고객은 언제 어디서나 원하는 상품에 대한 정보를 손쉽게 비교해볼 수 있다. 심지어는 낮은 가격을 찾는 것을 게임처럼 생각하고 이를 즐기는 사람들까지 생겨나고 있다.

또한 제품 구경은 대리점에서 하고, 실제 구입은 인터넷 쇼핑몰 등 다른 유통채널을 통하여 구매하는 경우도 많다. 대리점에 와서도 "이 제품은 얼마입니까?"라고 물어보기보다는 "인터넷을 보니까 가격이 이러하던데 이 가격에 주실 수 있으십니까?"라고 물어보는 고객들이 늘고 있다고 한다. 이처럼 인터넷 쇼핑은 고객들로 하여금 상품에 대한 일반적인 특성보다는 가격에 보다 많은 관심을 집중하도록 유도하는 경향이 있다.

직접 대리점을 방문하여 이것저것 마음에 드는 제품을 만져 보고, 점원에게 질문도 건네면서 원하는 제품을 구입하던 과거에는, "다음에 오겠습니다"라는 말을 하고 점포를 나서게 되면 괜히 미안한 마음이 들었다. 그러나 요즘은 단순히 마우스를 한 번 클릭함으로써, 한 점포에서 다른 점포로 부담감 없이 옮겨 다닐 수 있게 되었다.

이것 또한 소비자로 하여금 점포와의 관계보다는 가격에 민감하게 반응하도록 유도함으로써, 기존의 충성스러운 고객까지도 가격에 연연하는 단순거래고객으로 전환 시키는 역할을 하고 있다. 또한 서로 가격을 낮추는 가격경쟁은 고객들로 하여금 "조금만 기다리면 가격이 더 내리겠지"라고 생각하도록 만드는 학습효과를 제공하고 있다.

이처럼 가격에 치중하는 고객들이 많이 늘어남에 따라 기업은 보다 치열한 경쟁에 직면하게 되었다, 이러한 환경에서 생존하고 발전하기 위하여 기업은 수익성과 충성도가 높은 고객들을 보다 적극적으로 선별하여 집중관리하고 유지하여야 한다. 기업이 이러한 목적을 효과적으로 달성하기 위하여, CRM이 더욱 필요하게 되었다.

제2절 e-CRM

1. e-CRM의 정의

CRM은 'Customer Relationship Management', 즉 고객관계관리의 약자로서 온라인(on-line)과 오프라인(off-line)등의 다양한

고객 접촉경로를 활용하여 고객관계를 개선시키고 고객 만족도와 고객상황 대응능력을 향상시키며 고정고객 관리 능력을 개선함으로써 궁극적으로는 고객로열티를 증진시켜 기업의 수익구조와 고객의 이익을 개선하는 고객 중심 경영활동 내지는 솔루션 운용활동을 말한다.

또한 신규고객의 획득, 기존고객의 유지 및 관리, 로열티 고객화 실현에 있어서 지속적인 고객커뮤니케이션 활동을 진행하는 전사적인 고객경영 활동이다. 최근에는 디지털 기술을 활용하여 e-환경하에서 고객접점과 커뮤니케이션, 분석활동을 실시간에 전개함은 물론 고객과의 거래에 관계되는 온라인과 오프라인 정보를 통합적으로 관리할 수 있는 '고객정보통합시스템'을 구축하여 고객의 섬세하고 개별적인 니즈(needs, 요구+욕구)까지 파악하여 고객생애가치를 극대화하고 이익률을 제고하고 있다.

따라서 CRM은 고객정보와 거래정보의 통합 활용으로 고객관계가치의 발굴, 고객정보의 차별적 활용, 커뮤니케이션 및 로열티를 강화함으로써 고객과 기업의 이익을 동시에 추구하는 것이라고 할 수 있다.

e-CRM은 첫째, 온라인상의 전자적 고객접점 경로이다. 크게 상품과 서비스, 컨텐츠를 온라인상의 고객접촉 수단(인터넷, E-MAIL, 이동통신, 휴대폰, 전자카탈로그 등)과 원리를 활용하여 수시 또는 즉시로 쌓이는 기업 내, 외부의 고객 관련 정보를 통합하고 가공, 재정리 분류하여 이것을 전략적으로 분석함으로써 고객과의 관계 개선을 통해 고객만족도를 향상시키고 고정고객화를 통해 고객로열티를 증진시켜 궁극적으로는 수익구조를 개선하는 경영 관리활동 내지는 솔루션 운용활동을 말한다.

둘째, 공격적, 비대면적인 고객접촉이다. 온라인상에서의 고객접촉은 동시에 여러 경로에서 커뮤니케이션이 가능하며, 실시간 데이터 또는 비대면 접촉이 가능하다. 또한 고객접촉 상황의 기록과 관리, 보관이 용이하며 실시간 고객행동의 분석과 자료 추적 등이 강하다. 따라서 온라인 고객접점 경로는 오프라인 중심의 CRM 고객접점 경로에 비행 대량의 E-MAIL 발송, 동시 캠페인 처리, 이벤트 참여, 평가나 테스트 결과 체크 및 자동 통보 등의 마케팅 활동 내지는 서비스 활동까지 비대면 접촉 상황에서 공격적으로 실행할 수 있다.

셋째, 무점포 중심의 통합커뮤니케이션이다. 일부에서는 오프라인 중심의 고객접촉 경로를 활용하면 CRM으로 보고, 인터넷 등 온라인 중심의 무점포를 활용한 CRM을 e-CRM으로 보는 경우가 있다. 이처럼 e-CRM은 고객과의 비대면적인 무점포 중심, 인터넷 네트워크 중심의 고객접촉성이 높게 나타나는 대고객 커뮤니케이션 영역이라고 할 수 있다.

넷째, 디지털 환경 중심의 다기능 접촉도구의 활용이다. 디지털 경영과 디지털 마케팅이 강화될수록 e-CRM 중심의 고객접촉 빈도와 범위가 왕성해짐으로써 이에 대한 새로운 커뮤니케이션 방법과 장비, 관련 컨텐츠의 발굴과 관심사하의 업그레이드 등 고객관계를 향상시키려는 활동이 요구된다.

다섯째, 인터넷 고객센터에서의 고정고객 관리 강화이다. 인터넷 고객센터에서는 네트워크 환경 중심에서 텔레마케팅을 실시간으로 연계하여 고객응대를 종합적으로 처리할 수 있고 고객응대 요원이 통합된 고객정보 데이터베이스를 활용하여 개별적으로 상세하게 상담에 임할 수 있다. 즉, 종전의 CTI(Computer Telephoney Integration)가 주로 콜처리 중심의 데이터 통합이었다면 인터넷 고객센터는 음성 데이터의 통합, 메시징, IT플랫폼 등으로 인터넷 환경중심에서 콜처리 능력을 강화함으로써 e-CRM 분석과 활용 능력을 급격히 향상시키고 있다.

e-CRM을 통해서 기업들이 고객에게 제공하는 가치는 다양하며 가치의 분류에 따른 대표적인 예로 〈표 5.1〉를 살펴볼 수 있다.

〈표 5.1〉 e-CRM을 통해 고객에게 제공하는 가치

분류	회사	내용
매력적인 가격	이트레이드	• 기존 브로커 수수료의 1/10
	Key Fuels	• 법인고객을 대상, 750여 가맹주유소에서 도매 가격으로 휘발유 판매
풍부한 선택	아마존닷컴	• 600만종 이상의 도서, CD, 장난감, S/W 등
	유나이티드 항공	• 500여개의 여행관련 기업의 상품을 온라인 판매 (100사 이상의 항공사 포함)
높은 편의성	Intuit	• 개인 및 중소기업에 대한 포탈 금융정보 서비스
	월마트	• 매장 대비 10배에 이르는 진열상품을 배송
맞춤화	eToys	• Gift request를 친구, 가족에게 송부가능 • 생일 환기기능 등 다양한 부가기능 보유
	존슨&존슨	• '온라인 일기'로 아이의 성장기록을 보존 • 아이의 성장시기에 걸맞는 정보를 이메일로 전송

2. e-CRM과 CRM의 비교

국내에서 CRM과 e-CRM이 지속적으로 많은 이슈가 되고 있는데, CRM영역이 e-CRM 영역보다 훨씬 넓게 나타난다. 이러한 구분은 고객접점과 커뮤니케이션의 경로에서 e-CRM 영역까지 구축할 수 있는지의 여부에 따른 것이다. 이것은 고객접촉 경로, 활용 목적, 활용 범위, 활용 능력 등에서 차이가 나타날 수 있다.

1) 차이점

(1) **고객접촉 경로의 차이**

e-CRM은 E-MAIL, 인터넷, 이동통신, 전자카탈로그, PDA, 디지털 TV 방식의 온라인 환경에서 고객과의 접촉 또는 커뮤니케이션을 통해 CRM 솔루션의 구축 및 운용이 가능하다. 반면에 CRM은 앞의 e-CRM의 접촉영역을 포함하여 전화, 팩스, 도소매업자, 지역점 또는 체인점 등 기존의 오프라인 중심 경로까지 구축할 수 있다. 따라서 엄밀히 말하면 e-CRM의 고객접점 경로가 CRM의 고객접점 경로에 포함된다.

(2) **활용 목적의 차이**

e-CRM은 실시간, 다채널, 동시의 커뮤니케이션 수단을 중시하는 반면에, CRM은 전통적인 오프라인 경로 중심으로 고객관계 개선을 통한 경영 효율성과 수익구조 개선을 중시한다. 즉, e-CRM은 실시간적인 마케팅을 중시하기 때문에 공격적인 방법을 구사하고, CRM은 전사적인 임직원의 경영개선 활동과 장, 단기적인 로열티 증대를 통해 수익 향상을 실현한다.

(3) **활용 범위의 차이**

e-CRM은 마케팅적인 측면이 강하다. 즉, 고객에게 알림, 판촉, 쌍방향 커뮤니케이션 등을 개선하기 위한 의사전달 기능으로 컨텐츠 활용과 커뮤니케이션 빈도, 제품 및 서비스의 활용 능력이 높다. 이에 따라 e-CRM은 메일기능은 물론 동호회, 홈페이지, 개인 맞춤 정보, 게시판, 채팅 등 인터넷 환경의 대표적 형태인 4C를 활용하여 많은 기능을 통합하여 처리할 수가 있다. 반면에 CRM은 대면 또는 비대면 접촉의 활성화, 판매 및 경영활동의 경로별 조화를 통한 경영 효율성이 강하다.

(4) 활용 능력의 차이

e-CRM은 고객 개개인의 행동 특성과 상황 데이터를 실시간으로 접할 수 있을 뿐만 아니라 복합적인 상황 처리가 가능하다. 반면에 CRM은 과거의 경험, 분석된 가공 정보를 중심으로 활용한다.

2) 공통점

CRM과 e-CRM의 공통점은 고객과의 접점을 매우 중시하고 철저하게 원투원(one-to-one marketing)을 활용하고 이익창출이 높은 로열티고객을 존중하며, 궁극적으로는 고객생애가치를 중시한다는 것이다. 즉, CRM의 가장 공통된 특성이라고 할 수 있는 원투원마케팅과 데이터베이스마케팅의 활용을 기초로 고객정보를 통합하고 고정고객화를 통해 고객의 수익기여도를 장기적, 지속적으로 실현하고자 한다. e-CRM을 학습하고 인지하기 위해서는 CRM의 전체 영역을 동시에 학습하고 가치비중을 조정하여 실무에 활용해야 한다(〈표 5.2〉 참조).

〈표 5.2〉 CRM과 e-CRM의 비교

구분	CRM	e-CRM
개 념	• e-CRM 영역을 포함하여 기존의 오프라인 중심채널까지 구축, 운용할 수 있는 포괄적 솔루션	• 온라인 환경 하에서 고객과 접촉, 커뮤니케이션이 가능한 CRM 솔루션
주요채널	• 복수의 분산된 채널 • (대면미팅, 전화, 팩스, 대리점, 체인점, 디지털TV)	• 웹기반의 단일 통합 채널 • (e-mail, 인터넷, 모바일 또는 이동통신, 전자카탈로그, VoIP)
고객요청 처리과정	• 복잡하고 처리과정에 오류개입 가능성	• on-demand access로 단순한 절차와 실시간처리 가능

구분	CRM	e-CRM
	• 고객행동 패턴에 대한 추적이 어려움 • 제공되는 대인 서비스 질의 불일치성, 실수	• 고객행동 분석용이 (쇼핑패턴, 정보탐색 패턴) • 고객 특성에 맞는 서비스 제공 가능 • 일관된 서비스의 질 유지
데이터 분석	• 고전적 통계 기법, 데이터 마이닝	• 실시간 고객 성향 분석, 고객 활동 패턴 분석
데이터 활용	• 마케팅 캠페인, 영업강화, • CTI, 프로모션	• One-to-One Marketing, 실시간 추천 시스템 • 웹 사이트 개인화
비용	• 높은 인건비로 신규고객 유치와 • 관리비용이 상대적으로 높음	• 초기 IT Set-up 비용이 높은 반면, 유지 관리 비용이 매우 저렴
On-line 서비스 내용	• 주로 TM을 이용한 단순한 질의 응답	• 음성, 동화상 Multimedia, FAO, 기타 고객 관심분야 정보제공
시간 공간적 범위	• 제한된 영업시간, • 지역적 한계가 존재	• 하루 24시간, 전 세계를 • 대상으로 가능
지향점 (공통점)	• 고객접점, 커뮤니케이션 채널의 효율성 극대화 • 충성 고객 확보와 LTV 증대 • 실시간으로 고객 개개인에 대한 차별적인 서비스를 제공 • 오프라인과 온라인의 채널통합 및 확대 • 유통채널을 통합 관리하고 의사결정하기 위한 고객 정보 통합의 실현	

3. e-CRM의 활동영역

대표적으로 e-CRM의 활동 영역은 e-Marketing, e-Selling, e-Service로 나타낼 수 있다(〈표 5.3〉 참조).

〈표 5.3〉 e-CRM의 활동영역

구분	내 용	활동 영역
e-Marketing	• Web을 활용한 광고, 판매촉진, PR 및 Direct Marketing • 시장 세분화를 위한 고객 정보 확보 목적으로 Internet 상에서 시장 조사 • 서비스 개발과정 및 Life Cycle 결정에 Internet을 통한 고객참여 • 서비스 가격결정에서 Internet을 통한 유사서비스 가격정보 획득 • 판매 Channel Mix를 결정하고 통합에 Portal 과 같은 전자적 채널 활용	• Marketing Communications • 상품/서비스 Marketing • 가격전략/Programs • 채널 Marketing
e-Selling	• Web을 통한 전 구매 과정을 고객에 의한 Self Service화 • Internet상에서 고객의 구매의사와 지불능력을 파악 • 고객의 구매의도에 맞는 적정상품을 추천 • 고객에게 Solution을 제공하기 위해 단위상품을 Bundling • 위 Solution에 대해 고객의 지불능력을 고려하여 Customize 및 할인 상품 추천 • 고객의 구매정보 및 지원정보 이력화 • Internet 상에서 Service Order 생성	• Qualification • 고객욕구 파악 • Configuration • Order 생성/처리 • 서비스 개통
e-Service	• Internet 을 통하여 고객이 고객 정보를 입력/갱신 • Internet 으로 고객이 접속한 정보를 DB 화 • 고객이 서비스 오더 및 고장신고처리 현황을 Internet 상에서 검색 • 고객의 질의 및 질의 사항 처리 • Web 상에서 고객에게 필요한 교육실시 • Web 상에서 고객이 서비스를 설계하고 개통 • 서비스 문제를 고객이 처리할 수 있도록 고장처리 Manual 제공	• 고객 서비스정보 입력/관리 • 고객 교육훈련 • 고객 질의 관리 • 상품/서비스 online 개통 • 서비스 장애관리

제3절 e-CRM의 운용 모델

1. e-비즈니스 모델

e-비즈니스 환경에서 새로운 비즈니스 모델을 창출하는 것은 비즈니스의 실체를 명확하게 표출하고 조직을 영위, 존속시키는 데 매우 중요하다. e-비즈니스는 인터넷과 디지털 기술 중심의 거래 행위와 커뮤니케이션 활동을 가능케 함으로써 이를 통하여 공급자는 새로운 수익원천과 고객관계를 확보하고 상황 대응력을 향상시키며 경쟁사보다 유리한 위치를 점유하는 것을 말한다.

e-비즈니스 모델을 활용하는 고객들은 운영자나 공급자가 제공하는 비즈니스 모델을 통해 어떤 특정 이익이나 혜택, 부가가치를 실현하려고 한다. 즉, 새로운 비즈니스 모델을 저렴한 가격, 낮은 거래비용, 부가가치 창출, 새로운 제품과 서비스의 제공, 고정고객으로서의 로열티 인식과 특별한 우대혜택을 받으려는 성향을 갖는다. 따라서 이러한 통합적인 상황 대응력이 e-비즈니스에서 갖추어질 때 보다 훌륭한 e-비즈니스 모델을 창출할 수 있는데, 이것의 밑거름이 바로 CRM의 전략적 활용이다.

e-비즈니스 모델을 CRM측면에서 정의해보면 보다 확실하게 이해할 수 있다. 즉, e-비즈니스 모델은 인터넷 중심의 비즈니스 환경에서 e-비즈니스 운영자만의 독특하고 차별적인 모델을 말한다. 따라서 이것의 대표적이 모델은 바로 전자상거래라고 볼 수 있다.

2. e-CRM 모델의 분류

e-CRM 활용의 궁극적인 목적은 무엇일까? 인터넷 사이트와 같은 e-비즈니스 모델로 접근 가능한 고객에게 스스로 만족감을 느끼게 하

고 좋은 경험과 우호적인 관계를 유지하여 고객가치와 기업의 가치를 동시에 극대화하는 것이라고 할 수 있다. 이 같은 e-CRM 모델은 운영하고자 하는 비즈니스 모델에서 탄생한다고 볼 수 있다.

특히 e-CRM은 인간의 오감이나 물리적인 도구는 물론 다양한 정보기기의 활용, 온라인과 유, 무선 데이터의 연계, 통신의 목적을 달성하기 위해 통신을 하는 상대방과 미리 약속한 통신 프로토콜을 활용하고 그 데이터를 보관할 수 있는 방법 등도 제시해야 한다.

e-CRM 모델은 비즈니스 운영자와 고객과의 교류 방법에 따라 분류할 수 있는데 고객이 제품이나 서비스를 사는 행위, 공통관심사와 동질적인 집단관계 형성, 온라인상에서의 데이터와 정보 중심의 쌍방간 커뮤니케이션 방법 등 고객의 니즈를 충족시키거나 고객에게 이러한 관심을 유도하는 방법을 중심으로 접근할 수 있다.

1) 고객관계 유형별 e-CRM 모델

(1) e-Commerce형 모델

e-Commerce형 모델은 전자상거래를 중심으로 판매나 구매를 주목적으로 접근하는 것이다. 자체적으로 개발한 상품이나 서비스를 인터넷이나 다른 전자적 방법을 이용하여 고객에게 거래를 시도하는 모델로서 유형적인 유통의 성격과 무형적인 금융, 서비스의 성격이 뚜렷하다. 최근에는 판매모델 외에 구매의 효율성 제고를 위한 구매모델도 생겨나고 있다. 인터넷 쇼핑몰이 대표적인 예이며, 기존 오프라인(off-line) 중심의 기업이 새로운 무점포 유통경로를 형성하는 경우도 좋은 예이다.

(2) e-Community형 모델

e-Community형 모델은 공통관심사(취미, 전문지식, 여가선용

등), 인맥, 학연, 혈연, 지연, 직업 등을 통해 정보교환, 가치관 공감, 유대관계 강화, 이익도모를 꾀하는 일종의 동아리나 모임의 성격을 띤다. 이 모델은 회원들의 정보교류나 결속, 공통 이해관계를 구심점으로 네트워크를 형성하면서 자연스러우면서도 다양한 목적을 추구할 수 있는 장점을 지니고 있다. 이미 확보된 고객 데이터베이스와 컨텐츠를 기반으로 유료화를 추진할 수도 있으나 처음에는 접근의 편리성, 높은 참여율을 확보하기 위하여 무료로 인터넷 사이트를 운영하는 것이 좋다.

(3) e-Communication형 모델

e-Communication형 모델은 어떤 내용물을 제공하는 자와 제공받는 자와의 1 대 1 또는 1 대 다수간의 상호 정보교류나 E-MAIL 발송 등을 위한 정보전달 상황을 교환하는 것이다. 예를 들어 대학교수가 성적공개, 학생과 교수간 기타 정보 교류 등을 실행하는 인터넷 사이트는 커뮤니티형이라기보다 커뮤니케이션 모델에 훨씬 가깝다. 통합 여부, 상호작용, 효과 등에 따라 이해와 관심, 참여 정도가 달라진다.

(4) e-Connection형 모델

e-Connection형 모델은 공장에서 제품이 생산되는 것처럼 구매자(수요자)와 판매자(공급자)를 조직하여 상호작용을 하도록 하는 매개체로서 기업과 기업, 기업과 개인, 개인과 개인가 거래나 교류를 직접 중개해 준다. 그러나 단순하게 연결만 하는 것이 아니라 고객에 대한 가치있는 정보를 수집하여 이들이 갈망하는 상품이나 서비스를 공급해 주는 어떤 뚜렷한 사업 목적을 가지고 있다. 또한 탈중개화(disintermediation)라는 전략적 개념으로 브로커나 딜러와 같은

중개업자의 역할을 배재하여 경매, 조달, 구매 등의 활동에서 공급자와 수요자를 직접 연결한다. 이 모델은 커넥션의 참여길이, 유, 무선방법, 고객 개방범위, 유,무료 행위에 따라 달라진다

(5) e-Service형 모델

e-Service형 모델은 수익을 창출하기보다는 서비스 제공을 주목적으로 한다. 즉, 공급자가 수요자의 편리나 자신들의 업무 효율을 향상시키기 위해 업무서비스, 제도 서비스, 새로운 정보나 알림서비스, 발표서비스 등을 제공하는 것이다. 이것은 공공성, 영리적인 광고성, 비영리적인 홍보성, 지역성, 아키텍처성. 이벤트성 등 서비스를 제공하는 목적이나 방향에 따라 달라진다. 또한 무료화냐, 유료화냐, 무료 후 유료화냐에 따라 고객의 접근이나 관심도가 매우 달라진다.

주로 오프라인 업체들이 고객들에게 자사 제품이나 서비스 또는 사업영역을 직접 홍보하거나 제품 사용방법과 서비스 이용방법, 또는 업무나 고객들의 소비, 생활과 관련된 다양한 정보를 제공하기 위해 e-Service형 모델을 활용한다. 즉, 직접적인 이익을 창출하기보다는 홍보나 고객응대, 고객서비스 접점을 개선하고 향상시키는데 그 목적이 있다. 예를 들어 이동통신회사가 고객서비스 편의나 고정고객을 우대하기 위해 별도의 서비스를 제공하는 것을 들 수 있다.

(6) 복합형 모델

복합형 모델은 말 그대로 모든 비즈니스의 제공방법이 혼재된 비빔밥식 모델로 '가치사슬의 통합'이 이것의 철학이라고 할 수 있다. 즉, 구매자는 힘과 즐거움을 얻고 판매자나 제공자는 기회와 이익을 얻는다는 철학을 온라인상에서 실현하려는 야심적인 모델이다.

복합형 모델은 온라인상에서 벌어지는 가치사슬의 다양하고 분화된

범위나 단계를 하나로 통합하고 이 과정에서 얻어진 데이터나 정보를 활용하여 부가가치를 창출하는 것이다. 따라서 고도의 전략과 방대한 솔루션 구축, 정교하고 다이내믹한 비교, 분석 정보, 유통적인 풀필먼트(fulfillment), 다양한 서비스 제공, 복합상황 대응 등이 요구된다. 이 같은 방대한 온라인 비즈니스 통합모델을 운영할 수 있는 기업은 전세계적으로 몇 손가락을 꼽을 정도로 그 수가 적다.

2) 운영 속성별 e-CRM 모델

(1) 컨텐츠 제공형 모델

컨텐츠(contents)란 인터넷, 서적, 음반, 게임, 잡지, 각종 멀티미디어 프로그램 등을 통해 축적한 정보뿐만 아니라 이러한 것을 가공하여 소비자에게 전달하는 정보상품이라고 할 수 있다. 컨텐츠 제공형 모델은 남다른 컨텐츠를 창안하거나 다른 업체의 컨텐츠를 중계해 주는 것이다. 온라인상에서 제품이나 서비스를 직접 판매하는 형태보다는 무형자산(특정 정보 등)을 판매, 제공하는 경우가 많은데 그 제공분야는 일단 경제적 이익이나 운영에 도움이 된다면 일상 생활이나 비즈니스 전 분야로 볼 수 있다.

무선인터넷 컨텐츠 업체들의 가장 큰 어려움은 수익창출에 대한 문제다. 대부분의 무선인터넷 컨텐츠 업체들은 이동통신회사들로부터 통신요금의 일부를 받는 방식으로 수익을 창출하고 있다. 그러나 거기에서 나온 수익으로는 한계가 있다. 동시에 이동통신회사와의 수익 배분, 무선인터넷 단말기 보급의 부진, 일본의 반다이, MTI, 사이버드 등 전문업체들의 국내 시장 진출 등 현실적인 문제도 극복해야 한다.

(2) 쇼핑몰형(제품과 서비스 판매형) 모델

쇼핑몰형 모델은 온라인상에서 제품과 서비스를 제공하기 위해 설립한 닷컴기업이나 기존의 오프라인 중시의 기업이 제품과 서비스를 온라인상에서 판매하기 위해 인터넷 사이트를 비롯하여 인터넷 고객 센터를 설치, 운영하는 것으로서, 일반적으로 B2B, B2C형태의 전자 상거래 모델이 여기에 해당된다.

쇼핑몰형 모델은 이용 용이성, 전자상거래, 차별적 우대, 수익창출과 경쟁력, 연관상품, 서비스의 전략적인 제휴망 형성, 신뢰성(브랜드, 제품의 질), 로열티(고객획득→고객유지→고객로열티 관리), 차별적 우대 등의 특성을 가지고 있다.

(3) 제휴형 모델

제휴형 모델은 닷컴기업이나 조직이 기획력으로 온라인 네트워크상에서 비즈니스를 창출할 수 있는 것을 다른 기업이나 조직과의 제휴를 통해 이것을 유, 무형의 제품이나 서비스로 제공하는 것이다. 이런 유형은 가상공간을 하나의 공동체 또는 협력체로 본다는 점에서 비즈니스적 성향이 강하므로 다른 기업과 철저하게 제휴를 함으로써 윈-윈(win-win) 전략을 추구해야 한다.

제휴형 모델은 기업 입장에서 고객에 대한 서비스영역 확대, 온. 오프라인 연결상품, 전문적 역할 강화와 경쟁력 제고, 마케팅 시스템 공동활용 등 다양한 제휴 및 협력관계를 구축할 수 있다.

(4) 광고형 모델

광고형 모델은 인터넷 이용자들이 자신의 관심을 표명하거나 참여하는 대가로 무엇인가를 기대하는 심리를 마케팅에 활용하는 것이다. 즉, 반대급부적인 혜택을 부여하거나 참여의 기회를 제공한다. 이것은 지속적인 고객관리 전문 프로그램을 통해 고객이 오래 그리고 반복적으로 머물게 하는 효과가 있으며, 사업 초기에 고객을 확보하기 위한 방법으로 자주 활용된다. 또한 인터넷 이용자의 반응을 즉각적으로 확인할 수 있는 장점이 있다.

최근에는 단순한 광고보다는 인간의 감성을 소재로 한 이벤트성 광고를 활용하여 사회적, 기업적, 지역적 관심을 유도하는 전략이 성행하고 있다. 이런 경우와 같이 광고형 비즈니스를 성공시키기 위한 대한으로는 광고를 보는 대가로 이용자에게 보상을 해주해주해법, 맞춤기능을 통해 원하는 기업체를 지정하여 광고하는 방법, 사용자의 니즈에 맞게 주의나 환기를 불러일으키는 광고, 인간의 아름다운 감성을 자극하여 참여를 유도하는 광고가 있다.

(5) 데이터베이스 창출형 모델

데이터베이스 창출형 모델은 대형 커뮤니티 업체들, E-MAIL 전문회사, 아웃소싱 전문회사들이 추구하고 있는데 광대한 데이터베이스를 바탕으로 회원 성향에 맞는 광고, 즉 일종의 퍼미션 E-MAIL (permission e-mail)을 활용한다. 이 모델은 빠른 시간 내에 대량의 고객 데이터베이스나 회원 가입을 유도하기 위해 온라인상에서 다양한 이벤트 또는 캠페인을 개최하여 고객의 관심을 유도하고 로열티를 구축하며, 단기간에 매출증대를 꾀하고 특정 효과를 달성하는 것이다. 인터넷의 경우, 유머, 오락, 금전, 취미, 전자상거래, 시간절약, 감정, 건강, 기이함 등의 상황요소를 활용할 수 있다.

(6) 복합형 모델

복합형 모델은 비즈니스 모델의 본체, 즉 주력하는 분야는 정해져있지만 비즈니스를 수행하는 컨텐츠, 커뮤니티, 고객유형 등을 다양하게 복합적으로 연계, 특성화하는 것이다. 예를 들어 컨설팅마켓(consultingmarket.co.kr) 사이트는 B2B 모델을 지향하지만 컨설팅의 공급자(개인, 법인)와 수요자(개인, 법인)가 B2C, C2C, S2B 등 그 형태가 다양하게 존재하므로 복합형 모델로 볼 수도 있다.

3) 참여구성원별 e-CRM 모델

(1) B2C 모델

B2C(Business to Customer) 모델은 기업과 개인간의 비즈니스 거래 형태를 말한다. e-비즈니스 모델의 대표적인 형태로서, 종전의 기업의 오프라인에서 온라인 비즈니스를 보완하는 방법과 온라인 비즈니스를 위해 새로운 닷컴기업을 설립하여 운영하는 방법이 있다.

이 모델은 고객접촉 경로를 다양화하여 고객에게 가치를 제공하고 브랜드의 신뢰를 통해 지속적인 거래를 할 수 있는 토대를 마련해주는 장점을 지니고 있다. 현재 개인고객을 상대로 하는 e-쇼핑몰 운영이 보편화되고 있으며, 우리나라에서는 커뮤니티 사이트 등에서 대형 B2C 모델을 많이 찾아 볼 수 있다.

(2) B2B 모델

B2B(Business to Business) 모델은 기업과 기업간의 비즈니스 거래 형태를 말하며, 전자상거래 모델에서 쉽게 발견할 수 있다. 특히 민간에서 공공부문까지 산업별 특성과 산업환경의 변화에 따라 고객으로부터 어떤 로열티와 수익창출의 기회를 창출해 갈 것인가가 비즈니스 전개의 핵심이 된다. 이 모델은 기업간 전자상거래에서 제품과 서비스의 결합이 비교적 용이하고 구매, 조달, 생산, 판매, 유통, 고객관리 등의 비즈니스 활동 전반을 인터넷을 통해 수행할 수 있는 장점이 있다.

B2B 모델에서는 단일 제품과 서비스에 초점을 맞추는 것보다 다양한 제품과 서비스를 함께 판매해 고객에게 종합적인 솔루션을 제공할

수 있어야 한다. 이러한 솔루션은 기업의 정보시스템과 통합해야 하고 기업과 기업의 제품 및 서비스를 연결해 주어야 하는 기술적, 네크워크적인 문제도 해결해야 한다.

(3) B2M 모델

B2M(Business to Multi-customer) 모델은 기업과 기업, 기업과 개인, 기업과 정부, 기업과 마켓플레이스(marketplace) 등 동시에 다채널 고객을 대상으로 한다. 즉, 한 기업이 제품이나 서비스, 컨텐츠, 솔루션 등을 개인고객, 법인고객, 정부기관이나 단체, 도매, 무역거래 등 다양한 고객층을 대상으로 고객관계 활동을 전개하는 것이다.

이 같은 모델을 구축하고 관리하기 위해서는 고객데이터 확보나 입력 필드를 처음부터 관리 목표를 구분하여 설계하고 이것을 활용하는 고객들의 유형이나 성격도 그 차별적인 특성대로 유지해야 한다.

개인의 소속직업, 소속관계, 법인의 성격, 당면과제, 시장 및 거래동향 등에 따라 제품사용, 컨텐츠 활용범위 등이 크게 달라진다. 특히 CRM 솔루션의 개발과 납품은 목표고객의 성향에 따라 온라인 상에서 구현되는 화면, 데이터 유형, 관리 포인트, 검색 및 활용 기능, 분석 항목과 범위가 많이 달라진다는 점에 유의해야 한다.

(4) B2G 모델

B2G(Business to Government) 모델은 기업이 정부나 공공기관을 대상으로 거래하는 형태를 말한다. 이 모델은 정부의 각 부서나 업무 단위의 법률적, 서비스적 관계, 상호 의견교환 등의 관계는 물론 공의적, 규정적, 정보전달적 가치나 특정 기간 내 특정 업무 처리 등의 커뮤니케이션도 수반하다.

또한 사용 용어, 도출 양식, 사용자 권한, 분석 및 활용범위 정도 등이 일반기업과 다를 수 도 있으며, 제품력이나 서비스력, 기술력 등이 우수할 경우에는 패키지성의 판매나 설치도 가능하므로 다른 부처나 지방자치단체 등의 호환적 활용성 등이 매우 높다.

(5) M2M 모델

M2M(Marketplace to Marketplace 또는 e-Marketplace to e-Marketplace) 모델은 일종의 시장과 시장은 연계하는 형태를 말한다. 협의의 M2M은 남대문시장을 이용하는 고객과 동대문 시장을 이용하는 고객을 온라인으로 연결해 주는 마켓기능을 말한다. 그러나 광의의 M2M은 e-M, 즉 마켓플레이스 자체가 하나의 거대한 네크워크를 구축하고 있는 것으로 볼 수 있다. 또한 다른 업종끼리의 마켓 중계도 가능하다. 예를 들어 화학과 철강, 생명공학과 의학 등의 M2M도 활성화될 수 있다.

(6) P2P 모델

P2P(Peer to Peer) 모델은 개인과 개인간에 연결되는 모델을 솔루션화한 것이다. 특히 처음에는 무료로 실시하다가 유료로 전환하는 경향이 많지만 점차 무료화를 추진하는 추세이므로 이것을 염두에 두고 CRM 솔루션을 구축해야 한다. 대표적인 예로 음악파일 다운로드 방식인 MP3가 있다.

이 모델은 비즈니스 영역에서 차지하는 비중이 매우 높아 개인 대 개인간의 전자상거래 수익모델로 안성맞춤이다. P2P 솔루션은 기업과 기업, 개인 대 개인이 원하는 정보만을 실시간 메세징이나 파일 공유, 모니터링, 문서작업, 인터넷방송, 경매 기능을 전자상거래에 접목할 수 있을 뿐 아니라 오퍼 내용이나 견적서까지 조화할 수가 있어 더욱 그 활용 범위가 넓어지고 있다.

(7) S2C 모델

S2C(Social to Customer) 모델은 공공기관 중 시민의 권리보호나 사생활 보호, 교육 전파를 하는 단체나 개인, 일반 시민 또는 특정 개인을 대상으로 하는 형태를 말한다. 소비자 보호, 환경보호, 교통사고 예방, 범죄 예방, 여성지원 향상, 실업자 구제, 불우이웃돕기, 자선단체, 세계난민보호, 지역발전을 위한 모임 등 주로 비영리나 공익을 위한 전문분야의 정보공유나 권리옹호 등을 다룬다.

(8) C2C 모델

C2C(Customer to Customer) 모델은 철저하게 개인 대 개인의 상호 커뮤니케이션과 정보교류를 전문적으로 실행하는 형태를 말한다. 이것은 개인의 전문적인 노하우, 지식, 관심사항 등을 필요로 하는 자발적, 선택적 개인을 대상으로 운영한다.

예를 들어 내가 텔레마케팅 전문가라고 한다면 이에 관련된 정보나 노하우, 컨텐츠 등을 담은 사이트를 기업 입장에서 운영하는 것이 아니라 철저하게 개인이 어떤 목적의식을 갖고 직접 운영하는 것이다.

이때 직접 자신이 개인사이트를 운영하는 경우도 있지만 특정 e-마켓의 운영권자가 제공하는 e-전용룸에서 개인고객을 대상으로 하는 경우도 있다. 또한 대학교수가 자신의 수업을 수강하는 학생들에게 일종의 학습알림창이나 강의 목록, 과제물에 대한 컨텐츠를 제공하는 것도 이 모델에 해당된다고 볼 수 있다.

(9) B2B 마켓플레이스

B2B 마켓플레이스(market place)는 운영자가 거래 주체인 기업

(구매자 또는 수요자)과 기업(판매자 또는 공급자)을 고객으로 인식하고 제품, 서비스, 특정 정보나 컨텐츠 등을 시장으로 구성하여 거래하는 모델이다. 이것은 기업조달, 단체구매, 고동구매 등 그 거래 규모가 방대하고 다양하며 단일 기업이 아닌 업종, 산업 전반에 걸쳐 그 대상으로 설정하는 만큼 일종의 메타마켓(meta market)이라고 할 수 있다. 자동차, 화학, 유틸리티(전기, 상하수도, 가스)산업 등이 B2B 마켓플레이스의 대표적인 모델이다.

이 모델은 재무, 인적 자원은 물론 생산 및 재활용 자원의 효율적인 활용과 프로세스의 점검, 최적화를 통해 고객의 가치와 로열티 증대는 물론 경제적인 이익이 반드시 도모되어야 한다. 즉, 운영자는 특정 범위를 연결해 주는 것이지만 이곳에 참여하는 공급자와 수요자는 B2B 마켓플레이스를 e-비즈니스 시장에서 가장 중요한 부문으로 있으므로 이들 업체에 대한 서비스에 신경을 써 최대한 많은 기업들을 끌어들임으로써 수익을 극대화해야 한다.

(10) B2E 모델

B2E(Business to Employee) 모델은 주로 인터넷 쇼핑몰 전문업체가 특정 기업의 임직원을 대상으로 단체구매나 공동구매를 활용할 수 있게 하는 인터넷 비즈니스 모델을 말한다. 예를 들어 A라는 인터넷 쇼핑몰 업체와 B라는 특정기업이 있을 경우, B가 임직원의 복리후생을 일부 지원하고 특별회원 혜택 등을 부여하기 위해 A와 사전협약을 통해 B의 임직원이 법인구매, 개인구매, 가족구매, 등에 대해 구매 우대 혜택을 받을 수 있도록 하는 경우이다.

이것은 특정 기업이나 단체, 학교 소속 구성원들이 단체로 회원에 가입하여 물건을 대량구매할 수 있는 금전적 혜택과 다른 추가 혜택 등을 부여할 수 있는 이점이 있다.

제4절 e-CRM 활용 사례

다음은 e-CRM 외에도 CRM이 여러 요소와 결합하여 활용되고 있는 사례이다. g-CRM 이라는 새로운 개념이 나타났는데, GIS와 CRM의 합성어로써 GIS는 Geographic Information System 즉, 전 국토의 지리 공간정보를 디지털화하여 Digital map으로 작성하고 다양한 정보통신기술을 이용해 여러 분야에 활용되는 첨단 정보시스템이다. GIS가 CRM과 결합돼 좀 더 세밀한 고객관리가 가능해졌다고 평가되고 있다.

주목 e기업 김학성 웨이버스 대표 인터뷰

"지도기반 서비스 다양화 추세 향후 발전 가능성 무궁무진"

배옥진 기자 withok@dt.co.kr | 입력: 2009-10-11 21:02
[2009년 10월 12일자 8면 기사]

"해외 공간정보산업 전시회에 가보면 국내 공간정보산업 기술수준이 상당히 높음을 알 수 있습니다. 하지만 보유한 데이터에 비해 유통체계가 미비해 산업이 발전을 못한 것이지요. 향후 공공·민간부문에서 공간정보 데이터 유통이 활발해져 산업 활성화가 이뤄질 것을 기대하고 있습니다."

김학성 웨이버스 대표는 이렇게 국내 공간정보산업 활성화에 대한 기대감을 드러냈다.

김학성 대표는 쌍용정보통신 GIS팀장과 솔루션부문 이사를 거쳐 지난 2004년 웨이버스의 탄생과 함께 대표이사를 수행하고 있는 국내 공간정보산업 1세대이다. 오랜 시간 공간정보시장에 몸담아오면서 공간정보가 갖는 가치와 미래 가능성에 대해 확고한 인식을 갖고 있다.

김학성 대표는 공간정보가 지도를 기반으로 한 다양한 서비스로 개념이 확대되고 있다고 분석했다.

김 대표는 "공간정보는 하나의 사용자 인터페이스(UI)를 표현하는 요소기술로 변화하고 있다"며 "전통적인 공간정보가 다른 분야와 융합돼 무궁무진한 가능성을 발휘하게 될 것"으로 내다봤다.

예를 들어 고객관계관리(CRM)가 GIS와 결합한 g-CRM이 금융기관에 도입돼 좀 더 세밀한 마케팅과 고객 관리가 가능해진 것도 같은 맥락이다.

공간정보 전문기업으로서 1980년대부터 공간정보산업에 참여해온 기술력과 노하우에 대한 자부심을 갖고 있지만 본격적인 시장 활성화를 위해 정부가 마련한 정책들이 제대로 수행되지 못하고 있는데 대한 안타까움도 드러냈다. 국토부의 내년도 공간정보산업 관련예산이 대거 삭감돼 본격적인 산업 활성화 정책이 시작부터 난항을 겪게 될 가능성이 커졌기 때문이다.

이처럼 수년간 공간정보산업 육성책이 당초 목표에 못 미치면서 공간정보 전문기업들이 사업 다각화를 추진하는 사례가 늘고 있다. 웨이버스도 전체 사업 중 공간정보 부문을 절반 가량으로 삼고 나머지는 RFID/USN, u바이크, u시티, 스마트그리드 등에 대한 기술연구와 사업화에 투자하고 있다.

김학성 대표는 "공공사업 예산을 줄이면 공공기관, 지자체, 관련 서비스 기업들도 예산을 줄이는 마이너스 효과가 발생해 내년 공간정보 시장은 위기"라며 "정부가 IT산업 활성화와 중소기업 지원 확대를 추진한다고 하지만, 실제로는 관련예산도 없고 중소기업들이 목소리를 낼 수 있는 창구도 없어 사업 다각화를 할 수밖에 없는 것이 현실"이라고 꼬집었다.

실제로 공간정보 시장은 정부의 예산 축소를 비롯해 여러 어려움을 겪고 있다. 최근 IT서비스 대기업 3사로 이뤄진 컨소시엄과 공간정보 전문 중소기업들로 구성된 컨소시엄이 한 공공사업에서 경쟁한 사례가 발생했다. 또 지자체 및 공공기관의 대다수가 외산 GIS 솔루션을 사용하고 있어 국산 솔루션 사용 지원을 요청하기도 했다.

이같은 어려운 시장 환경에서 김학성 대표는 공간정보 전문기업으로서 기술력에 승부를 걸고 기존 시장뿐만 아니라 신규영역에서도 입지를 확보해 나가겠다는 전략이다.

김 대표는 "공간정보 시장을 키우기 위해서는 대기업과 중소기업이 각자의 역할을 찾아 협력하는 상생체계를 형성해야 한다"며 "인력을 회사의 재산으로 삼고 신규사업 육성과 기존사업 강화에 주력해 국내뿐만 아니라 해외에서도 인정받는 기업으로 성장하겠다"고 말했다.

다음은 선두 유통업체인 신세계의 e-CRM 도입 사례이다. 신세계뿐만 아니라 대부분의 유통업체들이 신속하고 정확한 고객 데이터 확보와 관리를 위해 e-CRM을 도입을 통해 오프라인 매장뿐만 아니라 온라인 몰까지 두 마리 토끼를 잡기 위해 노력하고 있다.

테라데이타, '이마트 온라인 쇼핑몰 마케팅 CRM'

구축지면일자 2010.10.28 김인순 기자 insoon@etnews.co.kr

이마트가 고객 서비스 및 타깃 마케팅 강화를 위해 테라데이타 데이터웨어하우징(DW) 기반의 이마트 온라인 쇼핑몰 마케팅 고객관계관리(CRM)를 구축했다.

이마트는 이번 프로젝트로 1회성 고객, 가격 민감형, 건강 민감형, 상품 연관성과 같은 특성지표와 고객별 세분화 분석을 하게 됐다. 또, 고객이 온라인 몰 방문시 개인별로 차별화된 정보를 제공해 고객에 최적화된 쇼핑몰이 되도록 지원한다.

이마트는 테라데이타 DW기반의 온·오프라인 연계 분석 e-CRM시스템으로 기존 온라인 몰에서 미흡했던 고객분석 기능을 강화했다.

이마트는 테라데이타의 DW를 기반으로 마이크로스트레티지의 비즈니스인텔리전스(BI) 솔루션 마이크로스트레티지 9(MicroStrategy 9)을 도입했다. 이를 통해 사용자의 다양하고 복잡한 요구사항들에 대한 다차원적인 분석 기능을 제공할 수 있으며, 유비전트의 캠페인 관리 시스템을 통해 기존 DW를 활용한 다양한 프로모션을 수행할 수 있다.

윤문석 한국 테라데이타 사장은 "테라데이타는 업계 선두업체인 신세계이마트의 오프라인 DW에 이어 온라인몰 마케팅 CRM구축에 참여하게 된 것이 기쁘다"며 "고객이 비즈니스 목표를 달성할 수 있도록 최선을 다할 것"이라고 말했다.

다음은 공공기관에서도 확산되고 있는 e-CRM의 사례에 대해 알아보도록 한다. 개인 기업들은 경쟁에서 뒤떨어지지 않기 위해 고객니즈의 변화에 빠르게 대응하지만, 공공기업들은 실제로 둔감해 국민들의 불만이 많았다. 이번에 경찰 민원 시스템에 e-CRM의 도입을 통해 효율성을 증대시키고 국민들의 편의를 증대시키려 노력하고 있다.

'사이버범죄 신속 대응'…경찰, 민원시스템 개편 추진

기사등록 일시 [2010-09-11 06:00:00]

【서울=뉴시스】 배민욱 기자 = 경찰이 민원시스템 개선을 추진한다. 중요 사이버범죄에 대해 신속하게 대응하고 신고 편익을 높이기 위해서다.

11일 경찰청에 따르면 경찰은 현재 운영중인 인터넷 민원접수창구(e-CRM)과 콜센터(CTI) 시스템을 개선한다.

민원인 불편 해소를 위한 신고시스템 개선과 처리율 향상이 필요하다는 지적 때문이다. 사업기간은 이달부터 11월까지다. 예산은 2700만 원으로 책정됐다.

개선사항은 ▲실명인증 간소화와 분실 비밀번호 안내시스템 개선 ▲처리 관서 자동지정·처리결과 문자서비스 통지 ▲신고 유형별 통계 효율성 강화 및 지연민원 관리 시스템 도입 ▲민원별 처리매뉴얼 보강 및 상담원 연결률 향상 ▲ARS 안내멘트 개편 등이다.

경찰은 시스템 운영에 따른 여론을 반영해 지속적으로 프로그램을 개선할 방침이다. 지방청 민원안내정보센터에 유형별 상담매뉴얼도 배포할 계획이다.

'사이버범죄 예방 정보 알리미-넷두루미'

서비스지면일자 2010.02.18 장윤정기자 linda@etnews.co.kr

경찰청 사이버테러 대응센터(센터장 배용주)는 경찰청에 접수된 사이버 범죄 민원을 자동 분석해 네티즌에게 정보를 제공하는 '사이버범죄 예방 정보 알리미-넷두루미(http://net-durumi.netan.go.kr)' 서비스를 17일부터 제공한다.

'넷-두루미(Net-Durumi)'란, 사이버 공간에서 일어나는 각종 범죄에 대한 예방 정보를 '두루두루 알린다'라는 의미로 경찰청 사이버 범죄 민원 접수시스템(e-CRM)을 통해 접수된 사이버범죄 유형별 건수 및 각종 범죄정보를 실시간으로 네티즌에게 알려 사이버 범죄 피해 확산을 방지하는데 목적이 있으며, 이 서비스는 경찰청에서 작년 10월부터 시스템 구축을 시작해 17일 정식 오픈하게 됐다.

'넷-두루미(Net-Durumi)'의 주요 기능은 우선 경찰에 접수된 사이버 범죄 민원을 실시간으로 분석하여, 전일, 전주, 전월 대비 신고건의 증감에 따라 죄종별로 '보통, 주의, 심각' 등 단계별 경보를 발령한다. 또한 전자상거래전 인터넷 사기 의심자 여부를 휴대폰, 계좌번호 등으로 확인할 수 있도록 검색 기능을 구축했으며 경찰에 동일한 계좌번호, 휴대폰으로 다수 신고된 건을 자동으로 보여줌으로써 동일인에 의한 범죄피해가 확산되는 것을 방지했다. 더불어 인터넷 사기 피해자 다수 발생 등 국민들의 각별한 주의가 필요한 사항에 대해 수시로 피해주의보를 발령하고, 각종 사이버범죄 검거사례 등을 게재함으로써 사이버범죄에 대해 네티즌들이 경각심을 가질 수 있도록 했다. 특히 경찰청은 네티즌들이 넷두루미를 통해 쉽게 사이버 범죄 관련 정보를 조회할 수 있게 하기 위해 다음, 네이버, 야후, 파란, CJ인터넷,

옥션, 지마켓 등 포털·쇼핑몰·게임사 등 20여 개 업체와 협조, 메인 화면에 배너를 게재하는 등 홍보를 강화하기로 했다. 각종 카페·블로그 등에 자유롭게 게재할 수 있는 '위젯'도 제작·배포할 계획이다.

앞으로도 경찰청은 사이버 범죄 피해확산을 방지하기 위해 강력한 단속활동을 전개해 나가는 한편, '넷두루미'를 통해 사전 피해가 예방될 수 있도록 지속적인 관리 및 업데이트한다는 전략이다.

제5절 e-CRM의 미래

1. 성공 요인

기존의 CRM 및 e-CRM의 성공요인에 대해 많은 선행 연구자들의 조사가 이루어져 왔는데, 대표적인 선행연구 자료를 통해 성공요인을 정리하자면 다음과 같다.

1) 마케팅적 요소

각 기업들은 여러 가지 분석들을 통해 나온 결과로 다양한 각도에서의 해석과 분석들을 할 수 있었고, 각 기업들은 고객에 대한 다양한 분석들을 통하여 고객에게 맞는 일대일 마케팅을 진행할 수 있었다. 일대일 마케팅의 예처럼, 그에 맞는 적절한 고객 상품을 추천 및 제공할 수 있었던 것이다. 고객이탈 방지를 위한 적극적인 고객 마케팅이 고객을 유지할 수 있도록 하였고, 고객을 유지 및 차별화하는 과정에서 채널 구분 및 전반적으로 서비스를 개선함으로써, 지속적인 고객관계 유지가 가능하였다.

기업은 실시간으로 다양한 채널을 통해 계속 고객과 대화함으로써 고객의 기호, 가치, 요구사항, 문제점 등에 대해 적절한 서비스를 제공할 수 있었다. 민감하고 지속적인 고객관계를 유지하기 위해 기업은 고객의 의도(intention)까지도 만족시켜야 한다.

2) 시스템적 요소

Data Warehouse나 Data Mining, OLAP 등 e-CRM의 주요 정보기술을 통하여 각 기업들은 고개에 대한 데이터를 축적하고, 고객에 대한 다양한 분석과 해석이 가능하였다. 이를 통해 각 기업들은 기업의 목적에 맞는 다양한 서비스를 제공할 수 있었다. 세분화된 고객 시스템을 통해 다양한 층으로 분석하여 그에 맞는 각 개인 고객별 서비스를 제공할 수 있었다. 선행된 조사 대상 기업들은 e-CRM의 성공적인 도입을 위해 기업의 특성에 맞게 차별적으로 잘 접근하였고, 이에 대한 전략이 명확하였다. 이는 e-CRM 구축이라는 프로젝트가 바탕이 되어 원활한 마케팅이 가능하도록 유도할 수 있었다.

성공적인 e-CRM 도입과 실행을 위해서는 고객의 현실과 문화적 측면을 고려한 e-CRM의 도입이 필요하다. 즉, 기업 현실에 맞고, 고객의 문화와 성격에 맞추어 고객이 원하는 것을 적시에 원하는 순간별로 제공하여 주는 것이다. 기업은 성공적인 e-CRM 구축을 위해 다음과 같은 요인을 고려해야 할 것이다.

(1) 상황에 적합한 전략

기업의 상황에 적합한 분명한 전략을 수립하여야 한다는 것이다. e-CRM의 툴이 얼마나 고도로 개발되었는지의 여부가 아니라 e-CRM의 어떤 툴이 과연 기업에 적합한지 아닌지의 여부가 선결 문제이다.

(2) 장기적인 관점

조급하게 e-CRM 성과의 실현을 기대하기보다는 장기적인 관점에서 체계적으로 수행해나가야 한다는 것이다. e-CRM의 성과는 장기적 관점에서 고객 유지율, 고객 성장률, 브랜드 선호도와 같은 지표를 통해 측정되어야 한다.

(3) 고객의 특성에 적합한 오퍼 제공

각 고객에 대한 상품을 어떻게 줄 것인가와 아울러 정작 중요한 문제인 무엇을 줄 것인가를 엄밀하게 결정하여야 한다. 즉, 고객의 특성에 적합한 오퍼 제공이 e-CRM에서는 중요한 성공 요소이다. 이것을 위해서는 심층적인 고객정보 분석이 필요하고 이를 위한 양질의 데이터 수집이 필수이다.

고객 인터뷰를 통해 고객이 원하는 것이 어떤 것인지를 정확하게 전달받는 것도 중요하지만 때로는 고객이 자신이 원하는 것이 무엇인지를 모르는 경우도 있다. 이러한 경우에는 고객과 비슷한 소비패턴을 보이는 다른 고객의 요구를 반영한 오퍼의 제공과 같은 방법들을 통해 소비자의 잠재적 욕구도 끌어내는 능력이 요구된다.

(4) 우량고객에 대한 철저한 관리

실질적으로 고객의 유지비용보다는 고객의 확보비용이 더 크며 우량고객이 각 기업의 수익에서 차지하는 비중은 매우 높다. 따라서 우량고객의 명확한 인식과 관리는 기업에게 지속적인 수익을 보장해주는 e-CRM의 한 방법인 것이다.

(5) 커뮤니케이션 품질 개선

e-CRM의 핵심인 고객과의 원활한 상호작용을 위해 커뮤니케이션

품질 개선이 필요하다. 이를 통해 고객 대응 담당자의 역량 교육은 매우 중요하다. 이 담당자들에게 특히 고객의 행동, 질문에 대한 신속하고 책임감 있는 자세가 요구된다. 또한 고객과의 커뮤니케이션은 상품안내와 같이 기업의 이익을 반영하는 것뿐만 아니라 생활정보의 제공과 같이 고객에게 이익이 되는 내용도 조화되어야 한다. 또한 고객과의 효율적인 커뮤니케이션을 위하여 접촉 이력의 관리가 필수적이다.

2. CRM/e-CRM의 성공요인에 관한 연구

기존 연구들에서 언급하고 있는 성공요인을 정리하면 다음의 〈표 5.4〉와 같다.

〈표 5.4〉 e-CRM의 성공요인에 관한 연구

연구자	CRM/e-CRM의 주요 성공 요인
유장훈(2000)	- CEO와 CIO의 역할 - 현업 근무자의 참여 - 마케팅부서와 IT 부서간의 업무협조 - 명확한 전략, 목표, 실행 계획의 수 - 데이터 품질의 확보(고객정보의 신뢰성 확보)
문정식(2000)	- 최고경영층의 지원 - 구현방법론 - 업무프로세스 개선 - 업무영역별 특성
박주석 & 정진서 & 박진휘(2000)	- 최고경영자의 적극적인 의지 - 실무자의 전략적 중요도 인식 - 의사결정 분권화 - 정보지향성 - 고객지향성 - 경영환경 변화에 대하 이해력 - 데이터의 통합관리 - 고객접점의 통합관리

<table>
<tr><td rowspan="3">김영철(2002)</td><td colspan="2">마케팅적 요인</td><td>- 정보지향성
- 고객지향성</td></tr>
<tr><td colspan="2">시스템 요인</td><td>- 데이터 원천의 질
- 시스템의 질</td></tr>
<tr><td colspan="2">프로젝트 요인</td><td>- 최고 경영층의 지원
- 사용자의 참여</td></tr>
<tr><td rowspan="3">김홍순(2001)</td><td>기업측면</td><td>서비스적 요소</td><td>- 개별화된 서비스
- 서비스 일관성
- 대응의 신속성
- 헬프 데스크
- 고객의 소리</td></tr>
<tr><td rowspan="2">고객측면</td><td>마케팅적 요소</td><td>- 웹 카탈로그의 발송
- 텔레마케팅의 활용
- 접촉채널의 다양성</td></tr>
<tr><td>시스템적 요소</td><td>- 인터페이스의 편의성
- 고객통합 데이터베이스
- 고객 정보의 보안성</td></tr>
</table>

3. 사례별 성공요인 분석

본문에서 고찰했던 사례를 통해 e-CRM의 성공요인을 분석하면 다음의 〈표 5.5〉와 같다.

〈표 5.5〉 e-CRM의 사례별 성공요인을 분석

국내 외 기업	성공요인	내용
사례 1: 삼성 에버랜드	- 분산 DB 통합	고객의 입장이력, 시설물 이용 이력, 에버랜드 내 모든 물건 구입 이력 등을 고객의 정보와 연결시켜 통합적으로 관리하고, 회원관리, 마일리지, 예약 관리 등의 업무 또한 모두 통합했다. 이러한 통합DB로 고객의 기여도 분석 및 마일리지 등의 혜택을 제공했다.
	- 1:1 마케팅	개인고객, 단체고객, 회원, 마일리지 등을 분석하여 우수고객 분류, 잠재고객 활성화 등 고

국내 외 기업	성공요인	내용
		객에 맞는 1:1 마케팅 구현하여 고객관리비용 및 고객의 이탈율을 감소시키는 효과를 일으켰다.
	- 마케팅지원 프로세스 강화	단체회원을 관리하는 영업사원을 위한 시스템의 Back-end, TM, DM 등의 지원 프로세스를 강화시켰다.
사례 2: Yes 24	- 맞춤서비스	빙고(Bingo)라는 추천서비스에 따라 탐색자를 구매자로 전환하여 교차판매의 증가와 고객 충성도의 증가를 기대할 수 있다.
	- 1:1서비스	고객의 문의 사항이나 불만 사항을 24시간 이내 처리함으로써 고객 만족도를 높일 수 있다.
	- 고객 세분화	RFM Cell을 대상으로 고객 특성분석을 실시, 고객 특성에 따라 추천서비스 제공 등 서비스 차별화 시키는 타깃 마케팅을 가능케 한다.
	- 쇼핑의 편리함	신속한 배송과 절판된 서적까지도 구입이 가능하게 처리했다.
	- 연계판매/교차판매	DB카테고리를 확보한 후 실제 마케팅에 있어서 연계판매 교차판매 등을 활용 할 수 있도록 한다.
	- Good Customer Experience	좋은 경험을 남겨주는데 도움을 주는 요인과 나쁜 영향을 미치는 요인을 정의 내려 실천적인 고객관계를 유지하도록 하였다.
사례 3: SK Telecom	- Segment Marketing	TTL에서 Leaders Club까지 연령대 별 타깃 마케팅을 목적으로 한 서비스를 제공한다.
	- 고객 스코어링	우수고객 층의 선별을 통한 차별화 된 마케팅을 추진했다.
	- 1:1 마케팅	VIP 고객 관리 및 고객 욕구 파악 위한 전담 상담원 제도를 도입했다.
	- 캠페인 관리	고객에게 개인화된 혜택을 제공했다.
사례 4: Auction	- 풍부한 선택	총 1,907개 상품 분류 항목에 약 128만개(2001년 1/2분기 기준)의 다양한 물품을 등록함으로써 선택의 폭을 넓혔다.

국내 외 기업	성공요인	내용
	- 매력적인 가격	1000원 경매, 10원 경매와 같은 이벤트성 경매, 공동경매, 묶음 경매 등 다양한 메뉴를 제공해 합리적인 가격결정이 가능해졌다.
	- 쉬운 경매 프로세스	"한눈에 쏙 들어오는 경매 process"를 운영하여 단계별로 프로세스를 이해할 수 있고 분류별 FAQ 운영, 경매 용어 사전 등을 이용했다.
사례 5: 국민은행	- PB (Private Banker)	고객에 대하 잘 파악하고, 개별 고객에 맞는 맞춤서비스를 제공할 수 있는 인터넷, 콜센터 등과 같은 비대면 채널을 영업점에 가도 쉽게 해결 할 수 있도록 했다.
	- 1:1 마케팅	고객에 대한 각종 정보들을 수집, 분석하는 틀을 통해 각 고객들에게 맞춤형 상품을 제공을 위한 마케팅을 실시했다.
사례 6: Dell Computer	- Direct-to-Customer basis	도소매의 유통과정 생략(시간/비용 절약, 고객 지식축적)하고, 카탈로그와 콜센터를 이용해 비용절감 분을 고객에게 이전했다.
	- made-to-order basis	Build-to-order 제조 방식을 통해 고객요구 맞춤, 직접 고객 관계, 제품과 서비스의 시장 세분화를 이뤘다.
	- Substantial cost advantage basis	상품대금 수납 5일 후 부품 공급자 납품결제 가능하게 하여 재고 회전율이 증가했다.
	- JIT(Just in time)	부품은 당시 경쟁사보다 평균 60일 이상 빠르게 조달이 가능했다.

제6절 m-CRM

1. m-CRM 도입 배경

CRM은 고객에 대한 이해를 바탕으로 영업, 마케팅, 고객 서비스 프로세스를 재구성하는 일련의 활동이다. CRM은 고객에 대한 중요성이 증대됨에 따라 기업의 경쟁전략이 되었다. 고객은 이제 더 이상 제품 판매를 위한 마케팅의 대상이 아니라 제품 생산에서부터 판매까지 기업의 전략에 영향을 미치는 중요한 요소가 되었다.

고객을 유지하고 관리하기 위한 CRM의 목표는 크게 3가지로 나눌 수 있다.

첫째는 고객중심의 업무방식 변화이고 둘째는 환경 변화의 지속적인 반영이며 셋째는, 신 개념의 마케팅 전략의 도입이다. CRM의 목표를 달성하기 위해서 CRM의 고객의 취향과 요구의 변화와 환경의 변화에 민감하게 반응하면서 변화하고 있다.

모바일 기술은 무선 인터넷의 발전과 네트워크 속도의 개선을 통하여 새로운 비즈니스의 가능성을 제시하고 있다. 특히 모바일 디바이스의 급격한 보급은 모바일을 이용한 비즈니스의 가능성을 더욱 높이고 있다.

특히 모바일 기술을 통한 CRM의 가능성이 제기 되면서 m-CRM이라는 새로운 분야가 개척되기 시작하였다. 현재 m-CRM은 Siebel Systems 같은 CRM 솔루션 업체에서 제품을 출시하였지만 아직까지는 기존의 CRM에 모바일 기술의 단순한 응용수준에 머물러 있다. 국내에서도 모바일 업체와 CRM 업체들이 공동개발을 활발히 추진하고 있는 상황이다.

앞에서 언급하였듯이 CRM은 고객의 변화와 환경의 변화에 민감하게 반응한다. 그 이유는 CRM이 고객중심의 전략이기 때문에 고객을 만족시키기 위해서는 고객의 취향과 요구의 변화에 민감하게 대처해야 하기 때문이다.

고객과 환경에 많은 변화를 준 모바일 발전의 중요성은 무엇일까?

첫째, 모바일의 발전은 고객에게 새로운 서비스에 대한 기대감을 주기 때문이다. 모바일을 통해서 편리한 사용을 경험한 고객은 좀 더 높은 서비스를 요구하게 된다.

둘째, 모바일의 발전은 CRM에 새로운 방법을 제시한다. 모바일 기술은 이동성과 즉시성을 바탕으로 기존의 CRM에 있었던 시간과 장소의 제약의 문제를 해결하였다. 기존의 CRM에서는 기업이 고객에게 직접 접촉하거나 고객이 기업에게 접근할 때에만 고객에게 서비스를 제공할 수 있었다. 인터넷을 이용한 e-CRM에서도 고객이 컴퓨터를 통해 기업의 사이트에 접속할 때만 개인화된 서비스를 제공할 수 있었다. 그러나 모바일은 기존의 CRM이 가지고 있던 시간과 장소의 제약을 해결할 수 있는 수단으로서 CRM을 한층 발전시킬 수 있는 요인으로 등장하였다.

2. 모바일 시대의 CRM

CRM은 고객의 중요성이 지속적으로 증가함에 따라 고객 관리와 유지를 위해서 더 나은 방법을 찾고자 노력하고 있다. CRM은 고객의 중요성이 증가함에 따라 계속적으로 변화하고 있다. 그래서, CRM의 변화 과정을 분석함으로써 현재 CRM의 추세와 CRM의 변화를 예측하고자 한다. 또한 CRM의 변화 속에서 모바일이라는 새로운 기술의 발전이 CRM에 어떠한 영향을 줄 수 있는지에 대해 말하고자 한다.

1) CRM의 변화

고객 관리를 위한 기업의 노력들은 지속적으로 변화하였다. 고객관리의 변화는 고객의 중요성이 변함에 따라 변해 왔는데 이를 마케팅의 관점에서 분류하면 다음과 같다.

- 1세대: Mass Marketing(1980년대)

1세대 기업과 고객의 관계는 일방적이다. 고객의 정보는 상품을 판매할 때 기재된 고객 자료들과 고객에게 우편 발송 등을 통해 회수된 자료를 통해 수집되고, 이 자료를 통해서 고객을 분류하고 고객에 대한 정책을 결정하였다. 1세대의 고객에 대한 접근 방식은 대량 캠페인과 같은 일방적인 방식이었다. 오랜 기간 동안 누적된 대량의 자료를 통하여 고객을 분석하고 일시적인 대량캠페인을 통해서 일방적으로 제품을 판매한다. 이러한 접근 방식은 과거의 데이터를 수집하고 분석하는데 많은 시간과 노력이 필요하기 때문에 고객 정보의 통합과 분류가 어려웠으며 고객의 변화에 민감하게 대응하지 못하는 단점을 가지고 있다.

- 2세대: DB Marketing(1990년대 초반)

2세대의 기업과 고객의 관계는 일시적이다. IT기술과 Date Warehouse의 고객 자료를 이용하여 마케팅 활동을 지원하였지만 일시적인 캠페인을 함으로써 제품판매가 끝나면 고객과의 관계가 단절되었다. 고객의 자료를 통합하고 이용하려는 노력이 이루어졌지만 지속적인 고객 데이터의 관리와 유지에는 실패하였다.

- 3세대: CRM (1990년대 후반)

3세대의 기업과 고객의 관계는 쌍방향 의사소통의 관계이다. 고객과 관련된 기업의 자료를 분석, 통합하여 고객특성에 기초한 마케팅 활동을 계획하고, 지원하며, 평가하는 것으로 대표할 수 있다. 고객을 획득하고 유지하기 위해서 콜 센터, 캠페인 관리 등의 CRM 도구를 통해 지속적이고 반복적으로 고객 관리를 실시하게 된다. 이러한 순환적인 고객관리 시스템은 고객의 요구를 계속적으로 반영하는 효율적인 관리체제이다.

- 4세대: Real Time Marketing(2000년대)

4세대의 기업과 고객의 관계는 밀접하게 연결된 가치창조의 관계이다. 고객은 단순히 제품을 판매할 대상이 아니라 기업의 전 분야에 걸쳐서 기업의 전략을 세우는데 중요한 요소가 되었다. 기업은 고객의 취향과 요구 분석을 통해 고객에게 적합한 상품을 생산하게 되었고 이는 기업의 새로운 가치를 창출하는 데 도움이 되었다. 고객의 측면에서도 고객의 취향에 맞는 상품과 서비스를 제공받게 되었다. 기업과 고객은 서로간의 만족과 이윤을 통해서 서로의 가치를 창출하는 관계가 되었다. 이제는 고객의 반응을 실시간으로 교류해야 할 필요성이 대두되었다. 이러한 수단으로서 인터넷은 CRM을 e-CRM이라는 분야로 확장시키면서 더 많은 고객의 정보를 얻고 분석하여 실시간으로 제공할 수 있는 기회를 제공하였다.

위에서 CRM의 변화과정을 분석하면서 CRM의 몇 가지 흐름을 유추할 수 있다.

첫째, CRM의 변화요인을 유추할 수 있다. CRM의 변화 요인은 고객에 대한 관심과 변화와 기술의 발전을 들 수 있다. 특히 1세대에서 2세대로의 변화에서 알 수 있듯이 컴퓨터라는 새로운 기술은 DB라는 새로운 도구를 제공하였고 이는 고객 관리의 새로운 가능성을 제시하면서 DB Marketing으로 발전하였다. 3세대에서 4세대로의 발전은 고객성의 중요성이 크게 부각되면서 고객의 요구에 민감하게 발전하고 있다. 고객은 예전보다 고객 서비스의 새로운 경험을 통해서 취향과 요구사항이 높아졌다. 이를 만족시키기 위해서 기업은 실시간으로 개인고객에 취향을 만족시키기 위한 노력을 하고 있다.

둘째, CRM의 변화에 대한 예측을 할 수 있다. 4세대의 CRM에서 볼 수 있듯이, CRM은 변화하는 고객의 요구를 수용하기 위한 새로운 방법을 모색하고 있다. 좀 더 개인화된 정보를 적시에 고객에게 제공하기 위한 노력을 하고 있다. 이러한 변화의 노력을 만족시킬 수 있는 방법으로 모바일이 제시되었다. 인터넷을 통하여 CRM에 획기적인 발전을 이룩하였지만 급변하는 고객의 요구를 수용하기에는 한계를 가지고 있다. 고객이 인터넷에 접속하여 정보를 제공하고 받을 수 있는 상태에서만 e-CRM은 실시간으로 고객에게 정보를 제공한다. e-CRM에서도 고객 채널의 일환으로 모바일을 포함하고 있었지만 그 당시에는 모바일 기술이 지금처럼 발전하지 못했기 때문에 모바일을 단순한 고객 접점으로만 인식하고 있었다. 그러나 모바일 기술이 지속적으로 발전함에 따라 모바일 기술을 이용한 모바일 CRM에 대한 연구의 필요성이 제기되었다.

2) 모바일이 CRM에 미치는 영향

Korner는 새로운 기술이 CRM에 미치는 영향에 대하여 분석을 하였다. Korner의 분석에 의하면 새로운 기술이 CRM에 미치는 영향을 크게 두 가지로 나누어 설명하였다. 첫째, 새로운 기술의 영향으로 고객과의 새로운 접점이 확보된다는 점과 둘째, 고객의 행동이 많은 면에서 변화할 것이라는 점이다.

〈그림 5.1〉은 Koner가 주장한 새로운 기술이 CRM에 미치는 영향을 그림으로 요약하여 표현한 것이다. 그림 5.1에 나타나 있듯이 새로운 기술은 비즈니스 환경에 영향을 주게 되고 고객의 행동을 변화시키기 때문에 결국 고객관리에 있어서 새로운 접근 방식이 필요하다는 것이다. Koner가 접근했던 방식과 유사하게 모바일이 CRM에 주는 영향을 분석하면 다음과 같다. 모바일이 CRM에 미치는 영향은 크게 두

〈그림 5.1〉 새로운 기술이 CRM에 미치는 영향

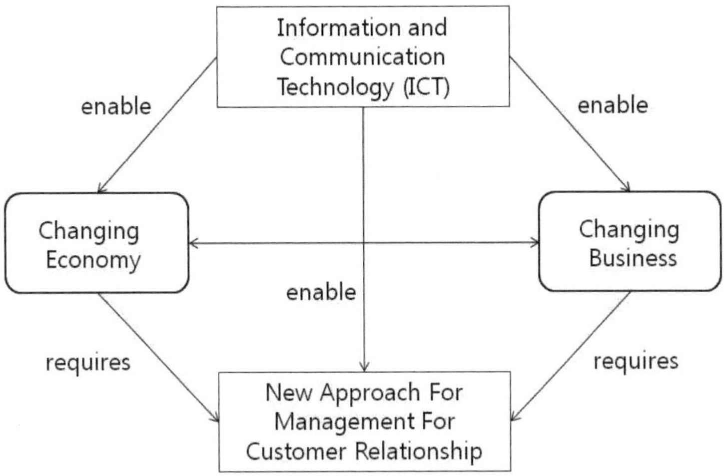

가지로 나누어 볼 수 있다.

첫째, 기업의 입장에서 본다면 모바일은 고객과의 접점을 통해서 기존의 CRM이 가질 수 없었던 새로운 방법을 제시하고 있다. 기존의 CRM과 e-CRM은 고객을 관리하는데 있어서 고객이 접속하거나 또는 기업이 고객에게 접촉하는 방식을 통해서만 고객 관리가 이루어졌다. 반면, 모바일은 시간과 공간에 제약을 받지 않는 고객 접점이라는 특징을 이용해서 기업은 시간과 공간에 제약을 받지 않고 고객을 관리할 수 있는 가능성을 가지게 되었다.

둘째, 고객의 입장에서 본다면, 모바일 기술에 대한 기대감을 통해 고객은 좀 더 나은 서비스를 기대하게 되었다. 모바일 단말기의 수가 유선 전화 수를 앞지를 만큼 모바일은 일반 고객에게 대중화되었다. 무선인터넷등과 같은 새로운 모바일 기술을 접해본 고객은 모바일의 장점을 인식하게 되었고 그에 대한 기대 또한 커지게 되었다. 또한

CRM 업체들은 모바일 CRM 솔루션을 출시하면서 모바일에 대한 기대감을 높이고 있다.

3) CRM에 분야에 있어서 모바일의 장점

모바일의 장점 중 CRM에 응용할 수 있는 장점으로는 개인화, 이동성, 즉시성, 위치인식, 연속성을 들 수 있다. 이를 자세히 살펴보면 〈표 5.6〉과 같다.

〈표 5.6〉 모바일 CRM의 장점

특징	장점
개인화	기업은 모바일 디바이스에 기본적으로 포함되어 있는 기본적인 고객의 정보를 제공받아서 개인에게 알맞은 서비스와 컨텐츠를 제공한다.
이동성	모바일은 유선과 달리 이동 중에 휴대할 수 있는 장점이 있다. 과거의 CRM에서는 고객이 회사에 접속해야만 고객의 정보를 획득하고 제공할 수 있었다. 모바일의 등장으로 어느 곳에서나, 어느 시간대에나 실시간으로 고객을 관리를 하게 된다.
즉시성	과거의 CRM에서는 고객의 원하는 시점에 원하는 정보를 제공하는 것이 어려웠다. 모바일을 통해서 고객이 원하는 시점을 파악하여 실시간으로 정보를 제공한다.
위치인식	모바일을 통하여 고객의 위치를 파악하는 것이 가능해 졌다. 고객의 위치파악은 과거의 CRM에서 제공할 수 없는 서비스를 제공할 수 있는 좋은 기회가 되었다.
연속성	모바일은 통해 파악된 정보와 기존의 정보와 결합하여 고객에게 필요한 정보를 만들어 낸다. 예를 들어, 고객이 CD player를 구입한 정보가 입력되는 순간 근처의 CD매장의 정보와 고객의 정보를 결합하여 할인 쿠폰 같은 새로운 정보를 만들어 낼 수 있다.

(1) 모바일 CRM의 새로운 가능성

앞 단락에서 언급한 모바일의 장점은 CRM에 여러 가지 방향으로 활용될 수 있다. 다음은 그 활용에 대하여 설명한 것이다.

- 무선인터넷과 SMS의 활용

무선인터넷은 기존의 e-CRM과의 통합 가능성을 제시한다. 모바일에서 인터넷이 가능하다면 인터넷을 통해서 구축되어 있는 고객의 정보를 그대로 활용할 수 있고 모바일을 통해 더 많은 고객정보를 얻을 수 있다. 모바일에서의 인터넷 사용은 네트워크 속도와 모바일 디바이스의 화면제약 때문에 기존의 유선인터넷을 통한 고객관리와는 다른 새로운 방법을 요구한다.

기업의 입장에서 고객에게 시간과 장소에 관계없이 접속할 수 있는 수단으로는 SMS를 들 수 있다. 기존의 CRM에서는 캠페인을 통해서 직접 고객에게 접근하거나 인터넷에 고객이 접속하기 전까지는 어떠한 정보도 제공할 수 없었다. 하지만, 이젠 SMS를 통해서 CRM은 언제 어디서나 고객에게 정보를 제공할 수 있는 채널을 확보하게 되었다. SMS는 현재 무선 마케팅에 가장 많이 활용되고 있지만 앞에서 언급한 위치 기반 시스템과 무선인터넷에 있어 고객 접점으로서 중요한 역할을 담당한다.

- Closed Loop CRM의 실시간 활용

CRM은 고객의 정보 수집, 저장, 분석, 적용의 반복적인 프로세스를 통해서 이루어진다. 기존의 CRM에 프로세스는 한번의 사이클을 도는 데 많은 시간을 요구하였다. e-CRM을 통해서 사이클 시간이 많이 단축되었지만 고객이 접속할 때까지 기다려야 하므로 적시에 고객 서비스를 제공할 수 없었다. 모바일은 반복적인 CRM 프로세스 시간을 단축시켜 실시간 고객 서비스를 가능하게 한다. e-CRM을 통해서 구축되어 있는 기존 CRM 시스템에 모바일을 결합한다면 실시간으로 고객에게 맞게 개인화된 정보를 제공할 수 있게 된다.

- 위치 추적 기술의 활용

모바일을 통한 고객의 위치 추적 기술은 기존의 CRM에 큰 영향을 주는 획기적인 기술이다. 모바일 이 기술을 통하여 기업은 고객의 위치를 실시간으로 제공받을 수 있다. 고객의 위치정보는 기존의 고객 성향 정보와 기업 내부 정보와 결합하여 현재 위치에서 특정고객에게 적합한 정보를 제공할 수 있다. 위치 기반의 CRM은 기존의 CRM에서 제공할 수 없었던 새로운 가능성을 제시한다. 고객 개인에게 적합한 정보를 적시에 제공함으로써 기업은 고객 관리와 유지뿐만 아니라 새로운 구매유도의 효과까지 얻게 된다.

- 모바일 마케팅과의 결합

m-CRM이 발전되기 전에 이미 모바일 마케팅은 활성화 되고 있다. 모바일 마케팅은 휴대폰으로 대표되는 모바일 네트워크 단말기를 기존 미디어 채널과 연계해 마케팅 활동을 수행하는 것이다. 모바일 채널을 마케팅으로 활용하면서 1:1 마케팅, 타이밍 기반 마케팅, 위치 기반 마케팅 등 새로운 마케팅의 가능성을 가지게 되었지만 무분별한 광고로 인하여 고객은 상당한 모바일 광고에 대해서 불만을 가지게 되었다. 모바일 마케팅이 CRM과 결합하여 고객의 특성에 맞춘 가치 있는 정보를 제공한다면 모바일 마케팅 새로운 가치를 획득하게 될 것이다.

제7절 소셜 CRM(Social CRM)

1. 소셜 CRM 등장배경

Web 2.0 기반의 소셜 네트워크 서비스(Social Network Service)가 생겨나면서 소비자의 구매행동과 커뮤니케이션 방식이 변하고 있다. 제품을 구매할 때 더 이상 기업의 광고나 전문가의 이야기를 듣는 것이 아니라 친구의 이야기를 듣고, 제품을 구매할 때는 가격비교 사이트에 들려서 가격을 비교하고 타 사용자의 후기를 검토해 가면서 구매의사를 결정한다.

소비자들은 기업의 공식 홈페이지보다 개인이 만든 블로그를 찾고 카페에 가입하여 커뮤니티활동을 적극적으로 하고 있다. 특히 스마트폰의 보급으로 주위 동료들과의 커뮤니케이션도 트위터나 페이스북 같은 소셜미디어 사이트에 가입하여 인간관계를 넓혀 가고 있다. 더불어 소비자는 단순히 기업의 제품을 소비하는 소비대상이 아니라, 기업에 대한 경험을 적극적으로 알리고 기업경영에 참여하는 진정한 프로슈머(prosumer)로 바뀌어 가고 있다. 이제 기업들은 이러한 소비자들을 이해하고, 함께 생각하고 그룹에 끼어들어 갈수 있어야 살아남는 세상이 되어가고 있다.

나아가 이제 기업은 기업과 고객과의 관계 관리뿐 아니라 고객과 고객, 고객과 파트너, 고객과 경쟁사의 관계도 관리해 나가야 하는 시대가 되었다. 따라서 이러한 소셜 네트워크 환경에 적응하기 위하여 기존 CRM도 소셜미디어 환경에 대응하는 소셜 CRM으로 진화하고 있다.

2. 소셜 CRM이란?

소셜CRM(Social CRM)이란 기업이 인터넷, 무선통신 등을 기반으로 하는 다양한 소셜미디어 또는 소셜네트워크를 활용하여 기업의 수익을 창출하기 위해서 고객과의 관계를 유지 및 관리하는 것을 말한다. 이는 최근 스마트폰과 무선인터넷의 사용 확대로 인해 언제 어디서나 쉽게 누구든지 인터넷에 접속이 가능해지면서 일반 소비자들의 소셜미디어와 소셜네크워크 사용이 일반화됨에 따라 나타났다.(〈그림 5.2〉 참조)

소셜 CRM은 CRM을 대체하는 것이 아니라 CRM의 확장된 형태라 할 수 있다. 기존의 CRM이 데이터에 주로 의존했다면, 소셜 CRM은 고객과의 관계, 고객의 참여를 중요시하는 전략이다. 또한 소셜 CRM은 기업내부의 문제를 해결하는 것이 아니라 고객의 문제를 해결하는 소셜미디어 환경에서 고객들의 관심과 행동을 분석하여 마케팅과 영업, 서비스, 제품개발에 적극적으로 반영하는 "Outside-in" 전략이다. 소셜미디어 사이트를 통하여 고객의 니즈를 파악하고 다양한 시장조사 활동을 하며, 대중들의 아이디어를 모아 제품이나 서비스를 개발

〈그림 5.2〉 소셜CRM(Social CRM)

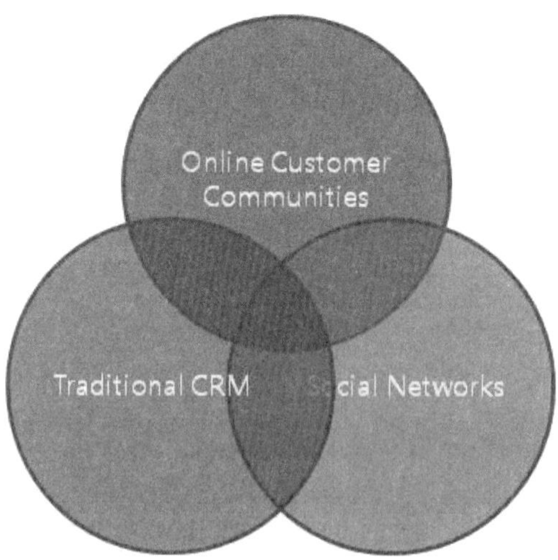

하고, 목표고객에 대한 가망고객을 발굴하여 매장방문을 유도하며, 제품을 구매하기 위한 의사결정 정보를 제공하고, 구매 후에도 제품의 사용경험을 적극적으로 공유하게 함으로써 고객과의 관계를 강화해야 한다.

소셜 CRM 개념이 나왔다고 해서 CRM 본질이 바뀌는 것은 아니고, 고객의 변화에 따라 CRM 방식도 계속 변해가야 하는 것이다. 소셜미디어를 이용한 시장조사, 제품개발, 마케팅, 영업, 서비스 업무를 고객중심으로 해 나가는 것을 소셜 CRM이라 할 수 있다.

기존의 CRM처럼 소비자들에 대한 정보를 수집, 분석하여 고객관리를 통해 수익창출을 기여하기도 하지만 '소셜', 즉 '사회'라는 개념을 도입함으로써 단순한 데이터와 정보분석보다 소비자와의 대화와 관계를 다루는데 중점을 두고 있다. 이와 같은 대화와 관계형성은 기업과 소비자간뿐만 아니라 소비자와 소비자 사이에서도 발생한다. 특히 전자보다 후자가 더욱 크게 형성되고 소비자에게 더 큰 신뢰를 주기 때문에 기업은 이러한 관계가 형성되는 곳을 꾸준히 모니터하고 관리하게 된다.

소셜CRM의 장점은 다음과 같다.

- 고객 불만 처리: 소셜네트워크를 이용한 고객서비스는 기존의 홈페이지나 콜센터보다 빠른 대응이 가능하다.

- 직원교육: 기존의 CRM사용을 위해서는 직원에 대한 교육이 필수적이었다. 하지만 소셜네트워크 서비스를 이용한 소셜 CRM의 경우, 이미 많은 사람들이 페이스북이나 트위터와 같은 소셜 네트워크

서비스에 익숙해져 있기 때문에 시스템의 사용을 위해 추가적인 교육의 필요성이 최소화된다.

- 고객 관심사 파악: CRM의 기본 중 하나인 고객의 관심분야를 파악하기에 용이해졌다. 소셜 네트워크 서비스에 고객들이 작성한 메시지를 기반으로 하여 해당 고객의 관심사 파악이 쉽게 가능하다. 고객의 빠른 피드백을 기반으로 빠르고 저렴한 비용으로 고객 관심사 파악이 가능하다.

- 정보 저장의 불필요: 고객에 대해 종래에는 매번 e-mail, address, mobile number 등을 저장하던 것과 달리, 소셜 네트워크 서비스의 아이디어를 통한 contact을 이용하면 이러한 정보저장이 필요하지 않다. 즉 개인정보 획득이 용이해졌다.

- 목표 마케팅: 관심정도의 파악이 용이하므로, 기존의 CRM보다 더 개인화된 목표 마케팅이 상대적으로 저비용에 가능하며, 이에 대한 효과 또한 뛰어나다.

- 고객의 이익: 고객은 제품/서비스에 대한 평가를 친구들에게 이야기하듯 실감나게 올리거나 신제품 개발과정에 적극적 참여 가능하다.

- 구전 마케팅: 현대 마케팅의 중요 기법인 입소문 마케팅이 소셜 네트워크 서비스를 통해서 가장 효과적으로 구현 가능하다.

3. 소셜 CRM의 접근 전략

1) "Inside-Out" → "Outside-In"

고객과 관계를 유지하기 위해서는 양방향 의사소통이 원활해야 한다. 지금까지 기업들은 회사의 제품을 대량으로 생산하여 제품을 판매하기 위해 매스미디어를 통한 일방적인 커뮤니케이션을 했다. 이제는 고객이 원하는 제품을 만들어야 성공이 가능하고 광고보다는 고객과 적절한 의사소통을 통해서 관계를 유지해야 한다. 그러기 위해서는 기업에 전략적으로 가치가 높은 목표고객을 명확히 설정하고, 그들의 불만과 요구사항을 제대로 파악하여, 고객 니즈에 맞는 제품과 서비스를 차별화 할 수 있는 CRM으로 전환해야 한다.

2) 고객의 협력

이제 고객의 개념은 소비의 주체가 아니라, 상호협력자로 인식해야 한다. 고객은 직원들보다 제품 개발에 대한 더 많은 아이디어를 가지고 있을 수 있으며, 고객 한 사람당 수천, 수만 명의 소셜네트워크를 형성하고 있다. 고객과의 관계 개념을 확장하여 고객과 상호 창조적 가치를 위해 협력관계를 유지하는 것이 전략적으로 매우 중요해지고 있다. 예로써, 델 컴퓨터의 경우 IdeaStorm.com 사이트를 이용해 소비자들이 새로운 제품 개념에 대한 투표와 제안을 할 수 있도록 참여를 적극적으로 유도하고 있다.

3) 소셜 네트워크에 적극참여

이제 소비자들은 "학자나 전문가들의 말"보다도 "나와 비슷한 사람의 말"을 믿고 있으며, 필요한 정보를 Naver, Google, MSN, Twitter 등을 통해 거의 실시간으로 공유하고 있다. 이미 Naver 카페나 Twitter 등에는 관심사가 비슷한 사람들이 모여 다양한 커뮤니티 활동을 하고 있다. 마케터 입장에서 보면 Target Segment 별로 소비자들이 잘 모여 있는 것이다. 이제 기업들은 회사와 상호 교감할 수 있는 커뮤니티를 만들어가야 하며, 이러한 소셜네트워크를 적극적으로 지원하고 그들과 서로 협력하는 비즈니스 모델을 만들어야 한다.

4. 특징

1) Data aggregation

전통적인 CRM은 기업 내부 접점들 즉, 전화, 이메일, 방문, 우편 등과 같은 접점으로 유입되는 고객의 소리를 통합하고 있다면, 소셜 CRM은 블로그, 트위터, 페이스북 등과 같은 소셜미디어 마다 흩어져 잇고 서로 다른 형식의 데이터를 모아야 하는 것이 특징 중 하나이다. 그리고 어떤 경우에는 응대가 불가능한 데이터도 포함되어 있는데 이때에는 향후 소셜 공간 내에서 기업의 스탠스와 포지셔닝을 가져가는 기본 데이터로 활용하면 된다.

2) Conversation

전통적인 CRM의 경우 고객과 기업은 대화를 하지만 실제로는 정해진 스크립트에 의한 응대를 할 뿐이었다면, 소셜 CRM은 고객과 케이스마다 다양한 대화가 이루어지고 있다. 예를 들면 콜센터에 전화를 하는 경우 이미 고객은 기업이 정한 방향으로만 이야기를 할 수 밖에 없다. 수수료 관련 문의하는 상담원에게 통화품질을 질문할 수 없기 때문이다. 소셜 CRM에서는 다양한 소셜 공간을 통한 대화가 가능한 기술적인 구현이 반드시 제공되어야 하고 이를 통해서 기업이 일관성 있는 대화가 가능할 것이다.

3) 고객이 정하는 정책

소셜공간에서의 대화는 주도권이 기업에 있지 않고 대화라는 틀 안에 문의, 제안, 불만, 기타 등등의 내용이 담기게 된다. 대화내용이 어떤 식으로 진행될지 충분히 예상을 해서 대화를 해야 한다. 다만 주도권이 기업에 있지 않고 고객에게 있기에 전통적인 CRM에서의 응대방식이 내부 규정 운운하는 것은 매우 위험할 수 있다. 따라서 소셜 CRM의 경우 대화 및 정책 수립시에 기업에서 고객만족을 담당하고 있는 부서와 외부 커뮤니케이션을 담당하고 있는 부서의 협조가 필수적이다.

4) 맥락(Context)의 이해

전통적인 CRM에서는 모든 경우가 기업에서 통제 가능한 것이다. 따라서 기업의 어떤 고객접점과 만나게 되도 고객은 동일한 응대를 받고 이를 통해서 동일한 고객 경험을 하게 된다. 기본 정보가 확인되면 사용자의 구매이력부터 상담이력까지 모든 정보를 알기에 현재 어떤 맥락에서 고객문의가 이루어지는지 알 수 있다. 하지만 소셜 CRM의 경우 기업이 만나는 고객의 맥락을 명확하게 파악하기 힘들다.

따라서 고객의 맥락을 이해할 수 있도록 소셜 공간을 충분히 분석해야 한다. 이를 위해서 가장 중요한 것은 기업의 평판, 기업과 관련된 고객들의 이야기, 고객들의 관심사 등을 분석하여 고객들이 소셜 공간에서 어떤 맥락으로 기업에 대한 이야기를 하는지 알아야 한다.

5. 현황

웹상에서 사람들이 네트워크를 형성하는 것이 소셜네트워크이다. 소셜 CRM은 소셜 네트워크 서비스의 등장과 동시에 등장했다고 할 수 있다. 커뮤니티 사이트의 공동구매 등과 같이 존재해 왔었지만 소셜 네트워크 서비스의 규모나 효율의 문제로 큰 주목을 받지 못했다.

하지만 스마트폰의 보급과 그에 따른 소셜 네트워크 서비스의 폭발적인 성장으로 인해 현재는 기업과 소비자 모두에게 큰 관심을 받고 있다. 최근 가장 주목받고 있는 서비스인 페이스북이나 트위터가 이러한 개면에 기초하고 있으며 스마트폰과 테블릿PC의 등장으로 이러한 네트워크 구조는 더욱 발전하고 있다. 기업들은 이러한 소셜네트워크를 통해 CRM을 수행하고 있으며 대표적인 사례는 〈표 5.7〉과 같다.

〈표 5.7〉 소셜 CRM 현황

기업	현황
Dell	"@delloutlet"이라는 판매계정을 직접 만들어 특별 할인쿠폰과 재고정리 세일 등 프로모션으로 순식간에 60만 명의 팔로워를 끌어들이고 300만 달러 이상 수익 창출
Jetblue	트위터로 항공권 세일, 추천 여행지, Wi-fi망 지원 등의 정보제공 북미지역 항공사 만족도 1위 저가항공에서 젊고 건강한 항공으로 기업이미지 변화
Alleh KT	아이폰 국내 도입 이후 트위터를 활용한 적극적인 커뮤니케이션 시도 2010년 1,2분기 영업이익 6년 만에 SKT 추월 공기업, 공룡기업에서 혁신적이고 젊은 기업으로 이미지 변화 기존의 고객만족부서에서 하던 고객상담 및 이슈 해결
Comcast	북미 1위 케이블업체로써 트위터를 통해 고객관리 10명의 전담인력이 트위터에서 발생하는 모든 고객의 VOC에 대응 트위터를 통해 연간 2000여건의 VOC처리, 고객만족도 9%상승
스타벅스	"@mystarbucksidea"라는 트위터 계정을 통해 제품 개발단계부터 고객의 의견 반영 이벤트를 진행, 위견 제시를 가능하게 하여 입소문을 통해 효과적으로 여론 형성

다시 주목받는 CRM③ CRM의 오해와 진실

(2010.06.14 전자신문 유효정 기자)

◇소셜 CRM의 도래와 구현 방안=CRM은 데이터베이스 마케팅에서 출발하여 타깃 중심의 CRM(Target Driven CRM)으로 발전했고, 현재는 이벤트 중심의 CRM(Event Driven CRM)이 대세를 이루고 있다. 향후 유비쿼터스 환경이 도래하면 상황 인지 CRM(Context Awareness CRM)으로 발전할 것이라고 전망하는 학자들도 있다. 하지만 이제 소셜 네트워크의 발전과 함께 소셜 CRM의 등장을 주목할 필요가 있다.

가트너그룹은 소셜 CRM을 구현하기 위한 소셜 네트워크 분석(SNA, social network analysis) 방법론을 제시한다. 이것은 그룹에 속한 사람들 사이의 관계를 강화하고, 그 안에서 흐르는 정보를 이해하기 위해 기업들이 사용해온 방법이다. 발디스 크렙스는 소셜 네트워크 분석을 '사람, 그룹, 조직, 컴퓨터, 웹사이트 및 기타 정보와 지식 프로세스 개체들의 관계와 흐름을 지도화하고 측정하는 것'이라고 정의하기도 했다.

SNA가 CRM에 가져올 효과로는 △판매 측면에서 협업 강화를 통한 수익 증대 △고수익을 발생시키는 네트워크의 복제 △주요 고객과의 클라이언트 연결성 및 교차판매 효과 증대 △조직 내부의 프로세스 집행 및 측면 조정 효과 발생 등을 들 수 있다. 충성도가 높은 고객층을 형성하여 판매에 도움을 주고 특히 이들 고객층이 서로 연결되고 커뮤니케이션할 수 있다는 얘기이다.

이 밖에 SNA는 시장조사 측면에서 고객들이 상호간에 주고받는 메시지를 지속적으로 모니터링할 수 있는 능력을 부여한다. 이는 부정기적인 설문조사나 포커스그룹 대상 인터뷰보다 훨씬 효과적인 시장조사 수단이다.

이미 소셜 CRM은 방문판매를 중심으로 하는 기업에게는 매우 중요한 도구가 되었다. 일반기업들은 인구통계학적으로 고객을 세분화하여 캠페인 전략을 세우고, 고객 가치를 기반으로 고객을 분석하여 차별화된 고객 대응을 하고 있다. 여기에 방문판매 사원이 파악한 고객

인맥을 추가하여 고객 네트워크를 분석하고 중심 고객과 매개 고객에 대한 대응전략을 세우는 것은 매우 효과적인 고객전략으로 떠오르고 있다.

페이스북이나 트위터를 통한 소셜 네트워크 활동은 갈수록 활발해지고 있다. 기업들이 소셜네트워크를 활용하여 프로모션이나 정보 수집을 하는 수준의 소셜 마케팅 전략으로는 진정한 의미의 경쟁력을 갖기 어렵다. 소셜 네트워크를 구체적으로 파악하고 중심 고객과 매개 고객을 분석하여 새로운 관점의 입소문 전략을 구현해야 한다.

여기에서 주의할 것은 소셜 네트워크가 기업이 아닌 고객 주도의 관계 구축이기 때문에 '기업 주도 CRM'이 아닌 '기업 참여 CEM'이 되어야 한다는 점이다. 또한 기업의 공식적인 유통조직 관리보다는 다양한 형태의 비공식적인 조직 관리를 강화해야 한다. 기존 기업의 웹 개인화(Web Personalization)가 대규모 고객을 상대로 하는 1대1 개인화였다면, 소셜 네트워크를 위한 소셜 개인화(Social Personalization)는 네트워크 고객에 대한 소규모 네트워크별 개인화이다.

시장조사업체 포레스터리서치는 소셜 CRM을 구현하는 과정으로 △소셜 CRM의 실험 절차를 당장 시작하고 △고객 상황을 벤치마크하고 사회적 준비상황을 전망하며 △해당 기업이 확보한 고객의 사회적 성격을 분명히 규정하고 △기업의 소셜 CRM 역량을 평가하며 △소셜 CRM 솔루션의 전반적인 상황을 이해하며 △기업의 소셜 CRM 역량 구축 계획과 일정을 명확하게 하고 △CRM의 성공 메트릭스를 확정할 것을 지목하고 있다.

향후 CRM은 실시간 기업으로 가능 다양한 수단을 통해 원래의 목적이었던 '고객 관계 관리'라는 차원을 넘어 고객과의 새로운 경험을 창출하고 고객이 기업 활동의 한 주역으로 참여하는 형태로 나아갈 전망이다. 모바일 혁명과 소셜 네트워크는 이런 기업 생태계의 발전에서 중요한 변수가 될 것으로 보인다.

색 인